2022年度

国家级职业教育教师教学创新团队
文体旅游（二）协作共同体
科研成果汇编

主　编◎王　方　赖　斌　张宗国
副主编◎郎富平　洪光英　冷雪艳

中国旅游出版社

项目策划：段向民
责任编辑：孙妍峰
责任印制：钱　宬
封面设计：武爱听

图书在版编目（CIP）数据

2022年度国家级职业教育教师教学创新团队文体旅游（二）协作共同体科研成果汇编 / 王方，赖斌，张宗国主编；郎富平，洪光英，冷雪艳副主编. -- 北京：中国旅游出版社，2023.9
ISBN 978-7-5032-7200-4

Ⅰ.①2… Ⅱ.①王… ②赖… ③张… ④郎… ⑤洪… ⑥冷… Ⅲ.①旅游文化－教学研究－职业教育 Ⅳ.①F590

中国国家版本馆CIP数据核字(2023)第163069号

书　　名：2022年度国家级职业教育教师教学创新团队文体旅游（二）协作共同体科研成果汇编

主　　编：王　方　赖　斌　张宗国
副 主 编：郎富平　洪光英　冷雪艳
出版发行：中国旅游出版社
（北京静安东里6号　邮编：100028）
http://www.cttp.net.cn　E-mail:cttp@mct.gov.cn
营销中心电话：010-57377103，010-57377106
读者服务部电话：010-57377107
排　　版：北京旅教文化传播有限公司
经　　销：全国各地新华书店
印　　刷：三河市灵山芝兰印刷有限公司
版　　次：2023年9月第1版　2023年9月第1次印刷
开　　本：720毫米 × 970毫米　1/16
印　　张：17.25
字　　数：252千
定　　价：49.80元
I S B N　978-7-5032-7200-4

编委会

主　编　王　方　赖　斌　张宗国

副主编　郎富平　洪光英　冷雪艳

共同体（排名不分前后）

浙江旅游职业学院

成都职业技术学院

青岛酒店管理职业技术学院

广西师范大学

无锡商业职业技术学院

山东理工职业技术学院

江西旅游商贸职业学院

青岛职业技术学院

海南经贸职业技术学院

北京市外事学校

沈阳市旅游学校

苏州旅游与财经高等职业技术学校

前　言

教师是人类文化科学知识的继承者和传播者，是人类灵魂的工程师。教师的工作内容渗透于教育教学工作的各个环节，教师工作质量的好坏关系到年青一代身心发展的水平和民族素质提高的程度，影响到国家的兴衰。2019年教育部印发《全国职业院校教师教学创新团队建设方案》，提出着力打造一批高水平职业院校教师教学创新团队，辐射带动全国职业院校加强高质量“双师型”教师队伍建设，为全面提高复合型技术技能人才培养质量提供强有力的师资支撑。

职业教育教师教学创新团队的建设，对于促进现代职业教育的发展具有重要意义。一方面，以团队形式协作共进，破解双师建设难题。通过跨专业、跨院校、跨企业的人员形式组建团队，打破学科壁垒，校企联动培养，团队以老带新，创新教师的教育理念，吸纳先进的教学模式，提升行业企业实践经验，助力教师形成团队意识与协作能力，锻炼教师教育教学与技术技能两方面的能力。另一方面，以教师团队建设为出发点，终点落于推动职业教育改革。教师是教育改革的实践者与推动者，教师团队建设过程中需要打造对接职业标准的课程体系，创新模块化教学模式，将职业教育改革理念落实到教育教学实际的方法和路径中，撬动教育改革创新的支点。

2021年8月，教育部公布第二批国家级职业教育教师教学创新团队立项建设单位名单，同年12月，教育部再次公布第二批国家级职业教育教师教学创新团队课题研究项目，共有十二所院校构成了专业领域文体旅游（二）协作共同体，其中浙江旅游职业学院作为主课题开展新时代职业院校智慧景区开发与管理专业领域团队教师教育教学改革创新与实践研究。在五个子课题中，成都职业技术学院研究旅游管理专业群创新团队建设的组织制度和运行机制；无锡商业职业技术学院进行基于OBE理念的旅游管理专业（群）人才培养方案研究；青岛酒店管理职业技术学院开展对接职业标准构建酒店管理与数字化运营专业群课程体系的研究与实践；沈阳市旅游学校进行基于团队协作下的旅游服务与管理专业TIPS实践教学模式创新研究与实践；广西师范大学开展旅游管理专业（职教师资）新形态一体化教材研究与开发。在三个一般课题中，青岛职业技术学院开展基于“专业思政”一体化设计的酒店管理专业新时代“课程思政”改革方法与路径研究；山东理工职业学院进行研学旅行管理与服务专业校企“双元育人”模式探索与实践研究；江西旅游商贸职业学院开展基于虚拟仿真实训技术的旅游管理专业教学实践创新研究。除此之外，海南经贸职业技术学院、北京市外事学校、苏州旅游与财经高等职业技术学校在各自职业教育教师教学创新团队建设的基础上，也积极参与到各课题的协作与研究之中。

本次成果汇编收集各院校团队2022年相关研究成果，根据成果主题共分为党建思政、团队建设、教学改革、人才培养、校企合作、国际化以及旅游业态七个板块，基本涵盖旅游职业教育各方面的内容。从成果的呈现形式来看分为典型案例、研究报告、学术论文三类，既有深入专业的学术研究，又包含各院校发展建设的最新动态。成果的汇编与出版，帮助各院校梳理总结职业教育教师教学创新团队建设一年以来的工作内容，并为下一年的工作打下良好的基础。

文体旅游（二）协作共同体课题立项至今，包括本次成果汇编的材料收集与出版，都离不开各方的支持与帮助。感谢国家级职业教育教师教学创新团队建设项目秘书处，及时发布相关的通知及文件，并提供相关的线上指导与答疑解惑，为各院校建设的方向把关号脉。感谢各共建院校及团队，感谢成都职业技术学院、无锡商业职业技术学院、青岛酒店管理职业技术学院、沈阳市旅游学校、广西师范大学、青岛职业技术学院、山东理工职业学院、江西旅游商贸职业学院、海南经贸职业技术学院、北京市外事学校、苏州旅游与财经高等职业技术学校等校领导、团队负责人、团队成员、行政服务人员，没有各位的协作和努力是无法凝心聚力、取得当前阶段性成果的。感谢华东师范大学职业教育与成人教育研究所、全国重点建设职业教育师资培训基地的专家、学者们在团队建设、课题研究、专题培训等方面给予的指导与辛勤付出。感谢中国旅游出版社对本次成果汇编的支持，零散的成果即将铅印成册出版传播，这将扩大文体旅游（二）协作共同体及各院校的知名度与美誉度，提升之后建设的信心与力量。

时间进入2023年，崭新的一年充满着更多的机遇与挑战，职业教育教师教学创新团队的建设依然在大踏步地向前。未来文体旅游（二）协作共同体要继续强化各合作院校之间的联系，发挥协同作用，增进合作交流，拓展合作内容，深化合作深度，形成高质量、有特色的经验成果，促进旅游职业教育的发展与突破。

编者

2023年2月

目 录

党建思政篇

团队建设篇

教学改革篇

典型案例

人才培养篇

调研报告

学术论文

校企合作篇

典型案例

学术论文

国际化篇

典型案例

旅游业态篇

研究报告

学术论文

党建思政篇

典型案例

成都职业技术学院文化旅游学院教师党支部顺利通过第二批“全国党建工作样板支部”培育创建验收

成都职业技术学院旅游管理专业教师教学创新团队

2022年6月7日，教育部办公厅公布了第二批全国党建工作示范高校、标杆院系、样板支部培育创建单位验收结果，成都职业技术学院文化旅游学院教师党支部顺利通过第二批“全国党建工作样板支部”验收。

文化旅游学院教师党支部自2019年获批教育部第二批“全国党建工作样板支部”培育创建单位以来，以习近平新时代中国特色社会主义思想为指导，学习贯彻党的十九大和十九届历次全会精神，对照新时代高校党建“双创”样板支部“七个有力”重点任务指南，充分发挥基层党支部的战斗堡垒作用，凝练了“四化一引领”的工作机制、梳理了以党建为引领的“一三三三”工作路径、创新了“1+N”支部共建工作法、落实了“三全育人”的内核，以党建引领推动文旅学院高质量发展。

三年来，文旅学院教师党支部扎实推进创建工作，全面完成预期工作目标，党建引领专业建设、分院发展取得显著成效。文旅学院荣获第二批国家级职业教育教师教学创新团队立项建设单位、全国首批示范性职业教育集体（联盟）培育单位、四川省职业院校旅游管理专业本科试点单位；成功立项四川省双高专业群（A档）、四川省“三全育人”综合改革试点院系；获得首届全国教材建设奖、四川省教学成果一等奖；培育“国家高层次人才计划”教学名师、四川最美教师、四川省脱贫攻坚先进个人；指导学生取得了2020、

2021中国大学生自强之星，第七届中国国际“互联网+”大学生创新创业大赛金奖等标志性成果。

今后，文旅学院将进一步巩固示范创建和质量创优成果，持续发挥引领示范作用，继续为学校“双高”建设、争创本科职业大学、落实“十四五”规划贡献文旅力量。

学术论文

高职扩招背景下思想政治教育分众化探究

陆 璐

无锡商业职业技术学院

[摘 要] 分众化开展思想政治教育是高职院校在百万扩招新形势下提升思想政治教育针对性和实效性、培养高素质技术技能人才的有效举措。然而，扩招后生源结构的多样化、日常管理的复杂化、招生思想认知的定型化以及发展诉求的功利化，使得高职生思想政治教育分众化面临着现实的困难和挑战。高职院校思政工作者要以主体间性为理念，以科学分众为基础，以生活世界为依托，以“三全育人”为导向，从把握需求、定制教育、精准供给、多元共治等方面着手，真正将分众化教育落到实处。

[关键词] 高职；百万扩招；思想政治教育；分众化

[作者简介] 陆璐（1982—），女，江苏南京人，无锡商业职业技术学院，副教授，博士。

[基金项目] 本文系2017年江苏高校哲学社会科学研究基金项目“雷锋精神融入当代大学生文化自信培育的路径研究”（项目编号：2017SJB0838）的阶段性研究成果，并得到了江苏高校“青蓝工程”和无锡商业职业技术学院“雏鹰计划”的资助。

高职院校百万扩招是国家的一项重大工作部署，体现了国家对职业教育这一类型教育的认可及期待，为高职院校带来了全新的发展机遇。与此同时，招生规模的急剧扩大必然带来办学理念、办学模式等一系列变化。面对日益多样化、差异化的生源群体，高职思想政治教育落实立德树人根本任务的难度无疑大大增加。在新形势下，科学掌握并合理运用分众化的理念与方法，进一步改革创新固有的教育教学模式，做好分层分类教育，提升思想政治教育的针对性和实效性，是确保培养对象德技并重，促进现有劳动力存量向优质人力资源转化的关键一环。

一、思想政治教育分众化的内涵与价值

分众化是相对于大众化而言的一种实践模式。思想政治教育领域的分众化是指教育者充分考虑教育对象（大众）的具体差异，将其细分为多个不同类型的受众群（小众），选取不同内容、采取不同方法开展思想政治教育，具有受众为主、尊重差异、精准对接的鲜明特征。如果说大众化指涉思想政治教育的目标和结果，关注“教育的内容由抽象到具体、由深奥到通俗、由被少数人理解掌握到被广大群众理解掌握的过程”①，那么，分众化则强调思想政治教育的策略和途径，通过对大众的科学区分，分层分类开展教育活动，精准满足各群体不同需求。分众化与大众化是思想政治教育中方法和目的的关系，属于不同层面又共同服务于教育实效的最优化，二者辩证统一。作为手段的分众不仅不会使大众走向分散单一的个体，反而能通过对不同群体的关照提升受众的主体性，在大众间形成强大的整体性合力。面对当前日益凸显的群体性差异和个性化需求，分众化开展思想政治教育，因事而化、因时而进、因势而新地探索并运用行之有效的方法手段，增强教育的针对性、说服力和吸引力，不仅是调动受众主动性和创造性，助推人自由而全面发展的必然选择；同样也是提升思想政治教育科学化水平，实现思想政治教育创新发展的必然要求，因而具有重要的时代价值。

① 鲍永芳 . 高校研究生思想政治教育分众化探究［D］. 中国矿业大学，2015.

二、高职扩招背景下思想政治教育分众化的难点

（一）生源结构多样化加大了科学区分受众的难度

大众是由兴趣、利益存在差异的分众所组成。确立科学合理的标准依据，严谨细致地对受众进行群体性划分，是分众化开展思想政治教育的前提。高职百万扩招不仅是数量规模的扩张，更在于招收对象的变化。除了普通高中、中职（含中专、技工学校、职业高中）的毕业生外，退役军人、企事业单位在职职工、进城务工人员、下岗失业人员、新型职业农民等均可根据自身意愿报名参加高职扩招专项考试。这就意味着高职教育打破了学校生源的局限，自招生环节实现了校园和社会的紧密对接，生源的相对同质化不复存在。由于生源年龄极差大、职业类型多、学历基础不同，加之生活阅历、个性特征等的差异，生源结构在整体上呈现出前所未有的多样化和复杂性，这无疑加大了科学区分受众的难度，给思想政治教育分众化的实施带来了极大挑战。

（二）日常管理复杂化加大了深入了解受众的难度

分众化开展思想政治教育要求对教育对象的思想动态、心理变化、真实需求等具备充分的认识和掌握，为科学划分受众、实现精准供给奠定基础。扩招前的高职学生以班级为基本建制实行住校管理，全天 24 小时在校学习、生活，师生间、生生间的联结较为紧密，教育者能够较为全面地了解学生状况，有利于思想政治教育分众化的实施。百万扩招后，社招人员中有相当一部分是企事业单位在职职工，更有不少人已经成立家庭，只能采取“走读”形式，而即便短期在校，也主要是进行课程学习，很难像传统生源那样融入校园生活。其频繁的角色转换使得高职院校传统的班级制、住宿制管理模式在他们身上失去了效果，增加了日常管理的复杂性。教育者无法通过持续的跟踪了解和有效的行为分析深入把握教育对象的真实情况，更不用说对突发的思想及心理波动进行及时干预，思想政治教育分众化的开展显然面临着极大的困难。

（三）思想认知定型化加大了精准再造价值观的难度

思想政治教育的根本目的在于引导人树立正确的世界观、价值观、人生

观，进而追求精神的生发、探问自身的成长。分众化开展思想政治教育就是要针对不同群体的思想认知水平，做到精准供给、匡正纠偏。扩招前，高职院校招生对象多为18岁左右的应届毕业生，属于较为典型的青少年群体，社会阅历较浅，思想相对单纯，身心发育尚未完全成熟，价值观念呈现出边形成边变化的情况，具有比成人更大的可塑性。扩招后，社招人员中大部分为20岁以上的成年人，有着一定的社会经验和生活阅历，其思想和心态已较为成熟，价值观念和行为模式也基本定型，且思想认知水平上的差异比传统生源要大得多。要想通过思想政治教育分众化实现精准有效地对社招人员的价值观进行引导、矫正甚至再造，难度不容小觑。

（四）发展诉求功利化加大了主体性培育的难度

思想政治教育分众化的实施效果在一定程度上取决于是否能够充分调动起分众群体的积极性和主动性，培育其自觉接受并参与思想政治教育的主体意识。由于高职教育突出技术技能人才培养的目标定位，高职生中本就存在着一定的实用主义、功利主义倾向，扩招后这一现象更加凸显。大部分社招生仅从就业角度出发，希望能以最少的投入在最短时间内掌握相关行业领域的专业技能。于他们而言，思想政治教育难以考量的成效无法“变现”为求职过程中的显性优势“砝码”，在就业市场上缺乏实用性，因而受到一定的忽视、漠视甚至轻视。这种功利化的发展诉求使得高职生，特别是社招生对待思想政治教育的态度不积极，参与不主动，效果不理想。要想真正激发其主体意识，引导其自觉进行理论学习和实践锻炼，无疑是一项长期艰巨的工作。

三、高职扩招背景下思想政治教育分众化的实践进路

（一）以主体间性为理念，把握高职学生的真实需求

对受众需求的把握是有效开展分众化思想政治教育的重要环节。面对扩招后的高职生源，教育者应秉持“以人为本”思想，强化“主体间性”理念，以“我—你”间理解型交互式关系引导学生敞开内心世界，大胆表达需求，在双主体的交往建构中把握不同群体的思想脉搏，在深入的分析研判中“找

准契合点、刺激敏感点、燃爆兴奋点、升华结合点”[①]，真正感召并赢得学生。

1. 建构交互式师生关系，畅通信息反馈渠道

以交互为核心的主体间性是分众化教育的应有之义。高职扩招后思想政治教育分众化的难度之所以大大增加，除生源结构的急剧变化外，也在于教育理念转变不及时、不到位。部分教育者仍以自己为绝对中心，占有先在的话语权和绝对的权威性，单方面预设学生的情感与需求；而学生则因主体性的压抑极易成为被动接受“改造”的沉默客体。这种单极主体的教育理念在面对传统生源时业已体现出重重弊端，更不用说“施加”在思想观念相对定型、在校时间相对欠缺的社招生源身上。平等沟通机制和实时反馈渠道的缺乏令学生难以感受到尊重与关爱，不能、不愿甚至不敢将内心诉求全盘托出；其长期的“失语”状态又会令教育者无法深入把握受众的真实状况，教育的供需关系逐渐失衡，进一步加深学生的失望乃至反感，这显然违背了分众教育的初衷。因此，扩招背景下高职生思想政治教育要进一步转变理念，突破二元对立的师生关系模式，将双方定位为平等参与教育活动的共在主体，强化主体间的尊重、沟通与体认，在交往互动中畅通信息渠道，激发学生表达诉求的主动意识和自我超越的内生动力。

2. 运用“主体间性”对话，加强受众需求调研

“对话”让理解成为可能，因此确立“主体间性”是把握受众需求、促进思想融通的重要途径。思想政治教育工作者要用好这一形式，了解不同受众的心理特点，摸清其行为模式，识别其真实需求，因势利导、对症下药。当然，“对话”绝非通常意义上的聊天或说话，而是在民主自由的氛围中开展细致科学地调研，理解对象的具体境遇。首先，“对话”应是平等的。教师无论面对何种生源，均不是居高临下的施受者，而是要认真倾听、体察情绪、捕捉信息，进而把握需求。其次，“对话”应是包容的。扩招后的高职生虽结构复杂、差异明显，但其思维活动和视角观点都应当得到同等的尊重，其独有

① 吴满意，王丽鸽．新时代思想政治教育的创新发展需要处理好六大关系［J］．中国高等教育，2020（6）：8.

的情感立场和价值诉求都应被“看到”，思想政治教育工作者必须对此保持开放式的理解。最后，“对话”应是个性化的。不同生源的现实关切、话语风格各有差异，一成不变的“对话”显然无法实现师生间的精神能量交换。思想政治教育工作者应充分考虑受众年龄、教育程度和生活经历的不同，与教育对象共同决定“对话”的形式和内容，以“真正听到实话、察到实情、获得真知、收到实效”[①]。

（二）以“科学分众”为基础，探索灵活定制的教育模式

思想政治教育分众化要求充分考虑受众实际，层层细分，针对不同群体灵活开展定制化教育。分众越是精细、彻底，就越能深入受众并获得实效。

1. 确立分众依据，区分“普通—特殊—优秀”三类型受众

学情调研是科学分众的重要准备工作。高职院校应侧重对社招生开展以下两方面调研：一是对年龄、学历、政治面貌、婚姻状况、工作经验等结构状况进行全覆盖把握，二是对知识水平、文化背景、价值取向、行为习惯、愿望诉求等学习基础进行整体性了解。分众时主要考虑以下差异：年龄上重点根据学龄青少年、社会人员的差异进行划分，政治面貌上重点根据党员、团员、群众的差异进行划分，身份上重点根据在职职工、待业人员、退役军人的差异进行划分，学习基础上重点根据过往所学专业、当前工作职责、日常兴趣爱好等与思政教育关联度的差异进行划分。具体而言，小部分20岁以下尚未就业且具有普通高中、中职或职高等相当学历的人员，可纳入传统生源，按照普通群体的标准进行教育管理；大部分具有一定社会阅历，但文化水平一般，且需兼顾工作、家庭的中青年人员作为特殊群体单独管理；极少数基础良好，具有较高学历的单位职工以及接受过系统思想政治教育的党员、退役军人，可划分为优秀群体。当然，这种分众不是绝对的，高职院校可根据实际招生情况进行调整或进一步细分。此外，群体间的有些差异必须在反复多次的信息收集和实际考察中才能趋向真实。因此，分众应是动态变化的。

① 习近平．谈谈调查研究［N］．学习时报，2011-11-21（1）．

2. **围绕按需定制，分层分类开展教育实践**

科学分众旨在按照“标准不降、模式多元”的要求，按需定制、因“群”而异地实施分层分类培养。在确保基本共性要求的前提下，思想政治教育的进度未必统一，内容可有差异，过程不再预设，甚至评价也会多元，但这恰是对高职扩招的有效回应，也是思想政治教育先进性与广泛性要求相统一的有力体现。以高职思政课教学为例，对普通群体而言，仍建议以统编教材为主，辅以各校开发的项目化、案例化教程，在线下合班授课的同时混合线上专题讨论、单元测试等，重点立足于培养坚定理想信念和良好道德素养，帮助其树立正确的世界观、价值观和人生观，学会明辨是非、鉴别真伪。对特殊群体而言，开设可供选择的周末线下授课、工作日晚间授课、其他时间线上授课等多个时段，甚至可尝试送教入企；单独编制教材，在确保基础理论的同时强化国家政策方针、职业道德素养、婚姻家庭美德、劳动教育等内容；建立线上教学资源库，构建模块化、菜单式课程体系，依据受众情况“按需导学”，进行个性化课程定制；重点采用榜样示范和感染教育的方法规范并引导个体言行；制定学分转换细则，以柔性管理、弹性考核满足其工学交替的需要。对优秀群体而言，应增加理论信仰和学理基础等内容，提高其对马克思主义的正确认知；重点采用理论宣讲、专题研究和自我教育相结合的方法，引导他们自觉运用马克思主义立场、观点和方法分析解决现实问题，在社招生乃至全体高职生中发挥模范带头作用。

（三）以生活世界为依托，实现精准有效的教育供给

思想政治教育应以现实世界为本源，促成教育供给与需求的精准对接。高职扩招后，思想政治教育工作者应重新审视双方共在的生活世界，以生活的逻辑有所区分地建构教育体系，及时准确地回应不同群体的理论诉求和思想困惑，引导其融入现实生活，实现可能生活方式的自我建构。

1. **强化供给内容的生活化关联**

思想政治教育分众化立足于对不同受众的认识，这显然绕不开对需要和利

益的把握，因为"'思想'一旦离开'利益'，就一定会使自己出丑"①。需求总是源自生产生活实践，只有以生活世界为指向，精准投放教育供给，才能启动受众接受教育的自觉。对高职传统生源而言，思想政治教育应聚焦其从中学到大学，由未成年至成年的转变，围绕学业、情感、人际关系，以及升学就业等问题，教会他们认识世界和自我，成为生活的主人；而社招生对职业技能及生活质量提升的期待，则要求教育内容更多引入国家就业政策相关措施、社会保障领域最新动态、民生关切问题以及社会时事热点等，强化其职业素养和综合竞争力。所以，即便同一内容，阐释的角度也应有所不同。针对社会主义核心价值观中的"诚信"，普通学生可从考试诚信、交往诚信切入，社招生则重点解读企业诚信、岗位诚信、家庭诚信等，将教育内容与不同群体的圈子文化、社交文化有机结合。当然，强化教育供给的生活化关联绝不是简单机械地迎合现实生活，而是积极主动地深入生活，根据不同分众实际，对现实中的教育资源进行创造性的诠释及转化，实现对生活的有效引领。

2. 拓展精准供给的实践性渠道

习近平总书记强调："道不可坐论，德不能空谈。"② 只有在现实生活中实践笃行，才能真正将认知转化成情感，上升为意志，落实到行动，实现身与心的发展变化。经过不断的改革创新，目前高职院校的思想政治教育实践主要涵盖课内分组研讨、校内社团活动以及校外社会调研、公益活动等，对于理论讲授起到了重要的补充作用。但扩招后的社招生具有丰富的社会阅历，同时面临工学交替的现实状况，简单沿用上述渠道既难以同其现实的工作、生活紧密衔接，又难以体现群体间的差异，无法实现分众化教育所要求的精准供给。困难当前，转换思路未尝不是一种契机。思想政治教育工作者完全可以借助社招生丰富的社会资源，拓宽现有思想政治教育实践渠道，如联系企业现场开展职业道德教育，深入部队接受爱国主义熏陶，奔向田间地头感受伟大的建设成就；此外，在适当增加社招生实践课比重的同时，可单独设

① 中央编译局．马克思恩格斯文集：第1卷［M］．北京：人民出版社，2009：286.

② 习近平．青年要自觉践行社会主义核心价值观——在北京大学师生座谈会上的讲话［N］．人民日报，2014-05-05（1）.

定实践要求，灵活进行时间折算或替换，甚至可以“一人一议”地共同商定实践形式，支持其借助现有的职业及家庭场域，在生活的全过程中自觉接受现实磨炼。

3. **善用精准有效的信息化手段**

新媒体、新技术的不断涌现，特别是互联网自媒体的广泛运用，不仅使传播日益分众化，更令现代意义上的生活世界突破了时空的局限。虚拟网络空间已然成为当下生活中不可分割的部分，并与现实物理世界相互交织。习近平总书记强调：“人在哪儿，宣传思想工作的重点就在哪儿。”① 以生活世界为依托分众化开展思想政治教育，就应充分利用好网络空间，借助现代信息技术手段定向、分权的优势，对多元分散的高职学生实施精准供给。一要用好网络大数据手段，为不同群体建立学情档案，通过全方位的跟踪分析，及时调整并充实思想政治教育内容；二要利用课程建设契机，打造集资源、教学、实践于一体的线上教育平台，根据不同群体的实际需求开辟不同教育版块，开发优秀原创资源，采取菜单式、点播式等机动灵活的学习形式；三要用好“三微一端”进行全媒体传播，加强与学生特别是社招生的互动沟通，围绕重大理论问题、现实困惑及价值误区，给予集中回应或定点爆破，加强引导疏通。在坚持传播内容思想性、引领性的同时，既以精准供给引领线上平台建设，又以信息技术反馈精准供给，让思想政治教育更加人性化、精细化。

（四）以“三全育人”为导向，助推多元主体的协同共治

《高职扩招专项工作实施方案》强调要“落实立德树人根本任务，坚持全员全过程全方位育人”。思政工作要想最大限度地尊重不同受众的理论口味和个性需求，避免教育的形式化和教条化，必然要调动一切积极因素，通过多元主体联动协同，凝聚起精准育人的强大合力。

1. **校企协同推进课程思政建设**

德才兼备是对各级各类人才的要求。高职扩招不只要在“量”上缓解当

① 习近平．加快推动媒体融合发展构建全媒体传播格局［J］．求是，2019（6）：6.

前就业压力，同样要在“质”上解决优质人力资源，特别是高素质创新型“匠能”人才短缺的现状。面对具有层次性和差异性的高职学生，全覆盖、有针对性地提升其思想素质和职业素养，需要学校和行业企业的通力协作，深入推动课程思政建设。一方面，要鼓励专业教师与思政教师共同挖掘并细分专业课程中蕴含的思想政治教育元素，探讨适合不同群体的教学模式，在传授基本技能的同时将精益求精、严谨负责的专业态度，崇尚劳动、爱岗敬业的职业精神，以及积极奋进、开拓创新的人生理念同专业教学、实践实训有机结合，真正将思想政治教育的“料”融入专业教育的“汤”。另一方面，要吸纳行业企业参与课程思政建设和班级管理，构建校企协同的教育教学格局。大师名匠、技术骨干或优秀员工更清楚业内相关群体的思想动态及利益诉求，能够通过现身说法和示范引领，与学校教育形成有效衔接和良性互动，让高职生在优秀企业文化的熏陶下实现价值塑造和素质养成，提升课程思政的说服力和感染力。

2. 部门联动共担立德树人职责

在扩招背景下推进高职生思想政治教育分众化需要强化多元共治的“大思政”理念，通过人员间相互协助，部门间紧密配合，形式间有效补充，引导各种要素和力量有序整合并精准对接不同生源诉求，共同服务于立德树人的核心要求。在实践中，除马克思主义学院直接承担包括社招生在内的思政课教学任务外，人事部门应严把教师准入关，将思想政治教育工作成效纳入个人年度考核指标；教师工作部、学生工作部及党群部门等要突出思想政治教育的专业化理念和职业化特征，针对专任教师、辅导员、班主任、党务工作人员等各类岗位特点，开展层类分明的专题培训，共同打造一支数量充足、政治过硬、业务精湛、作风优良的高素质思想政治教育工作队伍。此外，教务部门应及时为不同学生群体单独编制培养目标，将思想政治教育同专业学习有机结合；学工及二级院部须根据实际情况对社招生科学排班排寝，充分利用其职业背景和生活阅历开展思想政治教育，创新灵活弹性的管理模式；宣传部门要围绕校园文化建设，将思想政治教育元素融入学校自然景观、校规校训、班风学风等，营造良好氛围。各部门工作虽有所侧重，但绝非条块分割，只有积极整合思想政治教育资源，共同承担立德树人职责，思想政治教育分众化才能真正落到实处。

分众化开展思想政治教育是高职院校对百万扩招新政做出的积极回应。当然，分众并非目的，而是手段，其宗旨在于推动思想政治教育落细、落小、落实。由于高职扩招刚刚进入“实战”阶段，全面把握社招生群体特征、改革创新思政教育模式并非一件易事，因此对思想政治教育分众化路径的探索及完善还需要更为深入持久的思考与实践。

（原文刊于《教育与职业》2021 年第 17 期）

高职课程思政实施的困惑及教师胜任力问题的思考

武　文

青岛职业技术学院

［摘　要］课程思政在全国深入推进，涌现出了一批示范课程，然而课程思政行动的深度不够，实际效果也参差不齐。主要表现为知识层面的相似内容渗透，而不能成为教师，特别是专业课教师的自觉行为，在价值层面转变为教育教学的整体原则。关键在于教师课程思政的胜任力，即教师的站位不高、理论积累不厚、教学能力不足等，需要制度性地加以培训和培养，系统提升教师的育人自觉和政治敏锐性。

［关键词］高职；课程思政；教师；胜任力

［作者简介］武文（1966—），男，学士，青岛职业技术学院教授，研究方向为职业教育、思政教育。

［基金项目］教育部第二批国家级职业教育教师教学创新团队课题“基于‘专业思政’一体化设计的酒店管理专业新时代‘课程思政’改革方法与路径研究”（课题编号：YB2021080201）；山东省2021年教学改革研究项目“高职‘专业思政’与‘课程思政’一体化育人实践研究———以酒店管理专业为例”（项目编号：2021043）。

2020年5月，教育部印发《高等学校课程思政建设指导纲要》，旗帜鲜明地指出“让所有高校、所有教师、所有课程都承担好育人责任，守好一段渠、种好责任田，使各类课程与思政课程同向同行，将显性教育和隐性教育相统一，形成协同效应，构建全员全程全方位育人大格局”。2020年12月24

日，教育部、中组部等六部门印发《关于加强新时代高校教师队伍建设改革的指导意见》，明确要求“健全教师理论学习制度，全面提升教师思想政治素质和德育能力”“建设一支政治素质过硬、业务能力精湛、育人水平高超的高素质专业化创新型高校教师队伍”，表明国家越发重视高校教师立德树人的作用和育人职责的发挥。课程思政成为当前高校教师教学改革的一个重要主题，也是专业课教师提升育人效益的重要增长点。

一、当前课程思政开展的情况

随着课程思政在各院校不同专业的深入推进，高校对课程思政的理论思考和实践探索也在不断深化。探索的问题包括：一是课程思政策略的整体设计和模式探索，主要是课程思政管理者，以及硕士毕业论文，力求全面系统地梳理课程思政的由来、发展进程和状态，以及课程思政的教育学规律和实施整体策略，研究的理论梳理和研究比较规范，对课程思政实施过程堵点问题的深入研究不足；二是课程思政与思政课程的关系问题研究，这方面的研究主要集中在如何实现思政课程与课程思政同行同向，重点探讨了如何促进相互之间的配合，两支队伍的配合的重要性问题，在梳理二者在开展的宗旨、实施的路径、教育教学的特征等方面的关系方面显得不够系统和深入，未能明晰二者关系的理论模型；三是课程思政实践中具体问题研究；四是具体课程实施课程思政的心得体会。课程思政探索的热点问题也在不断发展，目前大家关注的问题：课程思政与思政课程的边界问题；课程思政内容生成与教学策略问题等，在实践上也形成了一批优秀示范课程。课程思政实施的关键问题，是如何在课程和思政中建立联系。这两类文章的篇数占绝大多数，研究整体上是基于经验的描述，欠缺教育理论的逻辑阐述。一般认为，根据课程内容而选择思政元素，即立足于知识层面，关注课程内容与思政内容的相似度和相关度。基于这个思路，专业课教师期待建立一个系统，能够把所有的课程（或者相近课程形成的课程群）与章的篇数占绝大多数，研究整体上是基于经验的描述，欠缺教育理论的逻辑阐述。一般认为，根据课程内容而选择思政元素，即立足于知识层面，关注课程内容与思政内容的相似度和相关度。基于该思路，专业课教师期待建立一个系统，能够把所有的课程（或者相近课程形成的课程群）与全部的思政内容之间形成对应的序列，建构一个谱系并建立思政元素资源库。教学中就根据这个谱系，从提供的资源库中抽取思政素材，再利用一定的方式方法渗透到课程里。

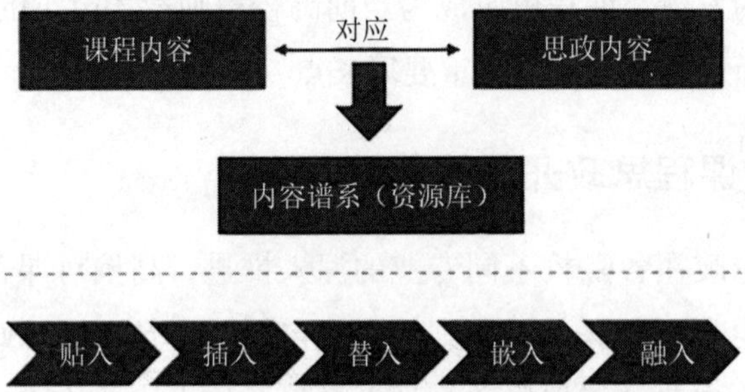

图1　当前高校课程思政开展方法

接下来的就是方法的问题，目前大多数教师开展课程思政的方法大体可以归纳为以下五种：一是“贴”入，就是不改变原来的教学设计，只是在教学过程中，空出几分钟时间来，把相应的思政内容放进去，类似“膏药”一样贴进课堂；二是“插”入，就是基本不改变原有的教学设计，只是找到一个内容与思政元素相近的地方，把思政内容插入；三是“替”入，即在讲授教学内容时，在对解释内容的材料进行选择时，用思政元素相关内容去替换原来的素材，如用一个红色革命小朋友的故事替换哈利·波特的故事等；四是“嵌”入，即在进行教学的过程中，把思政内容作为教学技能的载体，如舞蹈课排练红色舞蹈，音乐课教唱红色革命或者主旋律歌曲等；五是“融”入，就是许多专家讲的，把思政内容与教学内容融会贯通、融为一体，这是课程思政的较高境界。以上五种方法，最简单的和水平较低的是贴入，从替入往后的几种方法，都要求认真进行研究和设计。然而相关调查发现，教师对开展课程思政表现出很大的困惑。主要表现在：内容方面，讲故事没有真情实感，讲道理没有真凭实据，讲问题没有真知灼见，不能引发学生的思考与共鸣；方法方面，装腔作势，空洞乏味，材料堆砌，视频填空，同质展示，浅层互动，不能与学生的专业相联系，不能切中学生的疑惑；不同学科之间各自为政，内容重复，形式主义，有“孤岛”现象和“内卷”现象。要从根本上解决这个问题，仍需要回到课程思政的概念，对其进行更加深入的分析。

二、课程思政的内涵和特征

理解课程思政及其意义，要从三个角度思考。第一，教育本身具有双重性。一方面教育是生产力，实现劳动力的再生产，传授知识、技能，培养智力和能力，服务于社会生产，提升人力资源质量；另一方面，教育是上层建筑，体现统治阶级的意志，培养适合为统治阶级服务的意识形态。第二，当前国际形势复杂多变，西方加紧对我国进行和平演变，对年轻人进行价值观和生活态度、政治态度的诱导。国内价值多元化和个性越来越得到解放。青年学生分辨力不足，没有正确的引导，就可能在不知不觉的情况下接受西方的价值观念，如被偷换了概念的“普世价值”、个人权利至上、民主自由等，成为世界主义者。党和社会主义事业面临后继者立场模糊的巨大风险，面对这种风险，要用底线思维，加强青年学生的思想政治教育，以抵御西方意识形态的攻击。第三，由于长期的应试教育，学校教育过分强调学生成绩、竞赛成绩，功利性和竞标主义教育的现象严重背离教书育人的本质，重智轻德现象普遍，要解决这一现实问题，提出课程思政概念，是矫正教育偏向的有效举措。

课程思政覆盖学校教育的全部课程，课程思政最容易混淆而不容易厘清的，应该是课程思政和思政课程的关系问题。课程思政具有三个特征：一是随机性，即非系统性，其不像思政课程，有严格的知识体系，而是根据课程教学实际渗透相应的思政内容，从内容角度来看呈现出明显的随机性；二是情境性，在课程教学中渗透思政内容，与教学内容、教学场景，以及当天或近期发生的重大事件或本专业、行业相关事件、关键问题等有关，教师要随机而动；三是主体性，课程思政最根本的和最关键的问题在于教师的胜任力，即师者育人的职业自觉和教育情怀、马克思主义信仰和马克思主义理论功底、课程相关知识的价值维度问题、关注专业领域的现实问题和关键困境等。实施课程思政的关键在于教师能够敏锐地发现课程内容相关的思想因素或者是学生可能出现的观念偏差，教师在教学中能够站在时代和社会发展的高度和学生成人成才的角度，并依照教学具体情境针对学生的思想状况，创造性地适时开展思想政治教育，因此同一门课程，不同的教师开展思想政治教育的内容可能是不相同的，同一个教师在不同的时间开展课程思政内容也可能不同。

三、课程思政实施效果提升的策略

提升课程思政的质量和效果，可以有两种思路。其一，从内容和模式入手，如前所述，在内容中建立思想教育的内容与专业课程之间对应的谱系，然后依据内容的需要选择合适的手段和方法（方法储存内容）。然而课程思政是非系统的思政教育，内容没有体系，要根据具体课程内容和学生的情况来确定，很大程度上属于隐性的课程，甚至内容和方法都是教学中的随机行为，因此很难进行系统设计（或者系统地设计效果未必是好的）。其二，从教师入手，提升教师的思政育人觉悟和水平，把课程思政变成教师育人的自觉追求和主动行为，这样教师就会根据具体的教学情境，适时开展思政教育，内容和方法都会是发自内心的教育情怀和思想政治教育的自觉行为，这种教育源自教师的崇高理想、信念，源自对人民教育事业的忠诚，源自对年青一代的热爱和职业操守，这样课程思政才能真正落到实处。

教师从事课程思政，必须达到三个标准：一是站位要高，要立足“新时代”的主题和使命，体现党中央的关切，呈现时代精神，服务于中华民族伟大复兴的事业；二是理论水平积累要厚，具有系统的马克思主义理论知识和运用马克思主义立场、观点和方法分析问题和解决问题；三是教育教学能力要强，能够把思政教育与专业教育有机结合，把教学手段运用得行云流水、得心应手。应该说，教师实施课程思政的主要困惑在于内容提炼时出现的“同质化”，课程思政基本在知识融合的层次上，达不到思想引领的层次，主要原因有：一是教师站位不高，本位主义、任务主义严重；二是思政理论认识肤浅，基本停留在上学时背诵条目的水平和日常碎片化学习水平上；三是教育教学能力（教育学理论）不高，方法落后、单一、机械；四是教师课程思政胜任力提升的策略。

要提升教师课程思政的胜任力，必须从三个方面着手，即实施课程思政的内在动机、比较系统的思政理论基础、灵活机智的教学机制。

首先是教师对思政教育的认识和实施课程思政的自觉性。一般专业课教师对开展思政教育并不主动，认为那是思政课教师的事，“术业有专攻”，“专业课就应该专攻专业，思政专攻思政”，因此在认识上会对开展课程思政有不理解，甚至有抵触情绪。而事实上，任务行业都是在国家战略下的具体内容，所有的行业发展，都与国家的命运息息相关。专业课知识自身就包含了价值维度和思想意味，这是专业课程知识体系的产生、发展内在逻辑的客观要求，从隐性教育的角度来看，知识形成和知识体系建构离不开特定的思维方式，而持不同世界观的人思维方式是不同的，学科化的知识中隐含着一定的价值意涵，知识传递的过程也不断地传递价值观。因此，在行为中有意识地戒除思想因素是行不通的，关键在于教学中传递的是什么样的思想因素。教师的教学是国家教育职能落实的最终环节，“培养什么人”“如何培养人”“为谁培养人”的问题是国家关注的，也是教师必须关注并体现在行动中的，教师开展课程思政是教书育人的应有之意。教师要提高站位，一是政治站位，要站在党和国家促进中国特色社会主义事业的立场上看待课程思政，回应时代主题和党中央的重大关切，深入了解当代大学生的思想状况和人生诉求，引导他们树立远大理想和坚定的信念，践行社会主义核心价值观；二是教育站位，要从育人的角度和价值层面看待课程思政，超越知识层面相似性引入教学的模式，从课程内容相关领域的发展热点着眼，整合优化思政元素。

其次，系统地对专业课教师开展思想政治理论辅导。非思政课教师在开展课程思政的过程中，容易出现的问题一般呈现几种情况：一是重复思政课程内容，即直接找到思政课程相关内容插入教学；二是所有的课程选择的素材同质化，基本都是理想信念、爱国主义、爱岗敬业、工匠精神、责任意识等，不能体现专业特质和课程风格；三是开展课程思政教育概念化讲解，讲故事没有细节，讲道理没有逻辑，不能与学生关心的问题相契合，主要原因是专业课教师在思想政治理论方面存在认知的缺失，对专业课程中的思想问题没有敏感性，对相关的概念和事件没有解释力，对学生相关的疑惑没有引导力。针对这种情况，有效方法是开展系统的理论辅导，深化教师对马克思主义基本原理，中国革命、建设和改革开放相关理论的理解，提高教师的政治素养和理论水平。

再次，通过制度化手段促进资源整合优化。开展课程思政也是非思政教师的职责，思政课程与课程思政要同向同行，内在统一。开展课程思政的实践中，教师所遇到的困惑和问题是具体的、生动的，也是多元的、复杂的，系统开展思想政治理论培训并不能解决全部理论问题，需要针对具体情况开展专题研讨以求突破，才能真正解决专业“痛点”问题。课程思政整体上是非系统性的，然而也不是无规律的随意行为。针对职业教育的类型特点，要突出社会主义劳动观教育，劳模精神、工匠精神教育是必然选择；针对不同专业特点，从专业育人目标出发，凝聚专业理念和专业文化，统筹专业内的课程思政，才能形成合力；针对课程内容的内在逻辑，选择富有特色的思政元素，并与课程内容有机融合，才能实现课程思政的预期效果。整合专业教师、相关辅导员和思政课教师开展联席讨论，并形成制度，是提升课程思政质量和效益的有效保障。

最后，高职教育必须体现其固有特征。职业教育的主体是学校与企业双重主体，在开展课程思政过程中要充分发挥企业这个阵地的作用，企业的工作现场和一线工匠的精神，是最直接、最生动、最丰富的教育源泉，采取引进企业典型案例和工匠、走进企业现场、特色场景连线等手段，开展实境化教育，把思政教育与专业工作过程有机融合，会产生预想不到的效果。职业教育的课程是工作过程系统化的课程，职业情境下的职业工作体现了产业的基本业态，隐含着行业发展与整个产业链、行业动态与社会经济发展的关系，也隐含着国家战略与民族振兴、文化自信等相关的思政元素，生产与服务一线的内容是最鲜活的材料。职业教育的教学过程是行动导向的策略设计，在行动中学习过程，体验是形成职业能力的基础，同时也是形成职业品格的基础。职业教育是培养一线劳动者的教育，劳动观教育是育人的核心价值，也是职业院校人才培养的基本目标，各行各业涌现出来的劳模人物和典型的劳模事迹，是社会主义劳动观的生动载体，弘扬劳模精神和工匠精神，能体现出职业教育的根本原则。

（原文刊于《大学》2022 年第 6 期）

团队建设篇

研究报告

打造专业群结构化双师队伍，推进产教深度融合

青岛酒店管理职业技术学院酒店管理与数字化运营专业
教师教学创新团队

专业群师资队伍建设紧扣“数字化、高端化、国际化”三大方向，坚持“创新、突破、提升”发展思路，外引内培、多措并举，打造“国内有影响、行业有权威”的国家级教师教学创新团队。顺应产业数字化发展，回应行业对人才的新需求，应用新技术手段，建设数字化共享型专业群实践教学基地。建设专业群技术技能协同创新中心，面向酒店职业教育、区域行业产业发展和社区服务等方面开展协同创新研究，打造校企命运共同体。

一、强化双师队伍建设，打造结构化教师教学创新团队

（一）打造“名师引领、骨干支撑、专兼结合”教师教学创新团队

密切校企合作，推进产教融合，与行业领先企业合作，名师引领：聘请“泰山产业领军人才”黑伟钰、国家级导游大师孙树伟、国家级旅游实验教学示范中心/国家级旅游虚拟仿真实验中心主任汪京强、山东文旅酒店管理集团有限公司党委书记/董事长李浩云、全国技术能手李培雨和杨洋等为客座教授、产业专家，为学生在素质素养提升、创新创业项目实践等方面提供指导。聘请青岛海景花园大酒店周泉红总经理作为专业群行业带头人，成立专业群建设专家咨询委员会，推动专业群建设发展；骨干支撑：构建“高层次专家+高职称师资+骨干师资”的塔式教师团队，以“引领、共享、数字化”理念

引领教师发展；专兼结合：成立“黑伟钰首席技师工作站”“孙树伟导游大师工作室”“汪京强名师工作站”“李浩大师工作站”等平台，实体化运行名师工作室、大师工作室、技能工作站，共建“舜和餐饮产业学院”“星巴克产业学院”，共建师资队伍，实现校企双向流动，实现专兼结合。

经过培育，成功立项国家级职业教育教师教学创新团队1个，入选教育部全国职业院校双师型教师案例2项，获批国家级课程思政团队1个、名师8人，获批省级黄大年式教学团队1个，省级青年创新团队1个，专业群教师获得省级教学成果奖特等奖2项、一等奖3项。

（二）形成“企业实践流动工作站”师资培养示范性新模式

专业群与洲际酒店集团等合作共建教师实践流动工作站，形成师资培养新模式。明确1234工作路线：一个中心，以实践能力 + 行业经验的培养作为核心；两种力量，充分调动企业力量，形成企业 + 院校的联合培养体系；三个领域，聚焦传统酒店 + 数字化 + 大住宿产业；四个阶段，覆盖企业经营和教学“行业总览、基层服务、中级管理、高层决策”四个阶段。构建师资培养项目库：构建酒店行业全岗位实践研修、职业技能大赛训练、酒店数字化服务实践及教学能力融合、国内外酒店职业资格研修、酒店数字化管理实践与科研提升、酒店数字营销与电子商务实战及产品和服务研发、酒店虚拟仿真经营模拟、教师跨文化发展能力八个项目，为“双师型”教师培养提供了多种定制化方案。实施培养效果“三化”评价模式：一是考核双元化，建立由学校和用人单位共同制定的考核标准；二是绩效通用化，考核标准附带工作绩效转化说明细则，工作绩效可以与在校教学等工作比例转换；三是经历证书化，编制由学校和企业共同签署的“工作站实践培养证书”，作为教师综合能力评定的有效依据之一。

教师教科研和综合能力大幅提升，建成国家级技能大师工作室1个，获评全国技术能手3人，国家级课程思政名师8人、全国职业院校技能大赛优秀指导教师4人、全国旅游教育名师1人，全国旅游教育杰出青年教师1人，省级教学名师1名，省级优秀教师1名，培养省级青年技能名师2名山东省技术能手1人，立项国家级课题1项，国家级规划教材3本、省级课题24项、省级规划教材 2 本。

（三）建立"基层互动、中层互补、顶层互融"模块化协同教学模式

针对"基础"课程，思政教师与专业教师有机互动，同堂授课、协作教学，思政教育与专业教育融合，综合提升酒店数字化运营人才通用素质、知识和能力；针对"中层"课程，开展教练型项目教学法，专业教师内部合理分工，优势互补，实现教师向教练、认知到赋能、内容专家到过程专家、学生到学徒转变，以企业真实项目提升学生技术技能；针对"顶层"课程，探索高水平企业兼职教师和校内专任教师分工协作的模块化教学，深度互融，实现学生专项强化，"一专多能"，适应酒店全产业链对创新型复合型人才的要求。

在专业目录变更的背景下，对接国家课程标准与行业数字化发展趋势，融入人才培养的数字能力等培养目标，学院教师牵头制订研学旅行与管理专业和民宿管理与运营专业国家教学标准，参与国家教学标准制订共计 14 人。教师团队改造专业课程内容，调整课程体系，2 门课程获评国家级精品在线开放课程，新增专业数字化课程 3 门，改造专业数字化课程 4 门。15 门课程完成混合式教学改革，大力推行模块化、项目化教学，提升教师的数字素养和信息化教学能力，升级形成了酒店管理与数字化运营专业群教学体系。教师在全国职业院校教师教学能力大赛获奖 1 项，山东省教师教学能力大赛获奖 6 项。

（四）实施"职业素养、数字素养、国际化素养"提升工程

强化产教互融，提升师资团队的职业素养。对外，将企业挂职常态化，并引导教师通过校企共建的联盟组织、产业学院、现代学徒制项目、名师技术技能服务站等平台，积极承接社会服务项目；对内，组织教师定期参与酒店形象与礼仪、茶艺、花艺、咖啡、葡萄酒品鉴等素养实践活动，全面提升教师的职业能力与职业素养。1 名教师获得全国职业技能大赛茶艺赛项全国优胜奖、2 名教师获得省级茶艺技能大赛一等奖、3 名教师获得"青岛市五一劳动奖章"、3 名教师在省级技能大赛中获得一等奖被授予"齐鲁烹饪工匠"金鼎奖荣誉称号。参与国家职业院校技能大赛规程制定 2 人次，培养国家级技能大赛评委 5 人，省级技能大赛评委 10 人，省市级星级评定员 10 人。

同步专业改造，提升师资团队的数字素养。酒店数字化转型升级背景下，数字素养是师资团队的必修课，师资团队的数字化转型也必须与专业的数字化改造同步进行。专业群组织教师多次参与酒店经营虚拟仿真系统培训，助力教师数据思维的养成。根据新版专业目录和国家专业教学标准，组织教师重构符合数字化教学要求的课程标准与教学设计。与华住酒店集团合作，组织教师参与校内实训基地的改造升级项目，改造数字化实训室 3 个，新建数字化实训室 2 个，开发酒店数字化软件 3 个，提升了师资团队的数字素养与能力。

对标国际职业标准，提升师资团队的国际化素养。专业群始终坚持“以世界眼光谋划未来，以国际标准提升工作，以学院优势彰显特色”的国际化发展战略，先后参加澳大利亚 TAFE 认证、美国饭店协会教育学院“黄金服务师”“注册饭店教师培训师”（CHT）、“注册饭店教育导师”（CHE）国际职业资格认证培训。打造了一批“专业在前沿，行业有影响，国际可交流”的双师队伍。《光明日报》《工人日报》《中国教育报》《人民政协报》、人民网、新华网等报道了学院高水平双师队伍建设经验。

二、聚焦数字化发展，建立数字化共享型实践教学基地

（一）构建课岗融合式实践教学体系

实践教学是高职酒店管理与数字化运营专业教学最重要的组成部分，专业从课程体系改革与重构的高度，以培养酒店行业复合型人才为目标，以教学酒店为实施场所，结合世界技能大赛的相关能力要求，按照“一场所、双目标、三流程”的实施策略，创新构建了酒店管理与数字化运营专业课岗融合式实践教学体系。

“一场所”，将市场定位和教学定位结合起来，合理规划建设教学酒店。教学酒店将市场定位和教学定位结合起来，运营层面上，涵盖前厅、餐饮、客房等主要业务部门，能够正常开展经营活动；教学层面上，教学酒店里植入实践教学项目，运营中承担教学任务。

“双目标”，确立职业素养和职业能力“双融合”式教学目标。职业素养

方面，将其纳入专业校内实践教学的核心内容，梳理并明确学生职业素养的培养内容及实现路径。在职业能力方面，通过行业、企业调研，参照世界技能大赛相关技术标准，形成各岗位必备职业能力，并将其细化为各岗位工作技能，建设完成标准作业程序（SOP）应用到教学中。

“三流程”，以真实工作过程为导向，构建“前续—顶岗—后续”的阶段式课程实施流程。前续工作阶段内容主要由酒店员工入职环节创新转化而来，包括：实训动员大会、岗位选择和面试、入职培训环节。顶岗实训阶段内容完全由酒店员工到岗工作转化而来，是实践教学的核心内容，包括：岗前培训、上岗工作、工作交接。后续工作阶段内容主要由酒店员工评价和表彰工作转化而来，是整个教学环节中的考核、评价、反思过程，包括：实训评价、实训表彰、实习推荐及预警。

实践教学体系形成了专业实践教学完整的、可操作性的方案和标准化技术规程。将世界技能大赛相关技术标准转化并应用到酒店管理课岗融合式实践教学模式中，形成覆盖教学酒店餐饮部、客房部、前厅部等主要业务和教学部门 43 项工作技能的标准作业程序（SOP）。

在该实践教学体系下，专业教学实训开出率 100%。引入企业真实任务，与洲际酒店集团、舜和酒店集团、香柏雅集等企业合作，开展酒店模拟运营大赛，开展匠人匠师培育工程，在全国职业院校技能大赛餐厅服务和烹饪赛项中获得一等奖 2 项、二等奖 1 项，获得全国互联网 + 大赛铜奖 1 项，在山东省职业院校技能大赛现代酒店服务、餐厅服务和导游赛项中获得一等奖 5 项。扩大了影响，增强了示范、引领作用。

（二）升级改造专业群实践教学基地

按照组群逻辑，根据新版专业目录要求进行校内实训基地一体化整合，顺应酒店行业数字化升级和人才培养需要，同步进行校内实践教学基地的数字化升级改造，建设了全国首个聚焦数字化的酒店管理与数字化运营专业群实践教学基地，实现了智慧化共享型。投资 9000 万元建成烹饪综合实训大楼，投资 800 余万元建成数字文旅虚拟仿真实训中心，投资 400 余万元与华住酒店集团合作升级数字酒店实训中心。

以“共建共享共用”为原则，满足专业群实践教学需要，聚焦数字化引领，搭建运营数据共享平台，完善以运营数据为支撑的实践课程体系。围绕专业群一体化、共享化建设思路，建成酒店数字化研发实训室 1 个、酒店虚拟仿真实训室1个、旅游会展虚拟仿真实训室1个、烹饪虚拟仿真实训室1个。成立传统鲁菜筵席菜品创意研发中心 1 个。成立中国筵席菜单博物馆 1 个，为饮食文化培训课程和菜品研发提供素材和理论支持。建设专业群仿真沙盘教室，配备电子沙盘对抗机、管理模拟运营系统、酒店虚拟仿真系统、烹饪虚拟仿真系统、旅游会展虚拟仿真系统等，打造基于专业群模拟运营的互动课堂，承载专业群数字化模拟教学功能。

引入行业企业真实数据，构建模拟运营数据库。与青岛市文旅局合作，成立旅游大数据中心，实时跟踪、统计并分析行业企业一线数据，进行数据研究、数据分析，形成大旅游相关成果。与华住酒店集团合作，依托“移动运营易”管理系统，将企业实时经营数据经数据脱敏同步到实践教学基地运营过程，通过实时追踪日常运营数据，形成实践教学基地模拟运营的数据库，经过数据分析为优化实践教学提供参考。专业群实践教学基地，建立的软件实时更新、数据实时共享、资源实时共建的实时互联模式，实现了专业群实践教学基地由技能训练为主向运营管理、大数据分析训练为主的转变。构建了适应数字化时代高职酒店管理类专业的实践教学体系，创新了运营数据动态发展的实践课程，打造数字化高端实训基地，有效提升人才数字化素养。获批国家级生产性实训中心 2 个，国家级协同创新中心 1 个，获批省级产教融合实训基地 1 个、省级产教融合示范专业 1 个。

（三）创新实施闭环式实习管理模式

创新实施“基地遴选—双导师管理—四元考核”闭环式岗位实习运行机制。设置高星级酒店等 10 个“必选项”，把好实习基地“遴选关”。学校导师结合实习心理适应期、波动期、稳定期和倦怠期制定科学指导策略，企业导师建立“学思并举、知行合一”系统化任务体系，共同指导学生岗位实习。实施动态考核及淘汰制度，由专业、学生、教师和家长四元评价，实施末位淘汰。开发了系统规范的岗位实习管理流程和标准，围绕“任务化、进阶式、智慧化”创建了岗位实习管理模式，让学生在酒店行业“留得下、用得上、发展好”。

学校主导，建立实习基地遴选与考核机制。结合酒店行业发展特点与专业实际，学校建立基地遴选机制，设置高星级酒店等10个“必选项”，完善报名、实地考察、书面报告和学校讨论决策的标准流程，切实把好“遴选关”。同步实施动态考核及淘汰制度，从专业、学生、教师和家长四个维度评价排名，实施末位淘汰，确保实习管理工作良性运转。

学生本位，甄选与配置多元化酒店岗位。通过问卷调查与访谈，精准掌握学生岗位需求，配置政务型、商务型、度假型和民族品牌型等多元化酒店岗位，为学生提供了多样化酒店品牌与实习岗位选择。实习岗位按照实际需求的1.5倍投放计划，增加学生和企业的选择范围，提高实习的匹配度与满意度。

任务驱动，创建契合学生职业能力发展的任务体系。坚持“德技并修”育人定位，根据岗位职业能力要求，对学生岗位实习期间的课程进行了系统设计。构建了“学思并举、知行合一”系统化任务体系，即一种机制（基于学分制的课程管理）、两种教学方法（网络教学和真实工作情境教学）、三大目标（德育目标、知识目标、能力目标）、四个模块（专业认知能力模块、专业基本能力模块、专业核心能力模块、专业发展能力模块）。精准研究，实施符合学生心理成长周期的“进阶式”指导。学校根据实习生的心理状态变化规律，创新性提出实习生心理成长周期的四个阶段，即职业认知适应期、技能熟练波动期、心理稳定成熟期和情绪倦怠浮躁期。学校和酒店根据实习生所处的不同阶段，校企协同，有针对性地进行实习管理、专业指导和心理辅导，确保岗位实习管理的系统化、精细化和规范化。

经过系统的实习管理实践，学校酒店专业群人才培养质量不断提升。学生实习稳定性好，顶岗实习期间离职率控制在4%以内；职业认同感高，毕业后行业对口就业率达90%以上；行业归属感强，毕业三年行业留任率稳定在70%；职业发展后劲足，80%的学生毕业三年晋升到基层管理岗位，30%的学生毕业五年晋升到中层管理岗位。专业实习管理模式，被全国数十家院校和企业借鉴学习。2021年，中国教育报以《做精做实顶岗实习　校企合作共育优质人才》为题专题报道学校实习管理经验，为全国职业院校的实习管理提供了工作范式。

三、推进产教深度融合，搭建融合化技术技能平台

（一）建设省级职业教育集团，赋能院校发展

牵头成立山东现代酒店业职业教育集团，建立“政行企校四方联动，产学研用四位一体”命运共同体。成立酒店管理与数字化运营、旅游管理专业建设联盟等4个。校企深度融合，酒店管理与数字化运营专业群建设了4个新型产业学院，定向培养培训企业员工，促进地方产业结构调整和转型升级。成立酒店与职业教育发展研究中心，产出前沿研究成果6项。牵头成立山东省职业院校“三教”改革联盟，打造“三教”改革联合体，获得中国教育新闻网、人民日报海外网、中国教育在线、中国高校之窗、齐鲁壹点、鲁商集团官网、中国网、青岛新闻网、青岛日报观海新闻、新浪网、网易、搜狐网、腾讯网等多家媒体报道。

（二）形成多元技术研发平台，赋能企业发展

专业群围绕酒店类企业、餐饮业类企业、住宿类企业、文旅类企业，成立了文旅智库、大住宿业研究所、餐饮业研究所等，建成多元化技术研发平台，为企业赋能。与青岛市文旅局合作建设了文旅智库，开展星级酒店暗访工作20余次，输出各类研究成果6项；与上海云驴通签署战略合作协议，成立数字旅游联合创新实验室；与青岛开放大学联合建立数字化教学中心；与山东文旅云签署战略合作协议；大住宿业研究所与青岛融创文旅阿朵小镇、朴宿民宿等研究形成行之有效的“民宿代运营”模式，取得授权发明专利1项，与企业联合开发了中餐宴会摆台测评系统，与企事业单位联合开展横向课题研究30项，为企业发展提供了技术支持；餐饮业研究所利用烹饪先进技艺，与区域龙头企业海尔、海信集团合作，利用“宴席设计与制作技艺技能”传承与创新平台，开发全系列家庭菜谱，根据烹饪曲线数据，分析立意点及质构指标，研发智慧菜谱评价标准、开发定制化特色菜点，将传统烹饪工艺

与智能化设备进行有效融合，为智能厨房家电研发提供烹饪技术支持，助力海尔、海信解决厨房家电研发痛点。

（三）构建产业研究服务平台，赋能产业发展

针对服务业转型升级和人才需求匮乏的现状，学校构建“政府主导、行业指导、学校牵头、企业参与”的四方联动研究平台。通过研发技术、产出成果、转化产品实现产学研紧密融合，更好地为政府、行业提供决策和咨询，服务区域经济和产业发展。建设旅游大数据中心为主，酒店数字化发展研究所、大住宿业研究所、餐饮业研究所、酒店职业教育数据研究所、文旅智库等平台为辅的研究平台。旅游大数据中心对接青岛市文化和旅游局信息中心和文旅产业政策，整合青岛市文旅产业全方位实时数据，为开展研究提供一手素材；各研究所和智库立足区域经济的特点和企业、市场的需求，协同行业、企业共同开展行业产业需求分析、人才质量标准制定等工作。校企深度融合，酒店管理与数字化运营专业群建设了 4 个新型产业学院，定向培养培训企业员工，促进地方产业结构调整和转型升级。

建立平台集群协同创新的运行模式。旅游大数据中心通过数据分析为政策制定和标准发布提供建议，同时发挥产业链与专业链对接的纽带作用，助力学校高水平专业群建设。各研究所和文旅智库发挥学校智力和人力优势开展行业大数据统计分析，产出研究报告；文旅企业提出产业前沿的技术、技艺发展趋势和需求，联合“1+N”研究平台集群反馈到学校教学改革和行业产品、技术创新，以此实现平台集群内各单元的互动合作，协同创新。依托数字文旅协同创新中心、青岛市旅游大数据中心，出版《旅游大数据分析》内刊，发布数据 21 次，承担《青岛市智慧旅游企业建设标准》等横向课题 100 项，促进青岛旅游业内涵提升。搭建了青岛市研学旅游产业链，编制《青岛市研学旅游发展规划纲要》，牵头制定青岛市研学旅行基地建设标准，《青岛市研学旅游产业体系项目》被省政府授予第四届山东省文化创新奖。

典型案例

第二批职业教育国家级教师教学创新团队江西旅游商贸职业学院旅游管理专业教师团队典型案例

江西旅游商贸职业学院旅游管理专业教师教学创新团队

江西旅游商贸职业学院旅游管理专业是江西省高水平特色专业和江西省示范院校重点建设专业，获评《高等职业教育创新发展行动计划》项目国家级骨干专业。江西旅游商贸职业学院旅游管理专业教学团队是第二批职业教育国家级教师教学创新团队，专业团队现有成员22人，具备高级职称的有16人，双师型比例85%以上。团队全面贯彻党的教育方针，坚持“四个相统一”，推动“三全育人”，注重坚守专业精神、职业精神和工匠精神，积极践行社会主义核心价值观，是江西省优秀教学团队。团队先后获批国家自然科学基金2项、省部级以上课题100余项，获评省科技进步一等奖1项、省级教学成果一等奖4项、其他各类奖励160多项，取得了卓有成效的业绩。

一、师德师风：红心向党，铸魂育人

“围绕教学抓党建，抓好党建促教育”。团队注重发挥党建育人功能，落实立德树人根本任务，深入推进习近平新时代中国特色社会主义思想“三进”活动，以党建带团建、以团建促队建，坚持全员、全方位、全过程的“三全育人”理念，落实党建与课程融合、党建与活动融合、党建与校园文化融合的“三融合”机制，拓展育人平台，优化育人环境。团队将党建与育人工作相融合，不断强化思想政治教育和意识形态工作，形成了“艰苦奋斗、开拓创新、敢于担当、追求卓越”的师德师风。

近五年，1 人获评省级“五一劳动奖章”“巾帼建功标兵”，3 人获评“省高校思政教育工作先进个人”荣誉称号，19 人获评省市优秀教师、优秀党员、优秀青年志愿者等荣誉。团队负责人蔡海生教授长期致力于党建和思政教育与专业教育的融合培养模式研究，团队成员主持江西省党建课题 12 项，获评江西高校思政工作优秀论文一等奖 1 项，二等奖 3 项。团队坚持立德树人，实现全程育人，带动“三全育人”新风貌。营造了全员学习、全员抓党建的良好氛围，进一步增强了全系统广大党员的认同感和归属感，提升了党组织的凝聚力和战斗力，为办好人民满意教育，为打造旅游教育品牌提供了坚强的组织保证。

二、教育教学：求真笃行，厚德强能

“潜心教研结硕果，赛教融合创佳绩”。团队在推进各级各类教学项目建设中，积极探索四种教学培训路径，即围绕旅游行业高素质农民培训、校园景区研学体验项目培训、网络线上课程培训、竞赛专项培训，坚持研、训、学、教、赛五位一体，落实所有教师全员参与、所有学科全面覆盖、所有培训人员全程提升、所有培训考核全面管理、所有培训结果全面运用五个全覆盖，突出送教下乡与校本研修结合、现场培训与网络研修结合、专题讲座与互动研讨结合、理论学习与教学实践结合、教学观摩与体验反思结合五大形式。

近五年，团队承担了国家职业教育虚拟仿真示范实训基地专业课程与教学资源建设旅游管理和导游专业 2 项，学校与江西农业大学联合培养旅游管理专业“3+2”专升本学生，构建了“职普融通、专本贯通”的技能人才培养体系。专业拥有国家精品课程 1 门，国家级教学资源库子项目 1 项，主编各类教材 12 本。团队坚持“课证赛岗”相融合、“以赛促教”育精英模式，参与各类教师教学能力大赛获得各类省级奖励 30 余项，指导学生参加各类职业技能竞赛获得省级奖励 80 余项。赵越同学以全国第二名的成绩成为第 45 届世界技能大赛酒店接待项目备赛选手，肖美珍同学获首届全国扶贫职业技能大赛金牌。

三、科研创新：精工利器，勇开新路

“比学赶超勇争先，严谨务实出成效”。团队认真学习习近平新时代中国特色社会主义思想和党的二十大精神，牢固树立“四个意识”，不断增强“四个自信”，紧紧围绕上级党组织和校党委的决策部署，进一步增强工作的责任感、紧迫感和使命感，以先进为榜样，有敢比的勇气、善学的风气、迎头赶上的志气、勇于超越的豪气，在“比”中找差距，在“学”中补短板，在“赶”中出实效，在“超”中创佳绩。秉承严谨务实的科研精神，积极探索优质高效的工作方法，大力营造团结奋进的学术氛围。

近五年，团队结合“以科促教、以研促学”的育人理念，积极开展应用性研究。团队教师围绕旅游管理课程开发、旅游用地空间规划、旅游人才培育模式等方面积极申报科研项目，参与国家自然科学基金、江西省重大科技项目、江西省社会科学规划项目等各类科研项目 80 余项，获得江西省科学技术进步奖一等奖、国土资源科技二等奖、江西省社会科学优秀成果二等奖等科研奖项，累计到账经费 928 万元，发表研究论文 400 余篇。

四、就业创业：抓严抓实，共促提升

“多措并举促就业，深耕厚植勇创业”。团队教师积极联系优质用人单位提供招聘信息，加强校企合作，提高对策精准度、针对性，向用人单位一对一推荐毕业生，用心用情用力为毕业生实现高质和其他创造有利条件。同时，团队积极挖掘校友资源和其他社会资源，引荐企业入校招聘，推进共同建设、共同管理、共享资源，积极探索“校企联合”合作新模式，加强管理学系人才培养供给侧与产业需求侧紧密对接，实现学生就业、企业人才需求保障的双赢。

近五年，团队积极引进优质旅游类企业入校，与江西洲际国际旅行社有限公司、福州云端茶业有限公司等 40 多家企业签订合作协议共建就业实践基地，探索产教融合长效育人机制。团队定期赴省内外开展毕业生就业回访与市场调研，开辟了海外实习就业渠道，开展就业指导讲座100余场，连续8年组织旅游类专场招聘会，就业率常年保持全省领先水平，就业质量稳步提升。学校已建成面积达1.2万多平方米的“创新创业基地”，团队积极参与创业实践活动，形成了“上下联动、全员参与”的工作机制。指导学员参加各类国家级、省级创新创业大赛获奖60余项，获奖数量和比率位列全省高校前茅。

五、社会服务：明德敬业，知行合一

“集团办学谱新篇，协同合作谋共赢”。作为教育部授予的国家级示范职业教育集团（联盟）培育单位，团队负责承担了江西旅游职业教育集团秘书处工作。旅游职教集团提出了职教资源共建共享的人才培养的生态系统，构建了“政行企校”四方合作的职业教育集团化办学生态圈，实现“政府统筹、龙头引领、利益共享”的职业教育集团化办学模式，有效提升了职业教育服务经济和社会的能力，为江西省旅游产业发展输送了大批高质量旅游职业人才。团队定期赴景区开展调研走访，与抚州大觉山景区、赣州丫山景区、新余仙女湖旅游度假区等地签订合作协议。团队成员年均下企业70余家，参与建设江西省旅游协会旅游教育分会、江西省研学旅行研究会等多个行业协会。承接援疆教师挂职项目，对口帮扶宁都技工学校、广昌职业技术学校，开展江西省职业院校旅游大类专业目录建设情况调研论证，累计实现社会服务到账1002万元。

六、团队建设：通力合作，躬身教育

“勠力同心绘蓝图，和衷共济谱新篇”。2020年8月23日，时任教育部党组书记、部长陈宝生，江西省人民政府省长易炼红来校调研，充分肯定了团队取得的成绩。团队坚持广开进贤之路，目前已形成一支老中青梯队分明、结构合理、技术互补、实力雄厚的高水平教学科研团队。团队领军人物蔡海生教授是江西省百千万人才工程人选、省高校中青年学科带头人，在国土空间规划、旅游用地开发领域知名度高；团队成员张蕾教授作为职业院校教师代表，参加了全省优秀教师代表座谈会，受到省委书记刘奇、省长易炼红等领导的接见；曾就职于企业的夏淑芳、吕从钢博士先后引进加入团队，使得团队成员在教学、科研及社会服务能力有了进一步提升。团队教师教学改革成果：基于“竞技强能”导向的旅游类技能人才“三相四促”培养模式探索与实践获得江西省一等奖、教学改革成果“四方联动、三元同构、协同育人”的旅游职教集团化办学模式创新与实践获得江西省二等奖。团队教师育人案例《以红色文化铸魂育人，走稳红色育人路——江西旅游商贸职业学院》获第二届全国职业院校红色故事大赛三等奖。

以奋进精神加强教师教学创新团队建设

海南经贸职业技术学院旅游管理专业教师教学创新团队

一、基本情况

为了应对当前我国经济和社会新发展给职业教育带来的新挑战，建设教学创新团队是当前我国职业院校教师队伍面临的重要任务。打造高水平职业教育教师教学创新团队也是引领教育教学模式改革创新的重要举措。海南经贸职业技术学院高等职业教育教师教学创新团队自入选国家培育团队以来，在“双高”计划旅游管理专业群建设背景下，积极探索创新团队的建设工作，在团队教师能力建设、团队协作共同体建设、课程体系建设、模块化教学建设等方面取得了丰硕的成果。

为深入学习贯彻习近平新时代中国特色社会主义思想和党的十九大精神，全面贯彻落实全国教育大会精神，按照《国家职业教育改革实施方案》决策部署，教育部决定启动职业院校教师教学创新团队建设工作。

教师教学创新团队建设是国家职业教育改革背景下提升职业教育师资水平的重大举措，也是“双高”计划建设的重要组成部分，更是提升职业教育教师能力应对未来技术革新和经济社会发展的重要策略。

二、主要做法

（一）发展模式

海南经贸职业技术学院国际旅游学院持续推进、科学管理、动态评价、人本关怀、严格落实，成立由党总支书记、二级学院院长担任双组长的旅游管理专业群建设工作小组，负责旅游管理专业群“双高”建设各项任务。在制定旅游专业群建设工作战略时，创新校企“互聘共用”团队建设模式，引领全国旅游职业教育教师教学创新团队建设；创新“政校企外用”与“产学研训育”结合的合作育人模式，引领全国旅游职业教育人才高地；创新“一平台、模块化、共享型”专业群课程平台构建专业群课程体系。全方位对接海南自由贸易港建设战略需求，重点围绕海南国际旅游消费中心建设，聚焦海南区域旅游产业链，聚力打造旅游全产业链人才培养高地，深入实施“三化一型”社会服务发展模式，精准匹配海南经济社会发展需求，系统构建旅游管理专业群社会服务体系，高标准提升旅游管理专业群适应性。

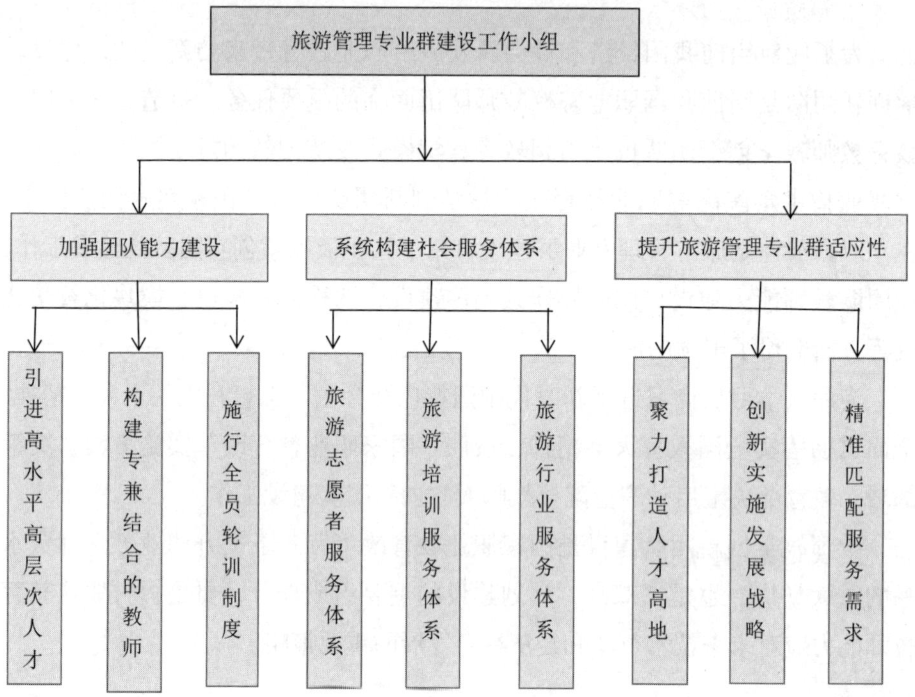

（二）具体做法

1. 加强团队教师能力建设

根据高级人才“柔性引进”政策，引入王昆欣、郑向敏、杨铭铎、郝文亭 4 名教授，开展专业建设指导活动，统筹各专业的建设和发展，主导做好专业群的发展规划。引进高水平高层次人才，注重企业行业参与，构建专兼结合的教师，依据专业群发展的需要，实施专职教师全员轮训制度，学习专业领域先进技术，促进关键技能改进与创新，提升教师实习实训指导能力和技术技能积累创新能力。

2. 建立团队建设协作共同体

打造院校与企业形成命运共同体，已经与企业共建高水平教师发展中心和实习实训基地，实现与部分企业人员互聘、教师培训、技术创新、资源开发等方面开展全面深度合作、促进“双元”育人，切实提高复合型技术技能人才培养质量。海南经贸职业技术学院国际旅游学院牵头的海南国际旅游职业教育集团已于2022年1月正式建立。与金钥匙、潮汕职业技术学院等签订战略合作框架协议，成立海经贸金钥匙产业学院、海·潮电商直播产业学院，海·潮新媒体研究中心和数字商旅新媒体电商直播特色班。

3. 系统构建社会服务体系

旅游管理专业群结合海南特色，围绕海南“一中心”建设，构建“三大服务体系”，即志愿者服务体系、培训服务体系和行业服务体系，服务技能型社会建设。

4. 构建对接职业标准的课程体系

旅游管理专业创新团队组建以来，为了适应学生的职业教育发展需要，促进教师教学水平及能力的发展，以及旅游管理“双高”专业群建设的需要，打造专业群精品在线开放课程，推动“五化”教改，打造智慧课堂，立足学生真实需求，推动“双导向”课程改革，基于“1+X”有机衔接，重构课程体系。

5. 创新团队协作的模块化教学模式

模块式教学法以技能培训为核心，以“技能型人才”为培养目标，为人才培养目标提供了可能性。因此建立模块式课程体系，对于教学质量的提高和学生职业技能素质的提高有着深远的意义。得益于模块化教学法，2021年旅游管理专业群获得全国职业院校技能大赛一等奖一项、二等奖两项，海南省职业院校技能大赛金奖两项、银奖四项、铜奖一项、优胜奖三项的优异成绩。

三、成果成效

（一）科研成果成效显著

国际旅游学院教学创新团队积极投身教改和科研工作，成果卓著。据统计，2021 年教学创新团队的课题（已结项）6 项；论文发表 39 篇；2021 年成功立项省部级以上课题 7 项。

表 1　2021 年团队立项的省部级以上课题

<table>
<tr><th>序号</th><th>主持人</th><th>课题名称</th><th>课题来源</th></tr>
<tr><td>1</td><td>吉家文</td><td>基于“三教”改革的“三师四课五融合”高职创新创业教育模式探索与实践</td><td rowspan="6">海南省教育厅课题</td></tr>
<tr><td>2</td><td>王晓明</td><td>基于“岗课赛证”融通的旅游专业技术技能人才培养模式的研究与实践</td></tr>
<tr><td>3</td><td>程傲</td><td>自贸港背景下现代旅游产业营销体系建设研究——以海南旅游目的地新媒体整合营销传播为例</td></tr>
<tr><td>4</td><td>吴贤贤</td><td>自贸港背景下移动 UGC 对旅游消费影响研究——基于结构方程模型</td></tr>
<tr><td>5</td><td>于淑艳</td><td>课程思政视域下海南非遗研学课程体系的构建研究</td></tr>
<tr><td>6</td><td>李佩娟</td><td>旅游扶贫视域下海南黎族苗族特色资源整合模式与路径选择</td></tr>
<tr><td>7</td><td>郑晓玲</td><td>自贸港建设背景下海南港口企业风险与安责险防控研究</td><td>海南省社科联</td></tr>
</table>

（二）教学成果落地见效

旅游管理专业群教师获得全国职业院校教师教学能力大赛三等奖 1 项，省赛一等奖 2 项，获第七届黄炎培职业教育优秀教师 1 人。

表 2　2021 年团队成员教学成果汇总

序号	获奖人	成果名称	成果等级
1	吉家文	黄炎培职业教育优秀教师	国家级
2	吉家文、蔡于博、王浩明、刘首含	全国高等职业院校技能大赛教学能力比赛三等奖	国家级

续表

序号	获奖人	成果名称	成果等级
3	吉家文、蔡于博、王浩明、刘首媛	海南省高等职业院校技能大赛教学能力比赛一等奖	省级
4	吴贤贤、刘萍男、周媛	海南省高等职业院校技能大赛教学能力比赛一等奖	省级

（三）教师国际化视野提升

引入英国等先进的职业教育理念，搭建教师到境外访学研修、学术交流和培训桥梁，培养双语化师资队伍，助力专业群开展国际合作，培养具有先进职业教育理念、通晓国际规则、具备跨文化沟通能力的国际水准教师队伍，为服务于“一带一路”沿线国家的企业提供智力支持和技术支撑，为学生境外实习、就业服务，提高教师的育人水平。2021 年 5 位团队教师作为指导教师参与商务部对外商务官员培训项目，培训委内瑞拉等国外商务官员超过 1000 人次，受到商务部的高度好评。

四、经验总结

（一）关键成功要素

专业建设基础扎实。专业人才培养层次为本科和专科一体化，其中，本科专业 3 个；专科专业 4 个，均属于“双高”项目旅游管理专业群建设专业，群内专业曾荣获国家优质校建设重点专业、教育部第二批现代学徒制试点专业、省优质校建设重点专业、省骨干专业、省特色专业、省优质校建设重点专业等荣誉。

师资团队结构合理。中高级职称教师达 95% 以上，双师素质教师达 100%，拥有 2 个省级教学团队，1 个省级特色专业，1 名省级突出贡献技能大师奖获得者，省级教学名师 1 名，省级优秀中青年骨干教师 2 名，高级导游 3 名，省级领军人才 2 名，省级拔尖人才 2 名，南海青年名家 1 名，省技能大师 1 名，省“515 人才工程”第三层次人选 1 名，省级高层次人才 13 名，并建有《导游实务》《旅行社管理与实务》《旅游礼仪》3 门省级精品课程和多门省级优质核心课程。

（二）存在不足与下步举措

一是缺乏成熟的建设经验；二是管理方式固化；三是团队发展目标不明确导致成员凝聚力不强；四是机制不完善。为此，要多校联动，共同探索创新团队建设路径，健全保障机制，加强教师教学创新团队的管理制度建设，改变传统思想观念，增强团队合力与创新能力，为教师团队发展搭建平台。

五、推广应用

（一）使用范围

完成递进式在线课程体系，打造专业群精品在线开放课程，推动“五化”教改，搭建校企共建、工学结合的共享型实践教学平台。

（二）应用场景

教学工作，教学研究，教材建设，技能竞赛。

（三）注意事项

需按照《全国职业院校教师教学创新团队建设方案》相关要求和标准，要进一步完善团队建设方案，细化目标任务，整合优质资源，扎实开展建设，全面提高职业教育人才培养质量提供强有力的师资保障。

学术论文

建设职业教育教师教学创新团队协作共同体：内在逻辑、困境问题与未来展望

郎富平　刘婉昆

浙江旅游职业学院

［摘　要］建设协作共同体是全国职业院校教师教学创新团队建设的重要任务之一，当前关于协作共同体的理论研究和实践探索未受到足够重视，通过分析职业教育教师教学创新团队协作共同体的内在逻辑，梳理协作共同体与教师教学创新团队的关系，发现协作共同体在教师教学创新团队中发挥着行动规范和平台支撑的重要作用。但是在目前的建设过程中，毅然存在研究意识不强烈、内涵认识不到位、实践行动不深入等困境问题，因此之后的建设应强化意识，突出协作共同体建设重要性；善用制度管理，加强章程与运行机制建设；增强沟通交往，形成良好的合作共享模式，推动协作共同体良性发展。

［关键词］协作共同体，教师教学创新团队，校际合作

［作者简介］郎富平（1980—），男，浙江杭州人，浙江旅游职业学院旅游规划与设计学院教授，研究方向：旅游职业教育教师教学创新团队与教学资源库；刘婉昆（1995—），女，河北邯郸人，浙江旅游职业学院旅游规划与设计学院教师，硕士，研究方向：职业教育与校企合作。

［基金项目］2021年第二批国家级职业教育教师教学创新团队文体旅游（二）协作共同体主课题《新时代职业院校智慧景区开发与管理专业领域团队教师教学改革创新与实践》（ZH2021080201），主持单位：浙江旅游职业学院。

教师是教育过程的主导者，是人类文化科学知识的继承者和传播者，深入推进落实新时代教师队伍建设改革，以高质量教师队伍建设支撑高质量教育体系，是适应教育改革发展的重中之重[1]。2019年《全国职业院校教师教学创新团队建设方案》（以下简称《方案》）颁布，提出着力打造一批高水平职业院校教师教学创新团队，示范引领高素质“双师型”教师队伍建设。《方案》要求建立团队建设协作共同体，协作共同体要求完善校企、校际协同工作机制，增强院校间的人员培养和流动，推动校企形成命运共同体、提升培养质量[2]。“协作共同体”的概念由此应运而生。由于协作共同体自2019年才提出，相关研究自2020年才开始出现，对于学者们来说这依旧属于一个相对陌生的话题。在理论研究领域，仅有范蓉（2021）[3]、曹晔（2021）[4]等学者对协作共同体的内涵、建设内容等进行探讨；在实践研究领域，李云梅（2022）[5]、马仁听（2022）[6]等一线建设者通过实际建设，进行了一定的经验总结和成果凝练。总体来看，目前的研究呈现起步时间较晚、优质内容较少、一线研究者偏多、经验总结为主的现状，协作共同体在教师教学创新团队建设中发挥的作用依旧未能引起学者和建设者们的足够重视。然而伴随着第一批国家级教师教学创新团队项目即将验收，第二批国家级教师教学创新团队项目已持续开展推进，协作共同体已然成为建设中不可绕开的重要话题。本文对职业教育教师教学创新团队协作共同体建设的内在逻辑进行梳理分析，总结发展现状中存在的困境问题，对未来的建设提出一定的建议。

一、建设职业教育教师教学创新团队协作共同体的内在逻辑

建设职业教育教师教学创新团队协作共同体，首先需要了解其在教师教学创新团队之中发展与建设的内在逻辑，厘清协作共同体与教师教学创新团队的关系，找到其建设的应然状态，突出协作共同体的发展价值和意义。

（一）教师教学创新团队是协作共同体的建设基础

作为建设任务之一的协作共同体，其产生和发展首先要依托于教师教学创新团队，教师教学创新团队是协作共同体的建设基础。首先，协作共同体

是无法脱离于教师教学创新团队而单独存在的。教师教学创新团队的成立先于协作共同体，相关的团队成员已经确定，也就基本确定了与其开展合作的相关院校与企业。协作共同体产生之初的物质准备和组织基础基本完备，是一个在具有相对良好合作环境中产生的共同体组织，它与教师教学创新团队之间有着不可分割的联系，因此教师教学创新团队的能力和水平决定了协作共同体的能力和水平[3]。其次，协作共同体的运作离不开教师教学创新团队。协作共同体需要牵头单位与其他合作单位共同建立，完善校企、校际协同工作机制也需要教师教学团队各单位内外部保持合作与运行的有序合理进行，也就是说各单位自身保持良好的运行状态，才能够保证协作共同体的良好运行，也才能促进协作共同体发挥自身的价值。总体来看，协作共同体的成立和运行都必须依托教师教学创新团队，它虽然在教师教学创新团队建设中起到统领全局的作用，但始终需要教师教学创新团队为其提供支持和保障。

（二）协作共同体是教师教学创新团队的行动规范

协作共同体的组建帮助各个参与单位从单打独斗走向有序的协同，它本身并非一个新的合作主体，而是提供了一个更大范围的创新与竞合的平台，在教师教学创新团队发展的过程中，协作共同体起到规范行为、紧密联系与相互督促的作用。一方面协作共同体成立之后需要制定一系列的规则，这些规则对各个参与院校和企业的职责进行明确，对合作行为进行约束与规范，保证相互之间始终处于紧密合作的状态，形成相互支持、共同参与的合作关系。这使得参与院校和企业形成了一张更大的联系网络，从原有点与点之间的交流，变成了线与线的互动乃至“全网”共振，各自的行为受到其他主体的影响和制约，在开展活动和交流中必然要承担起相应的责任和义务。另一方面各个院校要建设自身的教师教学创新团队，单一院校的能力是有限的，但是协作共同体组建起来的新的团队能力是无限的。各个院校虽然处于同一专业类建设领域，但是各自原有的发展重点有所不同，协作共同体内部也存在普通高校、高职院校、中职学校等不同类型、不同层次的学校，各有各的专业优势和资源优势，结合成协作共同体后，可以优势互补，弥补短板与不足，保证教育和专业优质资源更加集中，有利于提高资源的利用率，避免一些无谓的损耗或重复建设，增加相互之间的合作。协作共同体的形成，首要的作用是将教师教学创新团队中不同的参与主体联系起来，凝结成新的力量，能为教师教学创新团队起到规范或示范作用。

（三）协作共同体是教师教学创新团队的支持平台

协作共同体建设的目标是促进师资培养、专业建设、教学改革等涉及职业教育的各项工作内容的提升，总的来说协作共同体虽然不能直接作用于教师教学团队建设，但其仍然扮演着重要的支持者角色。在校际合作方面，协作共同体为校际合作提供了资源共享的平台。内部的组织单位相互之间呈现一种开放和共享的姿态，院校之间的资源在一定程度上实现共享甚至共商共建，人员可以横向流动，专业标准和教学方法等内容也可以相互借鉴，逐步实现在人员交流、研究合作、资源共享以及团队建设、人才培养、教学改革、职业技能等级证书培训考核等方面的协同创新[2]。在校企合作方面，协作共同体为校企合作提供了信息和技术共享的平台。通过建立校企命运共同体，协作共同体把握业态最新变化，集结新技术、新标准、新规范与新需求。协作共同体内集聚了大量优秀而成熟的合作企业，能够捕捉最新的行业产业发展信息，接触新的行业发展理念和技术前沿，院校获取这些信息后，可以将其对接教学工作并转变为职业教育的教学内容，提升专业建设与产业发展的衔接程度。另外，由于职业教育特殊的职业性和实践性，使得职业院校教师的培养相较于普通教育来说更为复杂，单纯依靠院校力量是无法完全支撑起职业教育师资队伍的培养，而协作共同体保证了院校与行业企业之间的人才流动和培养，可以促进教师教学创新团队成员的能力提升，更好地保证团队的发展。协作共同体的建设发展目标，就是想要借助教师教学创新团队的方式解决职业教育存在的现实问题，以此作为推动职业教育改革发展的动力。

二、建设职业教育教师教学创新团队协作共同体的困境

协作共同体的建设是伴随着教师教学创新团队建设而展开的，从当前的研究现状与其自然发展状态对比来看，当前协作共同体的建设处在一定的发展困境。当前协作共同体的建设过程中，存在研究意识不强烈，对共同体价

值关注少；内涵认识不到位，没有形成良好的协同机制；实践行动不深入，校际合作缺少成效等问题。

（一）研究意识不强烈，对共同体的价值关注少

虽然第一批国家级教师教学创新团队建设已经三年，但协作共同体的研究本身并没有引起团队建设者和相关研究者的足够重视，以协作共同体为主题的研究依旧很少。从现有的文献分析，造成研究意识不强的原因主要有两个方面。一方面是实践经验本就薄弱，影响了相应研究的开展。在实际的建设过程中，协作共同体本身是一个集多所院校和企业的共同体，且其需要承担促进专业建设、人才培养、师资培养等任务，共同体成员之间的实际联系程度并不一定十分紧密，尤其是协作共同体内的专业类型并不完全相同，导致实践中较难形成理想化的共同体形态，也不能发挥出其本应具备的作用[7]。另一方面，部分研究者对协作共同体在教师教学创新团队建设中的统筹作用没有清晰的认识，进而忽视了对其开展研究的重要性。协作共同体的建设并不是简单的团队与团队的松散集合，它是一次“跨界”的互动，它作为院校、企业、行业之间的黏合剂，起到桥梁和连接的作用，促进各主体间的协同作用，用以凝聚职业教育改革的动力[3]。可以说协作共同体的建设对于促进教师教学创新团队的建设、推动职业教育改革都有重要的意义，但是这种潜在价值既没有被相关院校团队所意识到，也没有被大多数研究者所发现，导致缺乏对该话题的研究关注。

（二）内涵认识不到位，没有形成良好的协同机制

协作共同体的建设并不仅仅是院校之间形式上的联合，其形成的根本初衷在于“协作”二字，更加看重多方之间实际的联动合作，从现有的成果来看，参与院校对于协作共同体的内涵认识还不够深入到位，没有形成良好的协作运行机制。从学理上分析，协作共同体在纵向上分工合作，在横向上协作竞争，旨在解决依托单个院校创新团队难以解决的问题，或者说集中力量解决协作共同体共同面临的问题[4]。也就是说，成立协作共同体是为同一专业类领域都会面临的共同问题寻求解决方案的。从建设平台上来看，教育部为促进合作建设的开展，提供了课题项目、培训基地、宣传网页等合作平台，

试图通过这种形式将各院校之间的协作关系固定下来，促进课题共同研究、信息互通共享、师资共同培育，提升协作共同体的建设发展能力。然而从现有的研究成果来看，在实际的团队建设中，协作共同体更像是独立于其他内容的建设项目，与课程、教学、人才培养等方面并无过多联系，各院校的工作依然在围绕自身问题独自开展，校企、校际并没有发挥出在协作共同体下应有的共同解决问题的机制与作用。如果单纯从成果来看，甚至与未进行教师教学创新团队建设时并无明显差别。因此，不论是从学理上还是从建设上，部分院校对内涵认识都不够到位，没有形成良好的协同创新机制，无法实现设置协作共同体的初衷。

（三）实践行动不深入，校际合作缺少成效

单从各院校协作共同体的建设来看，建设内容应该包括校际与校企两个方面，但在实践过程中，行动依旧不够深入，院校会更加重视与企业之间的合作，与其他院校的合作缺少一定的成效，甚至还存在着一定的“戒心”。校企合作本身就是职业院校持续开展的工作之一，具备了一定的合作基础，不需要再去寻求新的合作伙伴，相互之间也足够熟悉，合作起来更加高效，这种合作可以深入进人才培养和师资队伍建设等方面，形成较为固定的合作模式。而院校之间的合作除了中职、高职和本科院校人才培养上的衔接合作外，较少有同类型专业之间的合作经验，各院校在申报教师教学创新团队项目之前可能也根本互不相识，这种陌生的合作对象本就没有合作基础，再加上相互之间受到地域距离、教育层次、经济发展、合作理念等因素的限制，相互之间更难形成良好的沟通渠道。除此之外，同类型同专业的院校相互之间存在一定的竞争关系，要使得双方甚至多方能够将重要的资源进行交流和置换，本身就是较难完成的任务。以上种种都在阻碍院校之间开展合作，从而导致当前更多的实践还是停留在人员的互相交流和短期互访上，真正想要实现专业资源、课程资源乃至教师访学等内容的交流和合作，仍然有待进一步深入实践。

三、建设职业教育教师教学创新团队协作共同体的展望

协作共同体由教师教学创新团队产生，也在教师教学创新团队建设中起到了重要作用，伴随着第二批国家级教师教学创新团队及各地省级教师教学创新团队的建设与培育工作的全面展开，未来的发展应该强化意识，突出协作共同体建设重要性；善用制度管理，加强章程与运行机制建设；增加沟通交往，形成良好的合作共享模式，推动协作共同体的良性发展。

（一）强化意识，突出协作共同体建设重要性

第二批国家级教师教学创新团队已经成功立项并开始建设。为防止首批建设项目中存在的上述问题继续在第二批团队中出现，需要强化学者和建设者们建设协作共同体的意识，突出协作共同体的重要性。强化意识，可以从强化主体、强化手段和强化思想三个方面开展。首先，在强化主体方面，从牵头单位和协作院校两个维度开展。牵头单位在协作共同体中起着把握方向、领导建设的作用，牵头单位要根据各院校的特点有意识地搭建协作共同体的结构，制定相应的行动章程，与各院校建立良好畅通的联系，负责日常的交流与合作活动，维持协作共同体共建单位的活跃度，以此来拉近相互之间的关系，从领导上重视协作共同体。同样，其他院校也并不是被动参与协作共同体的建设，应形成主动融入建设的思想觉悟，在协作共同体中发挥辅助的作用，各院校要充分发挥自己的优势与能力来帮助其他院校解决发展过程中的问题，形成在协作共同体内部积极参与建设的态度。其次，在强化手段方面，可以从国家政策和团队制度两个层次入手。在国家政策方面，在教师教学创新团队建设方案中可以明确协作共同体的建设要求，将协作共同体的建设情况列入最终的考核项目，提升协作共同体在团队建设中的重要程度或比重，以此来增强团队对协作共同体建设的重视。在团队制度方面，与各院校和企业搭建协作共同体，并设置共同体的保障制度，确定各方的责任和义务，分配相应的建设任务，以制度保障共同体的建设。最后，在思想意识方面，团队要培养敢为人先、不怕麻烦不怕吃苦的精神，克服因远距离合作而产生的畏难与逃避的想法，培养迎难而上、敢为人先的良好品质。由此强化意识，

保持协作共同体良好的运营和工作。

（二）制度管理，加强章程与运行机制建设

要实现协作共同体良好的运行，离不开制度的约束与保障，没有制度对行为进行规范和管理，协作共同体内部会变成一盘散沙，各院校之间的合作也将变得无序且混乱。因此，加强制度建设与管理，尤其是对共同体章程和运行机制的建设就显得十分重要。首先，在统筹层面上，要制定符合特定协作共同体的章程。共同体章程是所有成员单位行动的最高指示，它起到统领协作共同体建设的作用。在设置共同体章程时，应充分挖掘共同体成员单位的优势资源与平台，充分调动各个单位的积极性，并根据参与院校的性质和数量来明确组织架构，多院校的协作共同体要有牵头、有配合，形成院校关系网络；单一院校的协作共同体要协同合作企业及区域内相关院校，支撑院校的建设。章程还要确定各院校的责任和义务，成立相关的职能部门负责管理与监督，在宏观上把控协作共同体的发展方向和发展进程，保证在三年的建设周期内完成建设任务。其次，在实际操作层面上，要形成具体而明确的运行机制，包括领导、决策、交流、监督、奖惩等部分，确保院校在参与合作建设过程中有章可循。在领导机制方面，由牵头单位领导，各参与院校团队负责人组成领导团队，就团队共同面临的重大问题展开商议，把握协作共同体整体的发展方向。在决策机制方面，定期召开会议确定不同阶段的合作内容，保证决策的合理与工作路线的正确。在交流机制方面，各院校要有专门的联络人或团队秘书进行信息的收集和传递，将建设成效和存在的问题及时反馈到领导团队，避免其他团队的问题重复出现，减少无效的重复工作。在监督机制方面，在任务建设中要进行自我监督与自我修正，设置不同的节点对前期工作进行回顾与反思，院校之间也可以开展定期交流，相互之间进行问题诊断。在奖惩机制方面，对积极开展合作和共享的院校与个人，要进行一定的激励，鼓励其开展更深层次更广泛的建设工作，激发创新动能；对于建设过程中的一些不当行为要进行约束与批评，及时调整行动或修正方向，尽量减少其造成的不良影响。

（三）沟通交往，形成良好的合作共享模式

院校与院校之间要形成协作共同体，是要从一个相对陌生的关系开展交往，走向相互的了解与熟悉，因此想要顺利开展校际的合作，维系校际的关系，需要参与院校共同努力，加强沟通与互访，提升互动频率，形成良好的校际合作共享的模式。校际的合作可以分为三个开展阶段：了解—熟悉—合作。首先，在第一阶段需要先了解彼此，如果对将要开展密切合作的伙伴没有完全的了解，后续在哪方面开展合作、如何开展合作等问题也必定很难回答。院校之间可以在了解阶段进行一些互访参观活动，走进不同的院校和专业，了解专业发展现状、人才培养特点、师资队伍建设等内容，不同院校之间可以进行横向的对比，发现各院校之间的优点和特长，以此在熟悉和合作阶段进行优势互补。其次，在第二阶段，可以开展一些短期的教师流动和培训活动。院校可合作开展教师互访和培训的短期项目，将专业教师派送到不同的协作共同体院校去，跟岗参与实际的教学和实训工作，深入了解不同院校在课程设置、教学方式、教材使用上的特点，不同地域经济发展与专业建设之间的关系。最后，在第三个阶段可以开展一些资源的共享与合作。通过前两个阶段的了解和熟悉，各院校对彼此的能力和特点已经基本掌握，专业优势凸显，可以选取相契合或相互补的部分开展合作。通过资源置换、信息互通，开展专业建设合作，促进教师资源、课程资源、合作企业资源等的流动，弥补单一院校开展专业建设时单打独斗的不足，解决协作共同体面临的共同问题，实现各院校共同进步的多赢局面。

综上所述，协作共同体伴随着国家级教师教学创新团队的建设而产生，协作共同体既是以教师教学创新团队为基础形成，又是教师教学创新团队的行为规范和支撑平台，重要作用不言而喻。在协作共同体的建设中存在研究意识不强烈、内涵认识不到位、实践行动不深入等问题。作为教师教学创新团队的建设任务之一，在未来的发展中，应强化意识，突出协作共同体建设重要性；善用制度管理，加强章程与运行机制建设；增强沟通交往，形成良好的合作共享模式，更好地为教师教学创新团队服务。

参考文献

［1］管培俊．以人才引领发展理念建设教师队伍人才高地［J］．教育研究，2022，43（9）：118–129.

［2］教育部．教育部印发《全国职业院校教师教学创新团队建设方案》［EB/OL］．http：//www.moe.gov.cn/srcsite/A10/s7034/201906/t20190614_385804.html，2019–06–05.

［3］范蓉，曹晔．职业教育教师教学创新团队协作共同体基本问题研究［J］．职教论坛，2021，37（5）：93–98.

［4］曹晔，刘红磊．国家职业教育教师教学创新团队建设的价值、内涵与任务［J］．职教论坛，2021，37（5）：86–92.

［5］李云梅，王宝龙，马思宁．职业教育教师教学创新团队协作共同体的制度建设研究［J］．天津职业院校联合学报，2022，24（7）：9–14.

［6］马仁听，周世平．新时代职业院校教师教学创新团队协作共同体建设路径研究［J］．南方职业教育学刊，2022，12（4）：1–8.

［7］李梦卿，陈佩云．“双高计划”背景下“双师型”教师教学创新团队建设研究［J］．教育与职业，2020（8）：79–84.

我国高职院校教师教学创新团队研究热点与前景展望

郎富平　陈　璐

浙江旅游职业学院

[**摘　要**] 文章运用 CiteSpace 分析和文献研读方法，梳理了 2007—2021 年关于教师教学创新团队研究的 138 篇核心文章，分析了教师教学创新团队的缘起与演进脉络。目前我国关于教师教学创新团队的研究内容主要包括教师教学创新团队的一般性研究、"双师型"教师教学创新团队建设研究和专业群教师教学创新团队构建研究三方面，数量呈现三阶段"双峰"趋势，内涵研究持续深化，过程管理和发展路径研究逐渐丰富。针对现有研究不足，未来研究需不断拓宽与深化研究领域、不断丰富并创新研究的主体、视角与方法。

[**关键词**] 高职院校；教学创新团队；前景展望；知识图谱分析

[**作者简介**] 郎富平（1980—），男，浙江杭州人，浙江旅游职业学院旅游规划与设计学院教授，研究方向：旅游职业教育教师教学创新团队与教学资源库；陈璐（1994—），女，浙江舟山人，浙江旅游职业学院旅游规划与设计学院教师。

[**基金项目**] 本文系 2021 年度国家级职业教育教师教学创新团队课题研究项目"新时代职业院校智慧景区开发与管理专业领域团队教师教育教学改革创新与实践"的阶段性研究成果（项目编号：ZH2021080201）。

自 2019 年开始的短短三年时间内，国务院及教育部等多个部门密集发布教师教学创新团队建设的相关文件、政策或意见，足以说明其对高水平职业院校和高水平专业群建设的重要性。因此，本文拟通过对国内教学创新团队相关文献的梳理，结合国内职业教育发展的阶段性特征，以期阐明教师教学创新团队的内涵与外延及其对高水平职业院校和高水平专业群建设的意义，总结我国职业教育教学创新团队的研究热点以及研究方法与视角的变化、研究内容的演变规律，希冀为职业教育教师教学创新团队的建设与高水平职业院校、高水平专业群建设提供有益的探索。

一、数据来源与研究方法

（一）数据搜集

为了比较全面地掌握我国有关教师教学创新团队的研究现状，本文主要通过以下两个渠道搜集文献：第一，通过中国知网检索中文文献，采用“高级检索”方式，以“高职院校”“职业教育”“师资团队”“教学团队”“专业师资队伍”“教学创新团队”等为主题，限定“CSSCI”和“核心期刊”为文献来源，逐一阅读并剔除与研究主题无关或相关性不高的文献；第二，为防止文献遗漏，还通过阅读搜集到的文献，提取文献中的相关参考文献进行有效补充。文献搜集的截止时间是2022年1月20日，通过上述路径共搜集到138篇关于“高职院校教学团队”的中文文献。

（二）研究方法

本研究采取数据分析法和文献研读法相结合的方式开展文献综述分析。其中，数据分析法主要采用CiteSpace4.5软件中的共引网络分析、关键词共现分析、时间序列分析等功能，对国内教学创新团队相关研究知识领域与演进过程进行可视化分析。此外，本研究辅以文献研读法，对CiteSpace4.5软件识别的高被引文献进行深入研读，了解每篇高被引文献的主要内容、理论基础、研究方法或视角、核心或主要结论与观点，提炼出教学创新团队研究的子领域，并从研究热点、研究方法与视角、研究内容等方面进行梳理和述评。

二、研究热点与进展

（一）研究热点

本研究基于已采集文献的关键词，通过 CiteSpace4.5 软件进行可视化分析，进而确定研究热点。为了更加精准有效地反映关键词的变化趋势与规律，将时间分割设置为 2 年，节点类型设置为关键词，运算得出共 202 个关键词节点和 313 条节点连线，获取关键词时区演化图谱。在文献获取期间，学界的研究重点除去“高职院校”和“教学团队”外，主要集中于“专业教学团队”“教学创新团队”“教师教学创新团队”“双师型教师”“师资队伍”“双师结构”“教学团队建设”。

本研究通过已有文献关键词的时区演化图谱，剔除了与高职院校教学创新团队关联度较低的关键词，结合 CiteSpaces4.5 软件导出的关键词词频信息表进行分析可见，国内相关研究从早期探讨高职院校教学团队的“双师结构”逐渐向“双师型”教师、教学创新以及协作共同体等方面深化。此外，从宏观层面的发展策略构建开始向微观层面的校企合作、绩效管理、能力本位分析等转化，研究对象从专业教师向专业群教师转变。同时，研究内容紧扣国家职业教育战略，如优质校、双高计划、三教改革、1+X 证书等。

（二）研究方法与视角

1. 研究方法倾向于观察与思辨

通过文献研读，发现以往研究总体倾向于使用观察和思辨的方法对师资团队发展状况进行阐述，而使用严谨的实证研究范式对发展规律、影响因素、作用机制等进行深入探讨的理论学术型文章不多。在本研究检索的核心期刊文献中，绝大多数论文属于概念分析与思辨型方法，缺少通过问卷调查或访谈进行客观的数据分析，而数据分析方法以描述性分析为主，少见高级多元统计分析，缺乏对多变量间的因果关系检验，较难揭示教师教学创新团队建设所涉及诸多因素的复杂联动关系。

2. 研究主题宽泛且视角多元

在检索的论文中，政策性建议和总结陈述最多，其他研究视角还包括高职院校师资团队发展状况分析、对比分析研究、教师教育创新团队的价值功能等，呈现出分散的研究内容分布特点。已有研究主题包括区域型案例研究、“双师型”教学团队研究、国内外对比研究等，理论来源主要包括组织行为学、创新集群演化理论、协同理论、系统理论、共同体理论与共生效应、雁阵原理等。整体而言，学界对理论运用的关注度不够，较少聚焦于某个理论领域并持续深化、突破和创新。

（三）研究内容

通过文献研读，我国关于教师教学创新团队的研究大致可归纳为三大类：教师教学创新团队的一般性研究、“双师型”教师教学创新团队建设研究和专业群教师教学创新团队构建研究。

1. 教师教学创新团队的一般性研究

国内关于教师教学创新团队的一般性研究主要集中在内涵与特征、瓶颈与问题、建设策略与发展路径、绩效评价体系、运行保障体系五大方面。

第一，关于教师教学创新团队的内涵与特征。教师教学创新团队是一个新概念，是围绕某一个专业（群）或学科教育教学改革任务或教学、科研任务，由团队共同负责与分工协作、责任明确又能力互补且兼具创新发展的专兼职教师共同组建而成的结构化团队。教师教学创新团队一般拥有共同的远景目标或职业理想，拥有团队领军人才或带头人，按照“优势互补、协同共生”的原则合理组建团队，同步建立有效运行机制、分工协作机制，形成配套的制度保障体系和团队文化或精神，往往具有强稳定弱冲突的关系格局、重文化轻利益的价值追求、高自主低依赖的进化趋向等特征，其核心内涵在于共创价值。

第二，关于教师教学创新团队的发展瓶颈、短板与问题。目前，影响职业院校教师教学创新团队高质量发展的现实困境主要包括传统观念的钳制、组织构建逻辑不当、组织目标高度不够、组织建设措施不力、组织建设水平不高、保障机制不健全、团队凝聚力不强、团队培训体系不完善、考核激励标准欠缺、教师能力不匹配等。其中，机制构建与团队合作是影响教师教学创新团队发展的两大关键因素。

第三，关于教师教学创新团队的建设策略与发展路径。学界从提质、培优、创新等不同层面审视团队建设的内在逻辑，主要从建设标准体系、规范建设路径、优化组织结构、完善保障机制、建构教师培育体系等方面提出高质量完成创新团队建设任务的有效对策。重点关注的是外部建设环境和内部自我效能“两翼”合力发挥作用，着力解决提质培优、模块化教学、“三教”改革的急迫性问题。

第四，关于教师教学创新团队的绩效评价指标体系。根据国家“双高”院校绩效考核指标，对师资队伍建设的能力和水平的考察主要分为师资队伍质量和团队建设情况两大指标，既注重教师个体水平，又注重教师群体质量。目前，国内关于教师教学创新团队绩效评价指标体系缺少突破性研究成果，相关研究的实证检验不足，指标构建的科学性和合理性需要进一步探讨。

第五，关于教师教学创新团队的运行保障体系。建立健全教师发展保障机制，是教师教学创新团队建设的关键，因此国内不少学者提出了教师教学创新团队的运行保障体系，主要从教师激励机制、绩效考核机制、薪酬保障体系、团队组建机制与原则、知识采集与生产机制、知识学习和应用机制、团队绩效评价机制等方面作为切入点。但是，国内尚未破解不同学科与专业团队建设共性与个性的现实问题。

2.“双师型”教师教学创新团队建设研究

“双师型”教师教学创新团队建设是国家产业战略调整背景下提出的重要议题，对高职院校的长远发展具有重大的现实意义，在实际的改革和建设过程中却存在较多问题与挑战。从教师个人发展而言，存在“双师型”教师培养过程缺乏统筹规划与设计、院校教师缺失企业实践经历或经验、行业企业骨干或技术人员和能工巧匠到职业院校的任职、晋升乃至薪酬提升路径不畅等问题；从教学团队建设而言，存在“双师型”教师队伍规模不够科学、团队结构不够合理、团队合作基础不够扎实、团队协作凝聚力不够强大、尚无成熟建设经验等问题；从制度体系构建而言，存在师资引进机制缺乏创新、资格准入制度和考核评价标准缺失等问题。基于上述难题，国内学者分别从完善教师资格认定标准体系、拓宽教师队伍引进渠道、开展教学团队培训、深化产教融合、构建考核体系等方面提出了关于“双师型”教师教学创新团队的发展路径。但是，国内关于什么是“双师型”、怎么建设“双师型”、如何成为“双师型”等系列问题尚未明晰，仍存在理解误区，导致现实建设成效不明显。

3. 专业群教师教学创新团队构建研究

专业群建设是高职院校内涵建设的关键，国内关于专业群的研究和探讨一直存在，近年来关于如何建设的研究也逐渐增多，主要从专业人才培养模式的创新与实践、课程体系构建与课程教学资源建设、专业配套教材与教法改革、教师教学创新团队、实践实训与教学基地、技术技能平台、社会服务、国际交流与合作、可持续发展保障机制九大任务分项开展，部分学者根据某些具体专业群的实际也开展了案例研究。但是，国内关于“为何建设专业群教师教学创新团队、何谓专业群教师教学创新团队、专业群教师教学创新团队怎么建设，以及如何鉴定和评价建设成效”等内容没有具体阐释，建设口径仍以专业为主。

三、研究结论与展望

（一）研究结论

通过上述研究分析，发现我国高职院校教师团队建设研究大致可分为三阶段的“双峰”趋势：第一阶段是2007—2011年的“探索期”，该阶段文献数量呈现逐年上升趋势，相关研究大多围绕国家层面的各项政策文件进行论述分析；第二阶段是2012—2019年的“停滞期”，文献数量和质量呈现下降趋势；第三阶段是2020—2022年的“复苏期”，主要表现为2019年“职教20条”提出后，尤其是教育部分别于2019年和2021年连续启动两批职业教育国家级教师教学创新团队建设后，关于教师教学创新团队的系列研究如雨后春笋般出现，研究视角和内容不断丰富，围绕产教融合、“三教”改革、“协作共同体”等核心关键词不断拓展。因此，职业教育教师教学创新团队建设的本质是在《中华人民共和国职业教育法》新修订以及我国持续、全面深化职业教育改革、推动构建现代职业教育体系的大背景下，基于服务国家总体发展方针与战略、满足人民群众在新时代的教育需求、适应国民经济与社会发展的新形势而对职业教育的教师队伍进行系统性升级和再造。

近年来，学术界对高职院校教学团队以及教师教学创新团队展开了许多有益探索，研究文献数量不断增加，理论体系不断完善。从内涵与类型的界定看，学者普遍从结构、目的、功能等不同的角度，探讨了专业教学创新团队的内涵及其类型，并衍生出科研团队、教学团队、科研创新团队、教学科研创新团队、教师教学创新团队等相关概念；从过程管理分析与研究看，主要包括人才选聘、人才培育、结构配备、平台搭建、资源整合、氛围营造、评价指标体系等方面；从发展路径与对策措施方面看，主要针对团队建设存在的相关问题，利用博弈论、生命周期理论等学科理论提出团队建设路径或举措。

但是，整体而言，教师教学创新团队对部分热点话题关注较少，学术研究依然滞后于现实的发展与需要，难以有效指导我国职业教育的新发展，主要表现在以下五个方面不足。第一，研究方法单一。目前，相关研究基本都是探索实践的描述性分析，少数文献进行全域典型案例的总结研究。此外，缺乏基于调研数据或者通过建立模型的定量实证研究，没有研究教师团队内外部影响因素及关系分析，缺乏国内外同类型院校或专业大类的横向比较研究。第二，研究理论支撑不足。大多数文献是围绕现状、问题和对策进行定性研究，缺乏科学的理论支撑和系统分析。第三，研究观点雷同。相同主题的研究问题和对策观点雷同，研究缺乏深度和广度，观点创新性不明显。第四，研究主题陈旧。大多数研究文献的主题较为常见，缺乏新的研究主题。第五，研究内容不足。新时期、新形态、新技术发展下的教师教学创新团队需要建设成什么样？需要用什么方式方法评价建设达到要求？团队成员的职业标准、胜任力评价体系以及团队建设的绩效评价体系等方面的研究成果缺乏。此外，伴随“课程思政”重要性的不断凸显，该类型教师如何融入团队有效发挥思想引领作用需要进一步深入探讨。

（二）研究展望

1. 不断拓宽与深化研究领域

第一，要不断拓宽教师教学创新团队的研究领域。与针对职业院校教师个体发展具有相对重点或局限性不同，教师教学创新团队的建设与发展应具有相对全面性或完整性。因此，在传统研究领域的基础上，应该分别根据教师教学创新团队的人员组成特色、团队或专业建设任务、管理与保障三个维度拓宽研究领域：一是根据教师教学创新团队由专任教师、兼职教师、思政教师、辅导员等不同人员类型组成的实际情况，进一步明确“立德树人”的根本任务观，秉承“三全育人”理念，增强教师教学创新团队内部不同类型人员的发展动力、协同育人与教学研究机制等方面的研究；二是树立职业教育的全新“科研观”，构建契合职业教育教师教学创新团队的教学、科研与社会服务体系，重点围绕教师教学创新团队所属专业的建设任务，聚焦专业教学标准与人才培养方案衔接、行业标准体系与专业课程体系衔接、企业岗位标准与课程标准衔接以及基于工作过程导向、任务驱动的模块化教学改革等方面的研究；三是从职业院校乃至教育主管部门做好日常管理、绩效管理、后勤保障、政策导向等方面出发，应强调教师教学创新团队共同体建设内容、团队组织制度和运行机制、教学质量评价体系与团队绩效评价体系、团队文化建设与凝聚力、团队考核与个人考核及其与职称晋升关系等方面的研究。

第二，要持续深化教师教学创新团队的研究领域。与普通高等院校教学团队建设任务与目标不同，职业教育教师教学创新团队的建设任务与目标是紧扣行业企业对专业高素质技术技能人才的需求，需兼顾行业尤其是中小微企业发展难题或应用课题开展研发。因此，职业教育教师教学创新团队的重点深化领域是聚焦校企深度融合机制下的“三教”改革与实践，具体体现在三个方面：一是秉承“三全育人”的理念，增强专业“课程思政”的整体性设计，从育人主体、育人环境、育人载体等维度强化“十大育人”体系建设；二是秉承校企“双元育人”的理念，增强学校、企业、政府与协会等不同利益主体在提升团队建设水平、提高人才培养质量等方面的协同机制与成效研究；三是秉承“命运共同体”的理念，通过“双师型”教师教学创新团队的建设，增强“岗课赛证”的融通，重点聚焦教师融通、课程融通、教材融通、教法融通等方面的研究。

第三，要逐步开展并完善教师教学创新团队的相关标准体系研究。全国各地应紧紧抓住教育部颁布实施《职业教育专业目录（2021 年）》及其教学标准制（修）订的有利契机，注重各专业对应教师能力标准体系与学生能力标准体系的研究，尤其应增强专业教学标准与专业人才培养方案、课程体系与课程标准、实践实训体系与实习标准的匹配性研究与绩效研究。其中，在整个标准体系的探索研究与实践过程中，应充分发挥教师教学创新团队的核心枢纽地位与作用，即教师教学创新团队应率先根据行业的新标准、新技术、新规范等发展趋势，一方面通过团队建设与发展实现团队与教师能力的更新发展，另一方面通过团队建设与发展实现教学内容、教学方法、教学载体的更新以及学生能力的更新发展。

2. 不断丰富并创新研究的主体、视角与方法

第一，要不断丰富教师教学创新团队的研究主体。教师教学创新团队的建设，既是教师个人及团队的整体建设与发展，也是专业水平的整体建设与发展。一是教师教学创新团队及教师个体应站在整个专业领域的高度，开展团队的微观研究、典型个案研究、区域比较研究或团队跟踪研究；二是职业院校的人事或教师发展、教务、科研等核心职能部门应站在团队管理与后勤保障的高度，开展团队的综合业绩考核与职称晋升、“三教”改革、科研评价体系、师生能力评价体系等方面的研究；三是职业教育专业研究机构或行业、教育主管部门应站在整个专业大类、行业发展的高度，开展团队所属专业领域、行业领域的通用标准体系研究。

第二，要不断丰富并创新教师教学创新团队的研究视角与理论。教师教学创新团队不仅涉及团队整体与教师个体，涉及不同属性或岗位的教师，还涉及学校与专业、学生群体、合作单位等多重利益共同体。一是要善于从经济学、心理学、管理学、生物学等学科视角与基础理论出发，重点探讨教师教学创新团队的组织制度、运作机制、协同动力等方面的难题；二是要善于从社会学、法学、教育学等学科视角与基础理论出发，重点探讨教师教学创新团队成长、职称晋升机制、科研体系建设等方面的难题。

第三，要不断创新教师教学创新团队的研究方法。要针对当前研究方法相对不够多、理念不够新、载体不够足的现实困难，不断创新教师教学创新团队的研究方法。一是应加强宣传与引导，鼓励各个职业院校建立一套契合职业教育发展或教师教学创新团队发展的科研成果体系与评价体系，重点鼓励开展教学改革、行业研究或应用型研究；二是鼓励开展针对专业类或专业大类、区域型教师教学创新团队的建设模式或典型案例跟踪研究，以增强其对相关专业、相关区域教师教学创新团队建设的可借鉴性；三是应充分利用相关研究工具或经济学、管理学、心理学等相关学科领域的定量研究或定性定量相结合的研究方法开展研究，使对策与意见更具针对性与有效性。

参考文献

［1］白星良，牛同训．职业教育教师教学创新团队建设研究［J］．高等职业教育探索，2020（3）：45-50.

［2］曹晔，刘红磊．国家职业教育教师教学创新团队建设的价值、内涵与任务［J］．职教论坛，2021（5）：86-92.

［3］陈旭，和震．职业院校教师教学创新团队绩效评价指标体系研究［J］．职教论坛，2021（5）：99-106.

［4］陈竹萍．“双师型”教师教学创新团队建设的现实困境与破解路径［J］．高等职业教育探索，2021（5）：47-53.

［5］黄永焱，夏玲涛．职业教育教师教学创新团队建设的特征、策略与路径——基于场域理论的视角［J］．中国职业技术教育，2022（2）：92-96.

［6］李贤彬，李敏，杨星焕．职业教育教师教学创新团队建设的现实困境与实施对策［J］．教育与职业，2021（19）：94-98.

［7］李梦卿，陈佩云．“双高计划”背景下“双师型”教师教学创新团队建设研究［J］．教育与职业，2020（8）：79-84.

［8］李科，王松．基于区块链技术的高水平专业群教师教学创新团队建设——以现代殡葬技术与管理专业群为例［J］．职业技术教育，2021（24）：

30-35.

[9] 马君，张玉凤 . 专业群视域下高职院校教学创新团队构建及治理 [J]. 高等工程教育研究，2021（1）：136-141，200.

[10] 门利娟 . 高水平结构化教师教学创新团队的背景、内涵及建设路径 [J] . 现代职业教育，2020（30）：41-43.

[11] 欧阳波仪，易启明，汪炎珍，等 . 高质量发展视域下高职教师教学创新团队建设研究 [J] . 中国职业技术教育，2020（5）：88-92.

[12] 潘丽云 ."双高" 建设背景下的高职院校教师教学创新团队研究——基于基层教学组织重构的视角 [J] . 中国职业技术教育，2020（29）：53-56.

[13] 易雅琴，冯天祥 . 提质培优行动计划背景下特色高水平高职教师教学创新团队建设研究 [J] . 教育与职业，2021（9）：76-82.

[14] 张扬，高正春，李娟，等 ."双高计划" 实施背景下高职院校 "双师型" 教师教学创新团队建设困境分析 [J] . 现代职业教育，2021（1）：56-57.

（原文刊于《教育与职业》2022 年第 15 期）

中职学校教师新形态教材价值感知、使用意愿与使用行为的实证研究

邓小华　付　传

广西师范大学职业技术师范学院

［摘　要］新形态教材开发和使用是职业教育“三教”改革的重要突破口。基于技术接受模型（TAM），引入价值感知、使用意愿和使用行为三个变量，采用问卷调查的形式，运用SPSS软件和结构方程模型对中职学校教师新形态教材开发和使用状况进行定量分析。结果显示，中职学校教师的新形态教材价值感知程度较高，使用意愿较强烈，但使用行为不及预期；价值感知对新形态教材的使用意愿具有正向促进作用，而使用意愿能推动新形态教材的使用行为。应加快新形态教材开发标准的研制，发挥专业领军教师的示范性，中职学校应在新形态教材开发的经费、政策、团队组建和业务培训等方面为教师提供全方位的支持，从而提升教师新形态教材使用意愿与行为，推动职业教育教学高质量发展。

［关键词］新形态教材；价值感知；使用意愿；使用行为

［作者简介］邓小华（1983—）男，湖南衡阳人，教育学博士，广西师范大学副教授，从事职业技术教育、教育信息技术研究；付传（1998—），男，湖北咸宁人，广西师范大学硕士研究生，从事职业技术教育研究。

［基金项目］第二批国家级职业教育教师教学创新团队课题研究项目“旅游管理专业（职教师资）新形态一体化教材研究与开发”（项目编号：ZI2021080205，主持人：林春逸）；2022年广西研究生教育创新计划项目“中职电子商务专业《网络营销实务》课程新形态教材开发与实践”（项目编号：YCSW2022180 主持人：付传）。

工作手册式、活页式等新形态教材是国家职业教育教材改革的重要抓手，亦是推动职业教育“三教改革”的重要突破口。《国家职业教育改革实施方案》明确提出“倡导使用新型活页式、工作手册式教材”，新版《中华人民共和国职业教育法》规定要“将新技术、新工艺、新理念纳入职业学校教材，并可以通过活页式教材等多种方式进行动态更新”。已有研究主要探讨新形态教材的价值、内涵和编写策略，而对新形态教材使用和开发的主体——职业学校教师关注较少。他们对新形态教材的价值认知如何，使用新形态教材的意愿是否强烈？使用行为是否普遍，存在哪些障碍等等，对这些问题的探究具有重要理论和实践价值。

一、研究设计

（一）问卷设计及变量测量

本研究首先选择了 6 名中职学校高级教师（均为专业带头人）和 3 名职业教育专家进行个别访谈，内容涉及新形态教材特点、作用、教师开发与使用新形态教材的意愿、需求和障碍等，目的是了解本文提出理论模型的合理性，并为问卷编制提供参考信息。其次，研读新形态教材相关政策和研究文献，根据访谈结果，编制《中职学校教师新形态教材价值感知、使用意愿与使用行为调查问卷》，并通过预调查修正问卷结构和内容。

正式调查问卷由三部分构成。第一部分人口统计学变量调查，包括年龄、教龄以及是否为双师型教师等。第二部分为单选题，主要调查教师对于新形态教材的价值感知、使用意愿及使用行为。价值感知是指教师对新形态教材的基本认知、感知有用性、感知易用性以及感知急迫性进行权衡后对新形态教材的效用进行的总体性评价；使用意愿是指教师对新形态教材的使用及开发的意向和愿望；使用行为主要包括教师开发和使用新形态教材两个方面。第三部分为排序的多选题，旨在调查教师开发新形态教材的主要障碍和培训需求。单选题为避免选项的集中趋势，变量选项采取李克特 5 级量表（1~5 分别表示非常不同意、不同意、不确定、同意、非常同意）。

（二）抽样调查和数据收集

本研究采用“问卷星”平台发放问卷，调查对象是广西中职学校名师培养工程班、广西中职学校专业带头人、骨干教师和新入职教师国培班的学员。测试问卷于 2021 年 11 月 24 日发放，共回收 50 份，经分析后调整问卷语言表述、删除或增加题项。正式问卷于 2021 年 11 月 30 日—12 月 10 日发放，共收回 262 份问卷，其中有效问卷共计 253 份问卷，有效率达 96.6%。调查样本主要特征如表 1 所示。

表 1　调查样本主要特征的描述性分析（n=253）

类别	答项	频数	占比 %	类别	答项	频数	占比 %
性别	男	107	42.29%	年龄	18~25 岁	14	5.53%
	女	146	57.71%		26~30 岁	44	17.39%
教龄	3 年以下	42	16.60%		31~49 岁	159	62.85%
	3~5 年	23	9.09%		50 岁及以上	36	14.23%
	6~10 年	23	9.09%	双师型教师	属于	153	60.47%
	10 年以上	165	65.22%		不属于	100	39.53%
学历	专科及以下	13	5.14%	企业经历	无企业经历	82	32.41%
	本科	220	86.96%		1 年以	71	28.06%
	硕士	20	7.91%		下 1~2 年	53	20.95%
职称	未定级	35	13.83%		3 年及以上	47	18.58%
	初级职称	58	22.92%	参加过新形态教材专题培训	0 次	197	77.87%
	中级职称	88	34.78%		1 次	36	14.23%
	副高级职称	69	27.27%		2 次	12	4.74%
	正高级职称	3	1.19%		3 次以上	8	3.16%

从性别看，男女比例大体相当；从年龄看，31~49 岁教师居多，占 62.85%；从教龄看，5 年及以下者占 25.69%；6 年及以上者占 74.31% 人；从学历看，本科占 86.96%，硕士占 7.91%。从职称看，初级及以下占 36.75%，中级占 34.78%；副高级及以上占 28.46%。另外，“双师型”教师占 60.47%，企业工作

经历 1 年及以下者达 60.47%。调查显示，中职学校教师队伍的学历、职称结构均有待进一步优化，虽然“双师型”教师比例高，但教师的企业经历不足。

（三）数据分析方法及工具

本文首先使用 SPSS 26.0 对问卷信度和效度进行检验，问卷总体克伦巴赫系数为 0.918 信度良好，其中除了基本认知维度、感知易用性维度 Cronbach's α 系数值分别为 0.787、0.773（在可接受范围之内），其他各维度的 Cronbach's α 系数均在 0.8 以上，说明量表的信度较高。问卷的 KMO 值为 0.899，Bartlett 球形检验系数近似卡方为 3410.257，显著性水平小于 0.000，说明问卷具有较高的效度，适合进行实证分析。其次，使用 AMOS 软件探索中职学校教师新形态教材价值感知、使用意愿以及使用行为几个维度之间的作用关系。

（四）研究假设

技术接受理论模型（TAM）是解释影响个体对新技术或系统接受意向和行为的经典模型[1]，它认为用户使用行为是由使用意愿决定的，而个体使用意愿又会受到感知易用性和感知有用性的影响。新形态教材属于新生事物，具有“体系新、内容新、载体新、模式新”[2]等显著特征，教师在感知教材有用与易用之前应对新形态教材有一个基本认知，因此，在 TAM 模型上增加基本认知维度具有一定的必要性与合理性。由于中职学校教师在访谈过程中普遍反映“当前急需在课堂中使用和开发新形态教材”，所以需要增加新形态教材使用的急迫性维度。基于此，本研究构建如下的新形态教材技术接受模型。

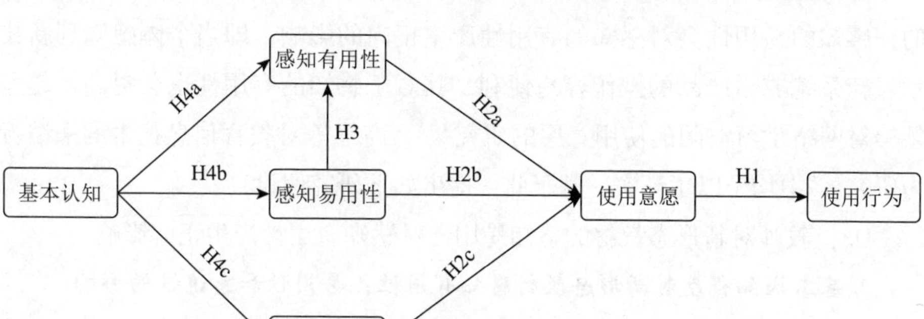

图 1　本研究的技术接受模型

为进一步对中职学校教师使用新形态教材行为的影响因素理论模型进行实证检验，本研究提出如下假设：

1. 使用意愿对新形态教材使用行为的影响

许多学者将使用意愿解释为一种使用行为的倾向性或对于新产品的接受程度。在教育学领域的许多研究中已经证实个体的使用意愿对于使用行为会产生显著积极影响[3]。根据已有研究成果，提出如下的研究假设：

H1：中职学校教师对于新形态教材使用意愿对使用行为产生正向影响。

2. 感知有用性、易用性和急迫性对新形态教材使用意愿的影响

感知有用性反映教师使用新形态教材对教师教学效率和学生学习效率提高的程度；感知易用性反映教师在使用新形态教材时是便利的，新形态教材中的教学资源是丰富的。有研究表明个体对新技术的感知有用性及感知易用性对使用意愿产生正向影响[4]，有研究者发现使用者的感知有用性与感知易用性对使用移动学习态度产生正向影响[5]。基于上述研究的支持，提出如下的研究假设：

H2a：教师对新形态教材的感知有用性与使用意愿正相关

H2b：教师对新形态教材的感知易用性与使用意愿正相关

H2c：教师对新形态教材的感知急迫性与使用意愿正相关

3. 感知易用性对新形态教材感知有用性的影响

有研究认为，感知有用性与感知易用性两个潜在变量之间并非孤立存在的，感知的易用性会对感知的有用性产生正向的影响，即当个体感知到新技术、新系统或新产品的操作容易便利，其对于感知的有用性也会提高。赵呈领等对网络学习空间的使用意愿的研究[6]，高峰等对教育信息技术的采纳行为研究[7]中均予以了证实。基于此，提出如下研究假设：

H3：教师对新形态教材的感知易用性对感知有用性产生正向影响

4. 基本认知程度对新形态教材感知有用性、易用性和急迫性的影响

李政等认为，新形态教材在政策层面提出的“活页式、手册式”以及在职业教育教材建设中学者们提出的“立体化”，概念从字面上理解较为直观和新颖，但对于新形态教材概念的理解不能停留在字面上的解读，需要首先厘

清这些概念落实到教材形态中的具体表征。[8] 由于新形态教材属于较新的概念，所以只有当对新形态教材的基本认知程度较高时，感知有用性与感知易用性水平才越高，基于此，提出研究假设：

H4a：教师对新形态教材的基本认知对感知有用性产生正向影响

H4b：教师对新形态教材的基本认知对感知易用性产生正向影响

H4c：教师对新形态教材的基本认知对感知急迫性产生正向影响

二、中职学校教师新形态教材使用现状分析

本研究首先对中职学校教师新形态教材价值感知、使用意愿和使用行为现状进行描述性分析。为更加直观地比较调查结果，将问卷中每个维度的实际得分进行标准化处理，求出达到理想状态的百分比，即实际得分与总分占比比例（若题目的平均分值为“3”时，该变量达到理想状态的百分比为50）。其次，为了解哪些变量会影响新形态教材的价值感知、使用意愿以及使用行为，分析人口学相关变量对价值感知、使用意愿和使用行为的差异性。

（一）中职学校教师的新形态教材价值感知程度较高

中职学校教师新形态教材价值感知由基本认知、感知有用性、感知易用性、感知急迫性四个维度构成。调查显示，教师对新形态教材的价值感知整体水平良好，其中基本认知维度题均得分最高，为3.89，达到理想状态的72.25%；感知有用性、易用性、急迫性三个维度，维度题均得分分别为3.86、3.81、3.81，达到理想状态的百分比分别为71.5%、70.2%、70.25%，说明大部分教师对新形态教材内涵、特征的基本认知趋于一致。被调查教师群体普遍认为新形态教材必须要按照岗位典型工作内容编写，从而体现新形态教材的“职业性”，同时认为活页式教材必须要突出“职业能力本位的教学理念”[9]，工作手册式教材必须要以“工作任务为导向”[10]，立体化教材要以纸质教科书为中心的多种资源呈现。在感知有用性与易用性两个维度，大部分教师认为新形态教材能够快速实现新技术、新工艺的教学转化并且内容的更新也很便利、有利于学生快速习得工作过程知识且学生能更容易独立掌握某项操作。在急迫性维度中，被调查教师群体普遍认为新形态教材开发迫切

需要行业企业深度参与，且一致认为在教学中使用新形态教材迫在眉睫、开发新形态教材刻不容缓。

表2　价值感知差异检验统计

因子	题目平均值	达到理想状态的百分比	人口学变量	X^2/t值 / F检验	结果
基本认知	3.89	72.25%	学历（LSD）	5.066**	硕士＞本科
			双师型	17.682**	双师型＞非双师型
			企业经历	22.359*	3年以上＞平均水平
			参加专题培训次数	27.169**	2次（100%）＞平均水平（88.61%）
感知有用性	3.86	71.50%	教龄	18.594**	3~5年＞3年以下；6~10年＞3年以下
			学历（LSD）	3.503*	硕士＞本科
			双师型（LSD）	5.14*	双师型＞非双师型
感知易用性	3.81	70.25%	企业经历	22.175*	有企业经历＞无企业经历
			参加专题培训次数	22.055*	参加过＞未参加过
感知急迫性	3.81	70.25%	学历（LSD）	3.108*	硕士＞专科及以下；硕士＞本科
			双师型（LSD）	9.976**	双师型＞非双师型
			企业经历（LSD）	3.628*	3年以上＞1~2年＞无企业经历

对人口学相关变量进行分析时发现，双师型教师、企业经历丰富教师以及参加过新形态教材开发专题培训的教师对新形态教材的价值感知更加强烈；双师型教师在新形态教材基本认知、感知有用性以及感知急迫性上高于非双师型教师；教师的企业经历年限越高，其对新形态教材的基本认知、易用性与急迫性感知程度越高。这是由于具有企业经历的教师能直观感知到当前传统教材难以满足中职学校教师教与学生学的需求，迫切需要开发和使用秉承先进教学理念，吸收新技术、新工艺、新规范，具有形式新颖、生动形象、内容丰富、更新速度快、互动功能强、能够满足个性化学习需求等特点的新形态教材；教师参加新形态教材开发培训次数与基本认知、感知易用性呈现显著正相关，说明培训在提高中职学校教师对新形态教材的认知程度方面发

挥了积极作用。

（二）中职学校教师使用新形态教材的意愿较强烈

中职学校教师新形态教材使用意愿总体较高，题目平均值为 3.81，达到理想状态的百分比为 70.25%（见表 3），其中教师愿意参与新形态教材的开发题项得分最高，说明教师在新形态教材开发方面意愿强烈。78.6% 以上教师表示会主动在教学中使用新形态教材以及十分愿意向其他教师推荐新形态教材。

在对使用意愿维度进行差异检验分析时发现，硕士学位教师比本科学历教师在参与新形态教材开发意愿上积极性更高；双师型教师比非双师型教师使用意愿更高，这是由于双师型教师“具备基本的教育和职业工作素质，精通特定专业工艺原理并具备专业实践能力，能够胜任教育和培训职业教育学习者任务”[11]，正因为双师型教师同时具备理论知识与实践知识，能够更好地体会到新形态教材所具有的教学资源丰富性、内容更新及时性、任务设置工作过程导向性等特征，从而与非双师型教师相比使用意愿更加强烈。企业经历越丰富，教师使用新形态教材的意愿越强烈，这是因为企业经历丰富教师更直接认识到行业产业发展的动态性，更有能力解决当前职业教材内容陈旧且更新不及时、与企业生产实际脱节、教材内容与职业标准不相吻合等问题，从而更容易驾驭“行业、企业的新技术、新工艺和新规范”，又能“将企业技术、规范、案例、实际问题解决方案融入教材”[12]。

表 3　使用意愿差异检验统计

因子	题目平均值	达到理想状态的百分比	人口学变量	X^2/t 值 / F 检验	结果
使用意愿	3.81	70.25%	学历（LSD）	5.066**	硕士＞本科
			企业经历	22.32*	有企业经历＞无企业经历
			双师型	10.366*	双师型＞非双师型
			参加专题培训次数	24.873*	参加过＞未参加过

（三）中职学校教师新形态教材的使用行为不及预期

调查结果表明，中职学校教师对新形态教材的使用行为维度平均得分值为3.1，仅达到理想状态的52.5%，在调查的253位中职学校教师中使用了新形态教材的教师有134人（52.9%），构思新形态教材开发有131人（51.7%），已经参与开发出了新形态教材57人（31.1%），教师使用行为处于较低水平，与使用意愿相比差距较大。

中职学校教师的新形态教材使用行为在性别、教师年龄、教师学历以及双师型教师等方面均不存在显著差异。教师在新形态教材开发的构思方面，存在职称、教龄、双师型、企业经历、参加专题培训次数等方面的显著差异。正高级职称的教师（100%）在使用行为上显著高于平均水平（52.32%）；拥有6~10年教龄的教师（34.78%）在使用行为上显著高于平均水平（27.67%）；教师的企业经历3年以上（64.1%）显著高于1~2年企业经历（55.2%）或1年以下企业经历（52.6%）及无企业经历（43.3%）的教师；参加新形态教材开发专题培训上参加2次（97%）显著高于1次（75%）或0次（44.24%）。教师是否参与开发出了新形态教材，存在参加专题培训次数因素的显著差异，在参加新形态教材开发专题培训上2次（58.33%）显著高于1次（49.9%）或0次（25.38%）。

表4　使用行为差异检验统计

因子	题目平均值	达到理想状态的百分比	人口学变量	X^2/t值 / F检验	结果
使用行为	3.1	52.50%	职称	27.584*	正高级职称＞其他职称
			教龄	23.1*	6~10年＞平均水平
			企业经历（LSD）	2.707*	3年以上＞无企业经历
			参加专题培训次数（LSD）	5.69***	2次＞1次＞0次

通过调查得知，中职学校新形态教材价值感知程度较高、使用意愿较强烈，但实际使用行为并不突出，开发出新形态教材的教师更少。因此，从更广范围内了解影响中职学校教师新形态教材开发行为的主客观因素非常必要。

调查显示，中职学校教师开发新形态教材时面临的主要障碍分别是：（1）缺乏新形态教材开发的校企合作团队；（2）缺乏学校对新形态教材开发的政策和资源支持；（3）缺乏驾驭新形态教材开发的能力；（4）缺乏潜心新形态教材开发的时间；（5）以及缺乏新形态教材开发的理论指导。新形态教材的最大特点是融入行业企业的新技术、新工艺和新业态，并通过工作过程的形式体现出来，缺乏企业人员参与，就无法保证这一点能得到真正落实，因此组建校企合作团队是新形态教材开发的重要基础。新形态教材开发与使用需要经费投入、理论指导、组织管理等多方面支撑，因此，学校的政策引导和激励就显得至关重要。

归纳起来，培训、企业经历和双师型身份是影响中职学校教师新形态教材使用和开发的重要变量。除了在个别因子上不存在显著差异外，参加新形态教材开发专题培训的次数与其他各因子间均存在显著差异，参加过专题培训的教师比没有参加过的教师在新形态教材的基本认知水平更高、感知越有用越易用、认同程度更高以及实际使用、参与开发行为效果更好。企业经历变量和双师型教师变量在基本认知、感知急迫性、使用意愿以及使用行为中存在不同程度的显著差异。各个因子如何影响教师使用行为？基本认知、感知以及使用意愿在多大程度上会影响教师使用行为？有必用借助 TAM 模型进一步探讨。

三、基于 TAM 模型数据的分析与结果

为了解中职学校教师对新形态教材的价值感知、使用意愿是如何影响教师的使用行为，以及在多大程度上影响教师的使用行为，引入 TAM 模型进行探究。首先针对自编问卷，采用组合信度和聚敛效度检验模型的适配度，删除与模型整体适配度不够高的题项，提高整体模型适配度；然后对模型路径进行分析，进一步了解哪些维度影响新形态教材的使用行为。

（一）TAM 模型的信度、效度检验

为使得 TAM 模型适配度更好，在原有问卷的基础上删除部分题项使得模型适配度更高，TAM 检验模型在信度检验方面，主要采用克伦巴赫系数（Cronbach's α ）和组合信度（Composite Reliability，CR）作为检验指标。检验标准 Cronbach's α 和 CR 值均不小于 0.7。本研究检验结果如表 5 所示，所

有潜变量的克伦巴赫系数值和 CR 值均大于 0.7，表明量表信度较好。在聚敛效度检验方面，本研究采用标准化因子载荷和平均提取方差值 AVE（Average Variance Extracted）作为检验指标。检验标准因子载荷和 AVE 需均大于 0.5，从表 5 可以看出所有潜在变量的 AVE 值均大于 0.5，表明量表的收敛效度较好。

表 5　验证性因子分析结果

潜变量	题数	均值	标准差	标准化因子载荷	Cronbach' sa	CR	AVE
基本认知（CG）	4	3.76~3.99	0.65~0.77	0.62~0.79	0.787	0.8	0.501
感知有用性（PU）	4	3.83~3.91	0.57~0.63	0.68~0.8	0.837	0.838	0.565
感知易用性（PEOU）	3	3.67~3.89	0.57~0.69	0.59~0.86	0.773	0.804	0.583
感知急迫性（PUG）	3	3.71~3.89	0.59~0.69	0.55~0.95	0.802	0.835	0.639
使用意愿（BI）	4	3.7~3.89	0.58~0.62	0.69~0.79	0.834	0.84	0.568
使用行为（UB）	4	2.69~3.41	0.84~0.99	0.63~0.94	0.857	0.857	0.606

在区别效度方面，表 6 显示了本研究的区别效度的检验结果，对角线上的潜变量 AVE 平方根都大于潜变量间相关系数，说明该量表的区别效度较好。

表 6　区分效度：相关系数矩阵与 AVE 平方根检验结果

	基本认知	感知有用性	感知易用性	感知急迫性	认同	使用行为
基本认知	0.702					
感知有用性	0.515	0.752				
感知易用性	0.429	0.752	0.764			
感知急迫性	0.41	0.627	0.638	0.799		
使用意愿	0.451	0.666	0.658	0.744	0.754	
使用行为	0.189	0.311	0.306	0.373	0.469	0.779

备注：斜对角加粗数字为 AVE 平方根值。

（二）基于结构方程模型的研究

在结构方程模型适配度上，本研究通过 AMOS 24.0 对研究模型进行结构方程拟合分析，验证模型假设。本研究选择卡方（χ^2）、自由度（df）、卡方除以自由度（χ^2/df）、GFI、AGFI、RMSEA、NNFI、CFI 等适配指标全面检验模型的拟合情况。经过拟合修正后，得到修正后得最终模型。适配指数结果显示：卡方值为 662.173；自由度（df）值为 194；卡方除以自由度（χ^2/df）值为 3.413，小于临界值 5；RMSEA=0.098，小于临界值 0.1；GFI=0.806，AGFI=0.75，NNFI=0.831，CFI=0.858，上述适配指数除 AGFI 外，其余适配指数均大于临界值 0.8，AGFI 接近 0.8。本研究的重要拟合指标都在可接受的建议值范围内，因此模型的拟合程度较好。

对模型进行路径分析，得出的各潜变量间标准化路径系数及显著性程度如表 7 所示。根据路径系数结果对假设进行验证，结果显示路径均有着较强的相关关系。

表 7　路径分析结果

假设	路径	非标准路径系数	标准路径系数（std.）	S.E.	C.R.	P	结果
H4a	基本认知→感知有用性	0.227	0.239	0.069	3.269	＜ 0.001	成立
H4b	基本认知→感知易用性	0.61	0.641	0.081	7.555	＜ 0.001	成立
H4c	基本认知→感知急迫性	0.545	0.528	0.082	6.647	＜ 0.001	成立
H3	感知易用性→感知有用性	0.739	0.741	0.082	9.033	＜ 0.001	成立
H2a	感知有用性→使用意愿	0.436	0.475	0.153	2.855	0.039	成立
H2b	感知易用性→使用意愿	−0.033	−0.036	0.146	−0.226	0.821	不成立
H2c	感知急迫性→使用意愿	0.512	0.607	0.055	9.361	＜ 0.001	成立
H1	使用意愿→使用行为	0.819	0.667	0.251	3.269	0.001	成立

在价值感知层面，假设 H3、H4a、H4b、H4c 均成立，教师对新形态教材的基本认知与感知有用性、易用性、急迫性均存在显著正向影响（std=0.239/0.641/0.528，$p < 0.001$），在感知有用性上，感知易用性对感知

有用性有显著的正向影响（std=0.741，$p < 0.001$）；在使用意愿层面，假设 H2a、H2c 成立，教师对新形态教材的有用性（std=0.475，p=0.039）、急迫性（std=0.607，$p < 0.001$）感知存在显著的正向影响，H2b 不成立，中职教师对新形态教材的易用性感知与使用意愿间不存在显著影响；在使用行为层面，假设 H1 成立。使用意愿与教师新形态教材的使用行为有显著的正向影响（std=0.667，p=0.001），表明教师对新形态教材的使用意愿对使用行为具有较高的解释力。

四、结论与建议

本研究基于 TAM 理论模型，通过问卷的形式调查了 253 位一线教师对新形态教材的价值感知、使用意愿以及使用行为情况，并借助 AMOS 软件运用结构方程模型的方式进行验证，对中职学校教师新形态教材使用基本认知、感知、使用意愿与使用行为之间的关系进行实证分析，主要研究结论及建议如下。

（一）主要结论

本研究的主要结论如下。第一，中职学校教师的新形态教材使用意愿比较强烈。大部分教师能从类型教育的角度感知新形态教材与传统教材的区别和优势，认同新形态教材在撬动职业教育“三教”改革中的杠杆作用。第二，中职学校教师的新形态教材使用行为不及预期。在课堂教学中使用了新形态教材以及正在构思新形态教材开发的教师人数比例不高，参与开发或组织开发出新形态教材的教师人数比例较低。第三，教师的教龄、职称、企业经历以及参加新形态教材开发专题培训次数等 4 个因素对教师新形态教材使用行为具有显著正向影响。第四，价值感知对教师新形态教材使用意愿具有正向促进作用，而使用意愿对使用行为也具有正向促进作用。从检验结果来看，H2a、H2c 和 H1 均成立，说明中职学校教师对新形态教材的价值感知正向影响了其对新形态教材的使用意愿，而使用意愿进一步正向影响了教师新形态教材使用行为。

（二）对策建议

1. 加强标准研制与应用，激发教师新形态教材的开发行为

大部分中职学校教师没有参加新形态教材开发，客观上看，是因为还没有职业教育新形态教材开发标准，他们不知道如何开发新形态教材。“职业教育界、教材研究人员与出版行业关于职业教育新形态教材的研究与实践开发还处于探索阶段，对其内涵、开发流程、呈现形式还没有完全形成共识。”[13] 不同专家的不同观点会引起教师认知上的混乱甚至冲突，从而对新形态教材开发产生负面影响。因此，相关部门应组织专家研制职业教育新形态教材标准，从内容职业化、组织模块化、形式活页化、资源立体化等多维度规定新形态教材开发的细则，同时注意增强新形态教材的有用性与易用性，进一步提高教师的新形态教材使用意愿，继而激发教师的新形态教材开发与应用行为。

2. 发挥领军教师示范性，营造新形态教材开发与使用氛围

教龄较长、高级职称以上、有丰富企业经历的骨干教师，尤其具有正高职称和 3 年以上企业工作经历的高级“双师型”领军教师，应发挥在新形态教材使用和开发过程中的主动性、创造性和示范性，营造浓厚的新形态教材开发与使用氛围。第一，专业领军教师应增强与行业企业合作力度，主动组建本专业（群）校企合作的新形态教材开发团队，带领本专业教师申报新形态教材开发与应用方面的教改课题，开展基于新形态教材的教学模式、教学方法和教学评价改革；第二，专业领军教师和行业企业技术骨干应积极分享自身对本职业领域新技术、新工艺、新方法的认识，以及在新形态教材开发与使用过程中积累的隐性知识，建立和完善团队的知识共享与转化机制；第三，及时总结提炼新形态教材开发和使用过程中的各类教学成果，申报成果奖励。

3. 强化学校的主导地位，创设新形态教材开发与使用条件

中职学校应创设各种有利条件，鼓励教师参与新形态教材开发和推广应用。首先，将新形态教材开发纳入学校教育教学改革议程，为教师开发新形态教材及配套资源设立专项经费；其次，协助教师组建校企合作的新形态教

材开发团队，对承担新形态教材开发的教师适当减免教学或管理工作量；最后，针对教师在新形态教材开发及应用上所欠缺的观念、方法与技术，组织精准化校本培训。学校可定期邀请职业教育课程教学领域专家学者和新形态教材的开发者，采用专题讲座、伴随指导、工作坊实训等多种形式，就新形态教材开发的技术路线、方法选择、教学设计思路、教学方法改革、教学评价创新等主题开展有针对性的培训，提高教师驾驭新形态教材开发与应用的能力。

参考文献

［1］DAVIS F D.Perceived usefulness，perceived ease of use，and user acceptance of information technology［J］.MIS Quarterly，1989（3）：319-340.

［2］赵清梅．“互联网+”背景下职业教育教材新形态一体化建设［J］．中国职业技术教育，2018（20）：76-79.

［3］周岩．基于TRA和TAM的大学生网络学习行为模型构建［J］．中国电化教育，2009（11）：58-62.

［4］徐长江，汪媛媛，黄鹏．TAM模型视角下的大学生手机上网行为研究［J］．现代教育技术，2011（1）：97-102.

［5］马如宇．影响移动学习用户使用态度的前置性和潜在性因素探析——基于扩展式科技接受模型的视点［J］．中国电化教育，2009（7）：47-51.

［6］赵呈领，周凤伶，蒋志辉，梁云真．TAM与SDT视角下网络学习空间使用意愿之影响因素研究［J］．现代远距离教育，2017（5）：3-11.

［7］高峰．教师对教育信息技术的采纳行为研究——基于TAM的扩展［J］．教育学术月刊，2011（11）：43-47.

［8］李政．职业教育新形态教材：内涵、特征与编写策略［J］．职教论坛，2020（4）：21-26.

［9］徐国庆．“活页式、手册式教材”概念辨析与应用开发［J］．当代职业教育，2022（2）：4-9.

［10］吴全全，王茜雯，闫智勇，王玉静．新时期职业教育活页教材的理

念澄明与结构遴选［J］. 职业技术教育，2022（4）：31-38.

［11］肖凤翔，张弛．“双师型”教师的内涵解读［J］. 中国职业技术教育，2012（15）：69-74.

［12］崔发周．工作手册式教材的基本特征与改革策略［J］. 教育与职业，2020（18）：97-103.

［13］罗海林．职业教育新形态教材研发策略探析［J］. 科技与出版，2021（6）：78-82.

高职院校精品在线开放课程 O2O 混合式教学模式探究

张云河　朱建军　徐红林

无锡商业职业技术学院

［摘　要］疫情防控常态化、信息技术的发展和互联网移动终端的普及、高职院校人才培养要求及学生个性化学习需求，催生并促使教师采用线上线下混合教学模式。和传统的面对面课堂讲授教学模式相比，高职院校实施的 O2O 混合教学模式在师生角色定位、教学模式、考核方式等方面有诸多不同，疫情防控常态化视角下高职院校推行 O2O 混合教学模式虽有院校的支持系统、教师的素质能力等现实阻隔，但可通过创新教学模式、创设 3M 教学环境、打造多元教学团队、强化课程资源建设、构建立体智慧考核机制和加强外部协同创新等多元路径予以解决。

［关键词］疫情防控常态化；高职院校；混合教学模式；高质量发展

［作者简介］张云河（1977—），男，江苏沛县人，无锡商业职业技术学院商学院副教授，研究方向：中西管理思想应用与比较、企业伦理与劳动关系管理、高等职业教育。朱建军（1976—），男，江苏如东人，无锡商业职业技术学院商学院讲师，硕士，研究方向：计量经济，宏观经济，高等职业教育。徐红林（1981—），女，江苏如皋人，无锡商业职业技术学院艺术设计学院讲师，博士，研究方向：高等职业教育。

［基金项目］江苏省高校哲学社会科学研究一般项目“疫情防控常态化视角下高职 MOOC 教学改革及质量评价研究”（项目批准号：2020SJA0937，负责人：张云河）。

当下，国内外在线课程研究，较多地表现为从单一院校、单一课程的视角进行课程建设实践效果研究。而随着新型冠状病毒感染疫情防控常态化，高职精品在线开放课程教育不仅要关注单一院校混合式教学模式的应用成效，更需要探索校际联盟形式下互选课程混合式教学模式问题，助力构建横向融通的高质量职业教育课程体系。基于此背景，探究精品在线开放课程与传统教学的融合路径，通过理论论证和实践探索，研究这种融合催生出的线上线下混合式教学等新的教育形态和新的人才培养范式，有助于调动学生学习积极性和提高教学质量。

一、实施 O2O 混合教学模式的必要性

美国学者 Curtis J.Bonk 和 Charles R.Graham，于 2006 年在《The Handbook of Blended Learning：Global Perspectives，Local Designs》(《混合学习手册：全球化视野、本地化设计》）一书中较早提出混合式教学（blended learning）概念。在国内，北京师范大学现代教育技术研究所所长、资深教育学家何克抗教授于 2004 年正式提出混合学习概念，他认为 blending learning 就是把传统学习方式的优势和 e-learning 的优势结合起来，既要发挥教师引导、启发、监控教学过程的主导作用，又要充分体现学生作为学习过程主体的主动性、积极性与创造性。O2O（online To offline），即“线上—线下—线上”穿插循环式教学模式，是借助互联网信息技术优势，将“线上”（online）网络教学与传统“线下”（offline）课堂教学相混合。混合学习就是面对面的课堂学习（face to face）和数字化学习（online-learning 或 e-learning）两种方式的有机整合。[1] 因此，O2O 混合式教学模式是对 Blending Learning 的发展和完善，其与 Blending Learning 在本质上是一致和相通的。在当前新冠疫情防控常态化的形势下，更好地依托在线开放课程开展线上线下混合式教学，推动“MOOC+SPOC+ 翻转课堂”“在线开放课程 + 直播见面课”等多种教学模式的应用，十分必要。首先，高职院校实施 O2O 混合教学是教育教学改革的方向之一。国家近年来出台的《深化新时代教育评价改革总体方案》《教育信息化 2.0 行动计划》《教育部关于数字教育资源公共服务体系建设与应用的指

导意见》《网络学习空间建设与应用指南》《教育部关于加强网络学习空间建设与应用的指导意见》等多项教育政策，强调“改革教学内容、方法、手段，建设现代学校制度”[2]。《国家职业教育改革实施方案》明确指出，职业教育要“适应‘互联网+职业教育’发展需求，运用现代信息技术改进教学方式方法，推进网络学习空间建设和普遍应用”[3]。其次，信息技术的发展和互联网移动终端的普及，使O2O混合教学模式成为发展趋势。移动互联网塑造了全新的社会生活和学习形态，学习者更倾向于选择互联网学习、移动学习等方式。调查显示：“个体结构化的学习活动仅占全部学习活动的10%~30%，其余70%~90%的学习活动都是通过非正式的学习活动完成的。”[4]一方面，O2O混合教学模式的“online”部分正是能适应和满足这一真实学习状态的学习方式；另一方面，O2O混合教学模式的“online”部分也为优质课程校际互选、学分互认提供了可能，有助于推动区域或同盟内资源共建共享，促进教育要素合理流动，探索构建区域内学校间协同育人机制。最后，高职院校人才培养要求及学生个性化学习需求，使O2O混合教学模式势在必行。高职院校的专业课程教学内容是从企业岗位工作任务中经过分析、归纳演化而来的学习任务，教学环境要求能够反映或模拟职场中的现实工作环境。O2O混合教学模式将学习任务分解为不同难度的微任务，丰富的数字化教学资源，多样化的教学活动，线上的教学平台是对课堂学习环境的拓展和延伸[5]。有调查研究分析显示：学生花费在混合教学模式上的时间有所增加，而仅有29%的学生认为增加了学习负担，64%的学生认为采取这种课程学习方式有收获或有明显收获，71%的学生认为这种学习方式提高了自己应用、分析、解决问题的能力。[6]

二、实施O2O混合教学模式带来的新变化

高职院校实施线上线下混合式教学模式，将“线上”（online）教学与“线下”（offline）教学相结合，通过MOOC与SPOC在线课程平台、直播课堂、QQ、微信、电子邮件、博客、微博等基于互联网技术的“线上”教学平台，鼓励学生利用线上教学资源，自主选择学习内容，调整学习进度，开展

自主学习（self-paced learning）；同时，线下通过面对面教学（face to face）与合作学习（collaborative learning）实现知识的共建共享[7]。和传统的面对面课堂讲授教学模式相比，高职院校实施的 O2O 混合教学模式在师生角色定位、教学模式、考核方式等方面有诸多不同。

首先，师与生的角色改变。教师不再是单向“满堂灌”“填鸭式”的知识传授者，而是教学资源的提供者，教学活动的设计者、组织者、实施者[8]，即真正教学的引导者。“online”情境下的教师为学生自主学习提供教学资源和练习，及时给予反馈；“offline”情境下的教师设计课堂活动，组织学生在任务驱动下开展合作学习，促进学生知识体系的更新与拓展[9]。学生也不再是“被灌输者”，而是“学习的主体”，“online”情境下的学生在学习时间、学习地点、学习内容、学习方式、学习渠道等诸多方面可以自主选择；“offline”情境下的学生与小组成员合作完成学习任务，巩固所学知识。其次，教与学的模式改变。和传统的教学模式相比，O2O 混合教学模式提倡学生课前通过“online”平台对知识型内容进行自主学习，课中“offline”时，通过师生交流互动完成学习任务，侧重于解决教学难点、重点问题，巩固所学知识，课后与同学合作、与教师交流，对技能型内容进行训练并完成课后作业。这种教学模式将教学的统一性变得具有个性化，教学资源更具多样化，教学环境从封闭的教室变成兼具网络教学空间更为开放的大环境。最后，过程与结果的考核改变。O2O 混合教学模式由于其“online”平台信息化手段的先天性优势，过程性考核更加全面、准确、透明，学生的学习过程被完整、客观记录，教师评、学生评、小组评、自评、他评等多元全面动态评估，教师可以及时准确获取学生的学习状况、学习效果，及时调整教学策略；学生可以及时了解自己在本班级乃至本专业范围内的学习水准，并及时调整学习计划、改进学习方法。

三、实施 O2O 混合教学模式的现实阻隔

在职业教育领域，南京工业职业技术大学探索组建试点单位跨校专业和课程建设协作联盟，筑牢本科层次职业教育专业发展根基，推进高质量职业

教育体系建设。但就职业教育整体而言，推行和实施更大范围、更宽领域、更深层次、更高质量、更加安全的O2O混合教学模式还有诸多现实阻隔有待拆除和破解。

（一）院校的支持系统成效较差

“十三五”期间，国家和地方教育行政部门相继出台一系列政策和指导性文件，大力推进精品在线开放课程等教育资源的建设和管理。众多高职院校纷纷开始强化数字化课程教学资源建设，加大资金和人员投入力度，微课、慕课（MOOC）、小型私有在线课程（SPOC）等教改项目迅速发展，极大丰富了教学资源。但与巨大投入相比，由于高职院校缺乏明确的实施混合教学的改革目标和战略支撑，运动式、跟风式的发展造成这些资源的使用效果并不乐观。不少数字教学资源因建设定位不准确、建设目标不明确、建设理念不清晰而成为形象工程，片面追求多而全、高大上，项目获准认定或验收通过后便被束之高阁，建而不用，或用而不惠，有的客观上也不能用，遑论持续更新维护。

（二）教师的素质能力尚有欠缺

O2O混合教学模式对高职院校教师提出了更高要求，教师除具备传统教学所需的专业知识外，还要具备对数字资源的收集、编辑、处理能力，具备不同线上平台的学习和运用能力。同时，混合教学模式中的教学重构过程不但需要教师熟悉所授知识内容，对该学科专业领域知识有着深刻的认知与运用能力，而且要能针对学情对各知识点作线上线下活动的合理部署，这对每位实施混合教学模式的教师提出了更高挑战。据调查研究显示，有51%的学生认为教师的组织方式不够有效，导致对课程学习不是很有兴趣，从而影响O2O混合教学模式的实施效果。[9]实施混合教学模式后，课堂讲授知识点的时间可能会减少，但实际上教师的工作量却未减反增。教师需要在课堂之外花费更多的时间，精心准备教学资源，及时维护教学资源，随时关注线上互动平台，及时回复学生的疑问。[10]

（三）学生的学习素养有待提高

混合教学模式的课堂学习前提是学生已经按要求完成课前学习，这就需要学生课外利用网络、教科书、文献资料等独立学习，在学习投入上比传统学习方式要求更高。而每位学生因为知识背景不同，理解能力和知识水平更是存在个体差异，如果缺乏必要的督促检查手段，学习效果难以得到真正保证。部分学生缺乏独立思考能力和沟通表达能力，在参与课堂协作交流时容易"冷场"，而教师为了化解尴尬气氛，又常常过分介入学习者的讨论中，可能再次把课堂拖回传统讲授模式的泥淖之中。

（四）学习时间及教学资源有限制

高职院校的学生平均每周 26~28 节课，部分学校规定早自习、晚自习以及上课期间不允许使用手机等电子产品，而课外时间又不定时有各种文体活动、学术报告、德育培训、学生社团活动等，加上部分学生参与社会兼职项目，导致学生业余可以自由支配用于线上学习的时间有限。而"线上"教学资源有的只是上传教学课件（PPT）、教学视频等材料，形式欠丰富，缺乏互动和创新，有的教师在在线开放课程平台上只是提供客观题练习，未能有效激发学生主动、深层次参与课程探究与开发。

四、实施 O2O 混合教学模式的路径选择

在信息化和现代教育不断深度融合并带动职业教育发展的背景下，O2O 混合教学模式运用于职业教育中，推进混合式教育教学模式已成为一个重要趋势。从职业教育现代化的视角来说，要以更大力度攻克"卡脖子"关键问题，探索高校联合、协作办学模式下的教学管理制度及其运行机制，进一步推进 O2O 混合教学模式创新，从教学环境、教学团队和考核机制等多方面协同推进，充分发挥 O2O 混合教学模式的功能优势势在必行。

（一）创新 O2O 混合教学模式

将普遍化的知识传授方式变为有针对性、有区分度的深入学习模式，对于基础知识采用以问题为本的 PBL（Problem-based learning）教学方法并由 online 方式获取，体现建构主义的教学理念[11]，对于技能素养采用任务型 TBL（Task-based learning）的教学法并由 offline 方式加以强化[12]。据姚林香、周广为对 108 位学生样本经实证研究分析后得出结论：有针对性的学习

资源选择和学习内容设置显著地影响着不同年级学生在不同学习阶段的最终学习效果[13]。因此，可以利用O2O混合教学模式分层分类有针对性地教学，体现“因材施教”的教学原则，在online平台上预先关联有一定层次差异的习题，由系统自动分级或由教师根据学生差异分组，自由组建学习组群，个性化地推送作业。学生在online学习过程中，平台会自动记录每一次学生的作答，这些个性化的答案是教师进一步分析讲解例题的最好资源。同时，利用offline的作业批改、课外活动学习小组等辅助手段，加强对各层次学生的指导，促进学生由低层次向高层次转化，促使学生整体优化，从而避免传统的“一刀切”导致“优等生吃不饱、中等生吃不好、学困生吃不了”的恶性循环。

（二）创设O2O混合教学3M教学环境

构建多设施（multi-facility）、多资源（multi-resource）、多交互（multiple interaction）的3M教学环境，通过3M教学环境创设发挥“online”与“offline”各自的优势。福州大学用10年数据实证分析得出结论：基础设施是学校混合教学改革推动的保障因素[14]。因此，学校加大硬件教学设施设备的投入及技术环境建设，十分必要、重要且非常紧迫，比如保障Web服务器、数据库服务器、流媒体服务器的稳定性和安全性，打造虚实融合的实训基地。充分利用职业教育“产教融合、校企合作”的优势，加强与相关行业企业的密切联系，创设贴近企业真实工作场景的教学环境。打造多种资源融合的教学环境，改变单一使用文字型的资源，根据教学内容将文本型、图片型、音频型、视频型、动画型等教学资源相融合，系统开发支持Mooc+、Spoc+、App+、自媒体+等不同教学网络平台的教学资源，设计思维导图等可视化工具，创设游戏化、项目化、仿真化的多资源环境以提升学习者的学习积极性，同时利用社会实践、学科竞赛、学生社团活动资源，通过形式丰富的多样化活动，有效延展课堂教学，实现自主学习与合作学习相结合。现代著名教育哲学家马丁·贝布尔认为，教育过程中师生双方主体间的“我—你”关系，是一种互相对话、包容和共享的互动关系[15]。O2O混合教学模式要创设多交互的教学环境，鼓励开放、轻松、互信，营造平等自由的交流环境，良好的师生互动及合作学习能正向影响学习氛围和学习者的自我行为期待。

（三）打造 O2O 混合教学多元合作教学团队

教师要真正成为教学资源的提供者、学生的引导者，完成对教学流程的再造，这对教师的综合能力是个极大挑战。学校要尽可能帮助教师适应教学模式改变，转变教学理念，提高理论运用于教学实践的能力，不断拓展教师的成长空间。O2O 教学模式需要耗费大量的时间、精力，仅靠教师个人智慧，教学效果难免有折扣，要探索立体化的教师合作教学路径，打造一个 O2O 多元化的教学团队。专业教学团队能够让教师有机会分享在教学过程中获得的经验，交流教学时面对的问题，也有利于学校对教师进行集中培训，提高教师团队素质。这个团队除了 O2O 一线教学人员、O2O 混合教学模式专家，还需要技术调试人员、行业专家以及相应的教学管理人员。教学团队围绕知识、技能、素养三位一体的职业能力发展目标，重构教学目标设计、教学内容设计，不断丰富教学资源，优化教学方法。将学生职业能力发展分析作为 O2O 模式教学设计的起点，并根据课程实际，和企业行业专家一起，结合以学习者为中心和以行动为导向的理念，发挥 O2O 混合式教学模式的价值意义和实践优势。

（四）强化在线开放课程资源建设

课程资源建设是一项系统工程，包括如下内容：

（1）制定科学的课程标准。课程标准是对课程学习所做的具体描述，是精品在线开放课程开发建设、过程管理、考核评价的基础与依据。

（2）精心研制教学设计。教学设计要做到“为教师所用”，明确课程教学内容的选取或讲授的逻辑次序，注重将课程思政要求和价值引领元素融入教学设计中。

（3）精心打造教学课件。与教学设计对照而言，教学课件“为学生所用”，要以“章、模块”为制作基础，同时注意课程所有单元的课件在内容上衔接得当。

（4）设计与拍摄教学视频。就一定程度而言，精品在线开放课程由围绕教学知识点拍摄制作而成的“教学视频”（动画）为主线组成。教学视频是精品在线开放课程资源建设的重要构件和主体内容。

（5）同步建设课程教材。教材是课程的重要载体，教材建设要依托课程开发同步建设。另外还包括加强考核题库建设、策划课程互动话题等。

（五）构建O2O混合教学立体智慧考核机制

教学模式的变化，使得传统单一的“结果评价”模式已经无法与之匹配，必须构建以学生综合职业素养形成为出发点，兼顾过程性考核和终结性考核、“online”考核和“offline”考核的多元的、立体的、智慧的评价机制。利用“online”评价的便利性优势，将课前测、课中测、课后测的诊断性评价结合起来，同时把学生阶段性的作品、练习、小组讨论记录、小组成果等通过“online”的数据库记录，汇集成“专业成长档案记录”，纳入过程性考核资料中。利用网络信息共享优势，形成自我评、教师评、学生评、行业评等多元评价机制。另可结合“online”网络后台的大数据分析，对学生的学习过程、学习效率、学习效果、互动次数、参与效果等在线学习情况做多角度分析，将这些数据融入学生的综合性评价中，构建立体智慧的考核体系。

（六）加强O2O混合教学外部协同创新

高职院校实施O2O混合教学模式，无论是提供更为丰富的“Online”资源，还是“Offline”实践教学等，均脱离不了与更多同类院校的通力协作，加强课程互选，推动校际资源共享，促进教育要素在联盟中的流动，建立利益共生、情感共鸣、价值共识、责任共担、发展共赢的新机制，构建应用型教育协作体、共同体。因此，要加强校际联盟形式下同一课程的O2O混合教学模式的协同创新研究，支持校际在线开放课程的互选及资源的共建共享，进一步推动在线开放课程建设和应用，签署诸如《校际课程互选与学分互认合作框架协议》等，建立和完善教育教学资源共享机制，充分发挥各校优质、特色和品牌教育教学资源在教学和人才培养工作中的辐射、带动和示范作用。一是探索借助网络平台的力量，扩大丰富课程资源。探索将理论和实践学习内容划分为模块化的碎片知识点，各联盟院校集合各自的优质资源合作制作共享化、开放化和虚拟化的学习资源，避免各自盲目探索和低水平重复建设。二是探索联盟院校间课程的“Online”资源共享、学分互认。联盟院校使用同一网络教学平台，同门课程使用共建的“Online”资源，一方面有利于发挥各联盟院校的专业比较优势，另一方面为各联盟院校的教师成长提供了学习交流的平台，也促进了地区教育资源的和谐发展。三是探索利用社会资源，技术服务外包。由教师提供专业课程教学内容及构想，而涉及数字资源的收集、编辑、处理等工作外包给信息技术工作人员。专业工作交给更专业的人员后，教师可以将精力更集中于课程教学设计和课程组织实施。

参考文献

［1］何克抗．从 Blending Learning 看教育技术理论的新发展［J］．国家教育行政学院学报，2005（9）：37-48+79.

［2］教育部．国家中长期教育改革和发展规划纲要（2010—2020年）［N］．人民日报，2010-07-30（01）.

［3］国务院．国家职业教育改革实施方案［Z］．国务院关于印发国家职业教育改革实施方案的通知（国发〔2019〕4号），2019-07-30.

［4］董文娟．高职院校基于 MOOC 的混合教学模式探析［J］．教育与职业，2018（6）：88-93.

［5］王雯，韩锡斌．职业院校课程混合教学设计的现状分析［J］．职业与教育，2020（5）：95-100.

［6］陈明，桑小双．高校学生对混合教学模式改革课程认知及满意度的实证研究［J］．现代远距离教育，2018（5）：57-64.

［7］朱慧芬．“互联网+”背景下高职商务英语专业课程群“O2O”混合教学模式探究［J］．教育与职业，2019（5）：95-99.

［8］郭昕．“互联网+”时代的混合式教学模式研究［J］．中国职业技术教育，2017（26）：18-26.

［9］应洁琼，宁强．大学英语混合教学中合作学习与自主学习集成模式研究［J］．教育理论与实践，2019（39）：45-47.

［10］刘永华，杨松．MOOC+TBL 混合教学模式在兽医免疫学教学中的应用探索［J］．中国免疫学杂志，2019（35）：1640-1642.

［11］支永碧 .PBL 在中国外语教育中的应用——意义、困境与出路［J］. 外语与外语教学，2009（7）：33-37.

［12］张欢 .“后MOOC”时代高职行业英语SPOC混合教学模式探析［J]. 中国职业技术教育，2018（23）：63-66.

［13］姚林香，周广为 . 高校 SPOC 混合教学模式的设计和教学效果分析［J］. 教育学术月刊，2018（12）：92-100.

［14］许德泓 . 本科院校推进混合教学改革的影响因素研究——基于福州大学的案例研究［J］. 中国电化教育，2016（12）：141-145.

［15］叶子，庞丽娟 . 师生互动的本质与特征［J］. 教育研究，2001（4）：30-34.

（原文刊于《新疆职业教育研究》2021 年第 4 期）

教学改革篇

典型案例

“四融通”“三流程”“六环节”教学改革实践

——《探寻中国民族民俗》“课堂革命”典型案例

沈阳市旅游学校旅游服务与管理专业教师教学创新团队

一、改革创新的实施背景

为深入贯彻习近平总书记关于职业教育的重要指示和全国职业教育大会精神，落实《关于整省推进职业教育实用高校发展　提升服务辽宁振兴能力的意见》《辽宁省推进现代职业教育高质量发展若干措施》等文件要求，总结推广职业院校课堂改革的经验做法，推动职业教育教学方式方法改革创新，不断提升技术技能人才培养质量。本案例契合于双优中职校、国家创新团队的双重建设下，立足于学生导游讲解和1+X研学旅行策划与管理两个工作岗位的人才需求，“以岗定课、以赛促课、以证融课”的岗课赛证深度融合，围绕“德技兼修”育人“四维目标”，运用线上线下混合式教学的模式，结合“TIPS”实践教学模式，进行课堂革命，提升专业技能人才的培养质量。

二、采取的主要措施和做法

（一）课堂理念革命：以学生为中心，为学而教

“以学生为中心”，提升“三种能力”，做到“六个维度”，推进“两个转变”（见图1）。

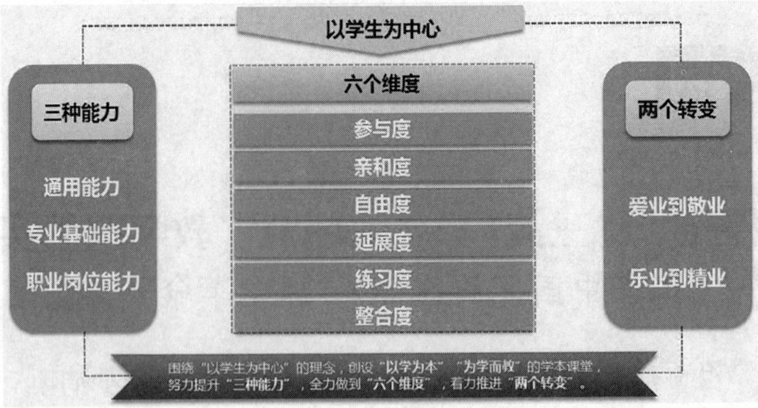

图 1　课堂理念革命创新

（二）课堂模式革命：构建“TIPS”实践教学模式

基于智慧旅游背景下中职旅游专业实践教学方式单一、实践内容与旅游业态变化不匹配、实训工位应用场景化缺乏等问题，构建以智能技术为抓手、以实训基地为载体、以提升专业技能为核心、以强化服务意识为重点的实践教学模式（简称“TIPS”实践教学模式）（见图 2）。

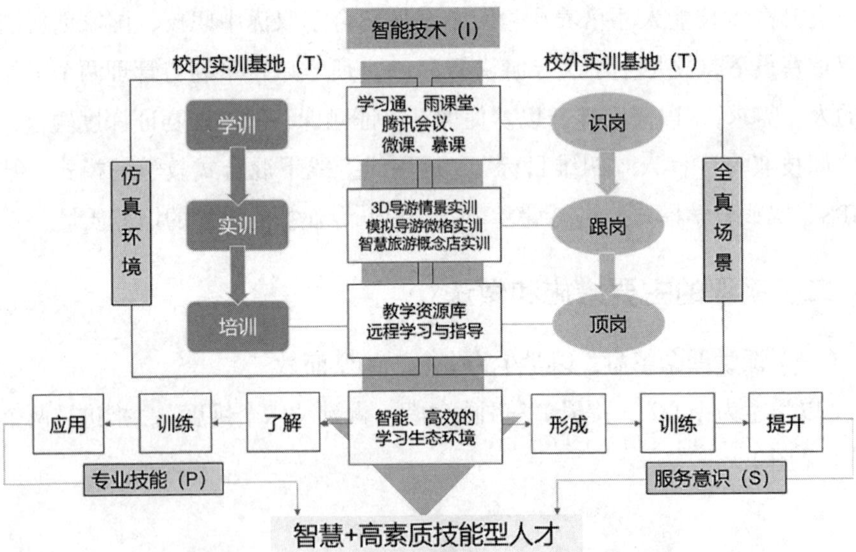

图 2　“TIPS”实践教学模式构建与实践创新

（三）课堂目标革命：融入课程思政，落实四维目标

基于学情分析、课程标准、人才培养方案以及岗位需求，落实立德树人根本任务，有机融入课程思政，制定四维教学目标（见图3）。

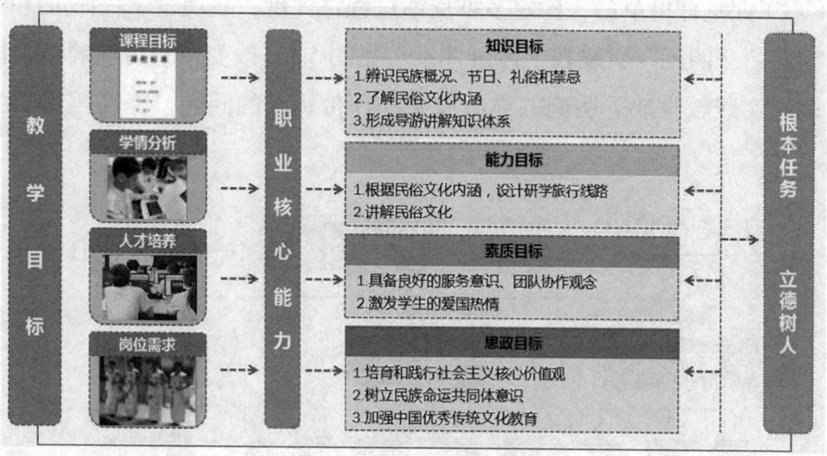

图3　教学四维目标图览

（四）课堂方法手段革命：新业态数字素材，激发学生求知欲

坚持“一个中心，两个基本点”（以学生为中心，坚持素质教育在课堂，坚持教为学服务），通过任务驱动、情景模拟、角色扮演及线上线下混合式教学的模式，激发学生求知欲（见图4）。

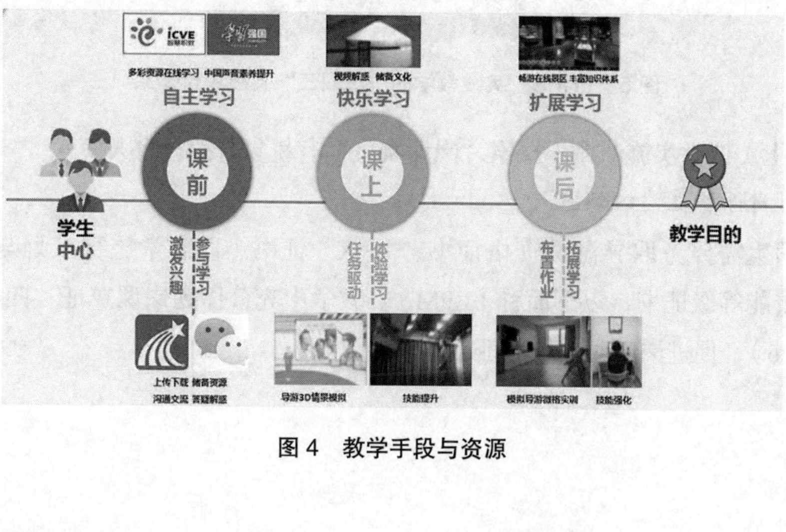

图4　教学手段与资源

（五）课堂环境革命：线上线下双联动，构建智能高效的学习环境

共建“智能技术”赋能的“训·产·创”共享型旅游实践基地，促进学生实现全程岗位成才。

（六）课堂评价革命：构建多维反馈过程性评价，实现全学程评价导向

构建“三四三”实践教学评价体系（见图 5），改变单一传统的结果性评价，解决实践教学缺乏明确的学习成果和评价标准的问题，提高教与学的针对性。

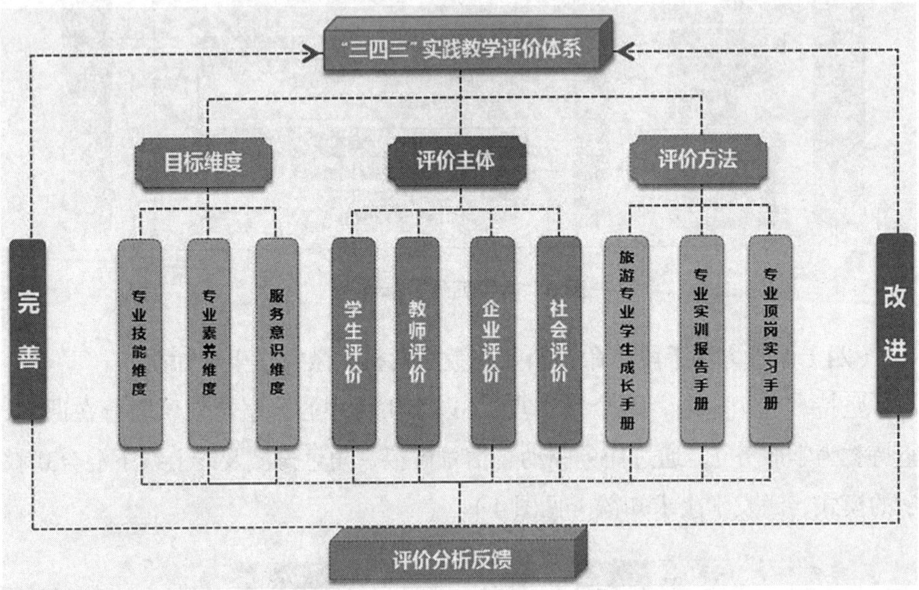

图 5 “TIPS”实践教学的“三四三”实践评价体系

（七）课堂实施革命：探索“岗课赛证”有机复合综合育人模式

1. 岗课赛证“四融通”

学生需要考取导游员资格证书、“1+X”证书（即研学旅行策划与管理职业技能等级证书，以下简称 EEPM）。教学中充分体现岗课赛证“四融通”（见图 6），促进岗学对接、课证融合。

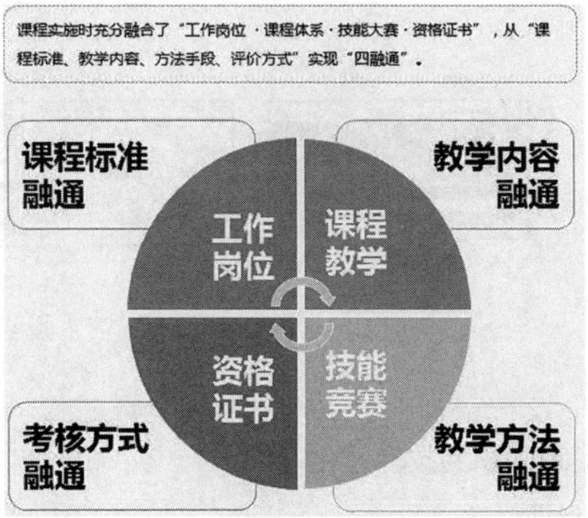

图 6　岗课赛证“四融通”

2.“三流程六环节”线上线下混合式教学模式

线上自主学习发现问题，线下解决问题，实行“三流程六环节”，打通学生“课前找俗—课上学俗—课后练俗”的学习流程（见图 7）。

图 7　教学流程策略一览

【课前找俗】搭建知识框架

绘制思维导图（见图 8），教会学生学习思路；发布任务，分组合作，自主学习。

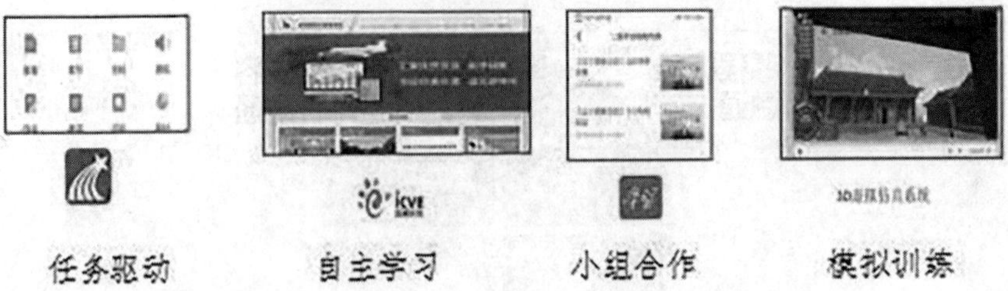

【课中学俗】实现知识到技能转化

（1）问俗：任务驱动。

布置任务，完成研学旅行行程设计及满族风俗导游讲解任务。

（2）识俗：补充完善知识体系。

（3）赏俗：欣赏其文化内涵。

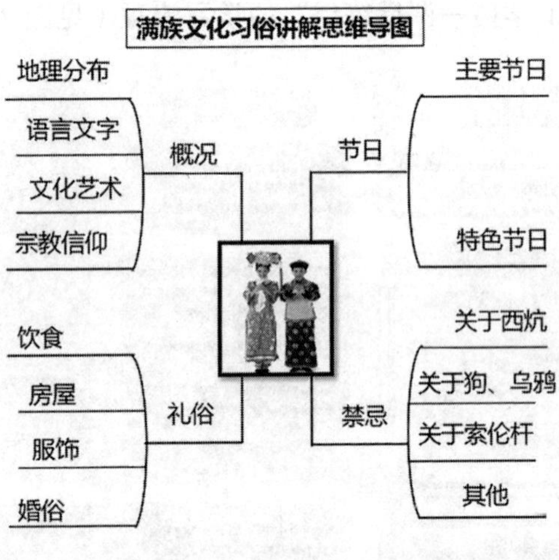

图8　任务驱动学生绘制满族文化习俗讲解思维导图

（4）讲俗：知识到技能转化，传播民族正能量。

借助3D导游模拟信息系统，以组为单位进行角色扮演。讲解满族文化习俗，传播人与自然和谐共生理念，最后评出“最佳讲解奖”“最佳人气奖”“最有特色奖”，完成驱动任务，实现知识到技能转化目标。

【课后练俗】储备知识，精练技能

利用虚拟仿真软件或走进真实景区进行满族文化习俗讲解训练。

3. **以数据分析跟踪学习成效**

通过作业提交记录、学习情况评价表、阶段情况评估表和平台反馈信息进行分析。学生教学活动参与度：课前 89%，课上 99%，课后 87%，需加强监督课前和课后学习任务；研学旅行线路设计及格率由 68% 上升到 77%，优秀率由 36% 上升到 42%，旅行行程设计能力逐渐提高；有 20% 左右的学生不能完成导游讲解，需要加强这部分学生的训练，70%~80% 的学生能够流畅讲解，教学效果显著；四个阶段测试成绩比较平稳，学习状态平稳，需要关注少数不及格学生，因材施教。

（八）将弘扬“民族精神”贯穿始终

以领略民族民俗为学习主线，以弘扬中华民族美德等为素质培养主线，将中华民族共同体意识教育与课堂教育、课外实践有机融合，将弘扬“民族精神”贯穿到课程全过程。

三、取得的主要成效

（一）“岗课赛证”有机复合综合育人模式，学生 1+X 证书通过率升高

近年来，有 200 人次参加 EEPM 考试，通过率达 100%；导游资格证考试通过率由 40% 升到 51% 左右；近 30 人荣获市级、国家级大赛金银奖，2 名同学荣获国赛一等奖。

获奖情况

级别	金奖	银奖	铜奖	总计
国家级	2	6	5	13
省级	2	2		4
市级	12	13		25

（二）实现“三转变”，助力知识提升

线上线下教学模式的使用，学生由“被动学习”向“自主学习”转变、由“厌学”向“乐学”转变；线上资源的引入，使手机由“游戏机”向“学习机”转变。对比分析学生阶段成绩，学生对知识的掌握程度不断提高，成绩不断提升。

（三）促进全面可持续发展，社会影响力不断提升

学生更加积极主动地参与课堂教学，实现有效教学，自信心不断增加，最终实现主动发展、自我发展、不断发展、全面与可持续发展，社会实践积极性不断提升，参加旅游志愿者共200余次，服务5000余人；被邀请作为“研学小导师”10余次，校导游社团影响力不断提升，被评为“沈阳市优秀学生社团”。

（四）“TIPS”实践教学模式成果显著

该模式荣获辽宁省教学成果特等奖，被教育部遴选为第二批国家级职业教育教师教学创学团队理想单位和专业领域子课题理想单位（全国中职旅游学校唯一入选）。

四、创新与示范

（一）创新:“五新”打造“五有”课堂

1. 新模式：采用“TIPS”实践教学模式，打造“有趣”课堂

“TIPS”实践教学模式的运用，使该课程以数字化教学资源库为支撑，巧妙运用虚拟仿真软件等互动平台，模拟导游讲解，直播云游，文字评价“多轨互动”，展示了“网课变云游·导游带你走”新技术流派，达到了“展示评论两不误，清晰直观高速度”效果。

2. 新方式：采用“书证融通”学分银行制度，打造“有用”课堂

通过深化“岗课赛证”有机复合综合育人模式，融合1+X证书制度，采取“书证融通”学分银行改革课程方式，突破传统教材局限性，重新制定课程标准，整合教学内容，与新业态、新规范同向而行。

3. 新评价：采用多元教学评价方式，打造“有效”课堂

注重过程性+结果性的评价方式，构建多元评价方式，创新使用“三四三”实践教学评价体系，改变了单一传统的结果性评价，提高了教与学的针对性。

4. 新手段：采用虚实结合教学手段，打造“有景”课堂

利用模拟导游微格实训系统和3D导游情景虚拟仿真实训系统进行导游讲解，实现书本知识“情境化”，解决以往教学中“看不见、难身临”等问题。

5. 新思政：与大思政同向同行，打造“有情”课堂

落实立德树人的根本任务，有机融入工匠精神等课程思政内容，形成协同效应，制订四维教学目标，将思政元素如风化雨般传递给学生，打造有灵魂的有情课堂。

图9 “五新、五有”创新示意

（二）示范

《探寻中国民族民俗》课程教学团队多次获得省、市、校级等荣誉，并作为优秀教学成果在校内进行展示交流，对推动中职教育的“课堂革命”起到了一定的促进作用。

“课堂革命”是对教师、教学、教法“三教改革”的重新构建，针对职业教育，课堂革命是对全面深化课程改革的方向的引领。课堂教学是创生精彩、分享个人智慧、合作探究实践的过程，必须摒弃“教材中心”和“教师中心”的旧思路，最终走向学生本位的教学。

推进 1+X 证书试点工作
促进产教融合创新发展

沈阳市旅游学校旅游服务与管理专业教师教学创新团队

一、改革创新的实施背景

为贯彻落实国家和省职业教育改革实施方案精神，按照教育部等四部门《关于在院校实施“学历证书＋若干职业技能等级证书”制度试点方案》和《教育部办公厅等三部门关于推进 1+X 证书制度试点工作的指导意见》《教育部等 11 部门关于推进中小学生研学旅行的意见》等文件要求，全面推行校企协同育人，切实提高学生参与职业技能等级证书的获得能力，为学生就业拓宽渠道，沈阳市旅游学校决定推进 1+X 证书试点工作，积极申报研学旅行策划与管理（EEPM）职业技能等级证书考试试点单位，开展研学实践校企合作项目，助推校企深度合作，促进产教融合创新发展。

二、采取的主要措施和做法

1. 成立组织机构，加强顶层设计

学校成立由校长担任组长、教学校长、系主任担任副组长的 1+X 证书制度试点领导小组，加强对该项工作的统筹和顶层设计。在领导小组的指导下，确定了 1+X 证书制度参建的核心院校、合作企业和参与人员，组成了由中高职院校专家、行业企业人员、专业教师和技术开发人员构成的项目建设团队。聘请了 2 名项目建设首席顾问，分别是全国旅游职业教育教学指导委员会委员董家彪；辽宁省旅游教育中心主任计谷卿。在首席顾问的指导下，经过反复研讨、论证，确定了旅游服务与管理专业和导游服务专业的 1+X（研学旅

行策划与管理职业技能等级）证书制度的建设内容。

2. 校企深度合作，签订校企合作协议书

【学校简介】

沈阳市旅游学校是国家级重点中等职业学校，辽宁省首批中等职业教育改革与发展示范学校，沈阳市标准化中等职业学校标志性学校。旅游服务与管理专业是学校龙头专业，辽宁省示范专业。2017年被教育部遴选为“全国职业院校旅游类示范专业点”。该专业现有在校生584人，专业教师18人，全国优秀教师兼旅游教育名师1人，省级名师和专业带头人1人，市级首席教师2人，6名教师列入“国家万名旅游英才计划”，1名教师入选“辽宁省兴辽英才计划”。该专业教师团队于2019年成功入选首批全国职业院校“双师型”教师队伍建设典型案例，2021年入选第二批国家级职业教育教师教学创新团队和专业领域子课题立项单位。

【企业简介】

沈阳运彤文化传媒有限公司于2018年开启短途研学项目。该公司拥有专业的研学课程编制及校本课程研发团队，满足传统文化教育、爱国主义教育、科技教育、励志教育、历史教育、生态教育、生活实践教育及动手能力、团队协作能力等综合教育内容。

学校与企业本着“优势互补、资源共享、互惠双赢、共同发展”的原则，校企双方签订《研学实践校企合作协议书》。该项协议的签订从法律上对校企双方进行法律约束，保障校企合作的稳定性、长期性、紧密性。

3. 聚焦“1+X”证书，开展教师全员培训

学校分两批次选派6名教师参加了亲子猫（北京）国际教育科技有限公司在沈阳工学院和辽宁经济职业技术学院举办的辽宁省“1+X”研学旅行策划与管理（EEPM）职业技能等级（初级）证书师资培训班。通过培训，加深了旅游服务类专业教师对1+X证书试点工作的进一步认识，为学校将来开展研学旅行策划与管理（EEPM）职业技能等级证书的培训工作提供方向，引导教师探索X证书与相关专业课程教学的融合，促进书证融通、育训结合；助力学校专业师资团队建设，打造能够满足教学与培训需求的“双师型”师资团队；加强校企融合，开展跨界教育，既为实施职业技能等级证书考试培育一批“种子”教师，也为学生开辟了一个新的就业前景。

4. 社团活动助力，探索 1+X 证书实践

学校导游社团曾荣获“沈阳市优秀社团”称号，该社团每年多次组织参观活动、旅游接待服务、旅游志愿者服务等。同时，教师故宫志愿者团队共计 10 余人，每人每年至少提供服务 25 次，72 小时，为沈阳故宫提供技术支持和服务。师生的社会实践活动为学校探索 1+X 证书试点工作奠定了良好的基础。

5. 组织学生考证，实现课证共生共长

学校自成功申报“1+X”研学旅行策划与管理职业技能等级证书考核试点单位以来，校领导高度重视，周密部署，精心安排。2021 年 11 月 27 日，组织 52 名学生参加研学旅行策划与管理（EEPM）职业技能等级证书考试。截至目前，已有 200 名学生通过 1+X 证书考试。

从考前动员、考前“线上线下”培训、考务人员配备与培训、设备调试、组织考试等方面进行精心筹备，严格按照 1+X 证书制度考核管理规定部署考务组织工作。考试期间，在学校各部门的通力协作下，考试过程纪律严明，规范有序，平台稳定，全程进行录音录像，圆满完成了考试工作。

1+X 研学旅行策划与管理职业技能等级证书能弥补学历教育在技能培训的不足，有助于实现课证共生共长，校企深度融合，增加学生创业创新能力、就业竞争力和可持续发展能力。考试工作的成功既有效提升了考生知识、能力和素养，又提高人才培养质量，为 1+X 研学旅行策划与管理后续工作的开展提供了实践支持。

三、取得的主要成效

1. 研学实践，促进职业技能等级证书的推广

到目前为止，研学实践活动已经开展 6 批次，涉及 4 条研学旅行线路，后续活动已列入提质培优计划。通过研学实践，使学生清楚认识到研学旅行业态发展趋势，促进学生获取相关职业技能等级证书的愿望，加快“研学旅行策划与管理（EEPM）职业技能等级证书”的推广工作。目前为止，积极报考的学生占总人数的70%。

2. 助力企业，填补研学旅行人才空缺

研学旅行市场刚刚起步，专业人才匮乏。校企合作，有效解决企业研学旅行人才不足的难题，保证企业研学项目的顺利开展。企业对学校参与研学旅行实习的学生给予高度认可，并支付报酬进行助学奖励。

3.“双师”协同和双基地并行，凸显产教融合特色亮点

（1）“双师”协同，全程参与工学交替实习指导与评价。

研学实践项目采取企业师傅和专业课教师全程参与实习指导与评价。专业课教师与学生一起参加企业研学实践活动，担任研学领队以及讲解员，配合企业师傅进行研学实践期间学生安全教育和管理。企业师傅对学生进行实时指导，有效解决学生操作难点；专业课教师跟踪记录学生实习情况，搜集知识技能难点并在教学中进行强化和训练。

（2）“双基地”并行，教学与实践同行。

企业的研学基地不仅适合中小学生前往开展研究性学习和实践活动，也是我校学生进行实习实训的基地。在研学基地里，学生在实践中完成学习，在学习中完成实践。同时，学校的校内实训基地也开发为企业的研学基地，为中小学生进行职业体验提供阵营的同时，也为学生进行研学实践提供真实工作环境。

4. 育人环节贯通，实现校企共赢

1+X证书制度试点工作的推进，有效打通了教学、科研、服务、育人各环节，通过校企协同实现了真实的工作过程育人。校企合作开发、共建“训、产、创”共享型实训基地3个，出版实训教材《中职旅游服务类专业实训项目标准化指导书》等三本。企业共享学校的人才资源，促进经济效益最大化，如沈阳运彤文化传媒有限公司通过运营学校研学旅行，营业收入每年以10%以上的速度递增。学校则通过分享企业的“工匠”智慧、岗位实践机会、实训场地及设备，获得人才效益，涌现出一批以研学旅行为主营业务的毕业生创业典型。

5. 资源共建共享，荣获优秀试点院校荣誉称号

1+X 研学旅行策划与管理职业技能等级证书有助于增加学生创业创新能力、就业竞争力和可持续发展能力。学校自成功申报 1+X 研学旅行策划与管理职业技能等级证书考核试点单位以来，共计组织 200 名学生参加研学旅行策划与管理（EEPM）职业技能等级证书（初级）的考试，以 100% 的通过率完成该项工作，并荣获了 2021 年度 1+X 研学 EEPM 证书（初级）优秀试点院校的荣誉称号。2022 年 8 月入选全国首批研学旅行“岗课赛证”综合育人联合建设院校。

2020 级考生张静茹同学作为全国 4 名学生代表之一参加了评价组织（亲子猫）2022 年 1+X 研学 EEPM 证书试点工作说明会，分享备考心得，得到与会领导及师生们的一致好评。

6. 探索书证融通，创新“岗课赛证”育人模式

学校于 2021 年入选辽宁省第一批开展职业技能等级证书书证融通工作院校，获批开展 1+X 研学旅行策划与管理的书证融通工作。此项工作分为两个阶段进行，第一阶段是根据学分银行的相关要求选定融通的课程，对于融通课程地图、对比表、转化后的课程标准、人才培养方案以及相关评审档案等材料进行撰写和上报；通过第一阶段审核后进行第二阶段的工作，即书证融通转化内容对照表、转换课程信息表、转换规则申请表以及考核方案等材料进行汇总上报。从 2021 年 12 月延续至 2022 年 7 月，该项工作两阶段材料皆通过审核，并计划于 2022 年 9 月可以顺利实施。

在 1+X 证书制度中，“1”是学历证书，是基础，“X”是职业技能等级证书，是“1”的补充、强化和拓展。学历证书和职业技能等级证书不是两个并行的证书体系，而是两种证书的相互衔接和相互融通。书证相互衔接融通是“1+X 证书制度”的精髓所在，开展此项工作更加有利于创新育人的发展。

项目带动教师教学能力提升
数字赋能职业教育高质量发展
——以江西旅游商贸职业学院导游专业课程与教学资源建设项目为例

江西旅游商贸职业学院旅游管理专业教师教学创新团队

一、基本情况

根据《国家职业教育改革实施方案》和《职业教育提质培优行动计划（2020—2023年）》“遴选100个左右示范性虚拟仿真实训基地”的目标要求，2020年教育部职成司启动了职业教育示范性虚拟仿真实训基地培育项目，江西旅游商贸职业学院导游专业入选立项。

经过2年的项目建设，导游专业教师团队的数字化能力得到了跨越式提升，通过对接真实岗位中典型的工作环节和任务展开，遵循理论与实践相结合的原则，建设具有先进性和超前性的虚拟仿真教学资源，选择导游专业实训中“三高三难”的环节进行虚拟实训，实现“岗课赛证”“教学做考”一体化，无缝隙对接实际工作岗位。

二、主要成效

国家职业教育虚拟仿真示范实训基地导游专业课程与教学资源建设规划项目主要建设完成了导游专业岗位职业标准及核心技能调研，修订了导游专业的人才培养方案，建立了导游职场岗位实训学习场，重构导游专业虚拟仿真实训教学方案，撰写了导游专业虚拟仿真实训脚本，开发了导游专业虚拟仿真实训课程资源，设计导游专业虚拟仿真实训课程教案，编写虚拟仿真实训指导手册，构建导游专业虚拟仿真实训评价体系。

三、对策与措施

（一）结论与对策

（1）导游专业课程与教学资源建设具有产业对接性。资源建设对接导游真实岗位中典型的工作环节和任务，选择“三高三难”的环节进行虚拟实训，实现“岗课赛证”“教学做考”一体化，无缝对接实际工作岗位，打通了从学校到产业的“最后一公里”。

（2）导游专业课程与教学资源建设具有资源先进性。资源建设秉承先进性原则，多人协同技术的使用，使导游岗位教学资源的共享机制真正建立起来，对其他专业起着极其重要的推广和示范作用。

（3）导游专业课程与教学资源建设具有学生针对性。资源建设针对学生的特性展开，沉浸性和交互性营造了一种“自主学习”的环境，使学生真正成为实训教学的参与者，全面提升了学生的岗位意识、实践能力以及职业素养。

（4）导游专业课程与教学资源建设具有教学融合性。资源建设围绕导游实训教学开展，将虚拟仿真技术和职业教育融合，新技术使教师的教学方法得到了质的飞跃，促进了职业教育的“三教”改革。

（二）具体措施

1. 梳理导游职业岗位实训学习场

基于学习场理论，针对传统导游专业实训教学环节中“看不见、进不去、动不得、难再现”的问题现状，借助虚拟仿真实训技术，以理论教学和实践教学改革为基本内容，基于职业能力培养，以职场岗位需求为导向，建立“校企合一，全程共育，分段实施”职业岗位学习场域，将场域环境的典型工作环节（景区讲解服务、全陪导游带团等），借助虚拟仿真技术实现课程内容与职业标准对接，有效解决实训过程中难以还原真实工作场景的困扰，提升学生实操能力及岗位适应能力。

2. 搭建导游工作全过程实训体系

针对目前虚拟仿真实训技术教学应用存在“实训操作场景单一化”“课程

任务实训体验单一化”等问题，创新性运用职业岗位学习场理论和典型工作环节方式，创建导游专业典型工作环节全过程实训体系。借助虚拟仿真实训技术，学生在实训教学过程中能够模拟实际导游工作的全过程，“接站—行程讲解—入住酒店—景区讲解—送站”进行全流程场景化再现，实现单一的实训环节串联、衔接和闭环管理评价，形成导游工作全过程、全方位实训体系，促进学生知识的融合与工作能力的提高，加深学生对职业岗位工作的理解。

3. 开发地方特色虚拟仿真实训课程资源

根据行业调研的实际情况，立足于江西的文化积淀和旅游资源特色，结合导游专业知识体系内容，利用虚拟现实技术呈现南昌、井冈山、景德镇等地的实景，开发出景点讲解服务、全陪导游应急处理、地陪导游沿途讲解等具有江西旅游资源特色的课程资源，课程开发原创和定制化程度高。

4. 融入导游专业课程思政育人元素

虚拟仿真实训系统利用虚拟现实技术为学生创造了观察性学习非遗文化传承讲解、八一精神红色文化宣讲等虚拟实践教学环境，将课程思政元素开发成虚拟仿真实训课程资源，师生通过交互式和沉浸式互动完成相关实训项目的练习，助力文旅融合，提高了学生专注度、学习理解能力及实践能力，提升专业课程思政育人效果。

5. 创立导游专业多人协同 VR 实训模式

传统实训教学过程存在实训无互动、参与度低、交互反馈不足等问题，立足导游工作全过程实训体系框架，创立多人协同实训模式。课程实训通过虚拟仿真实训技术 PC 多人协同版，采用小组模式开展实训教学，学生选取不同角色（领队、全导、游客等）进入实训环节，团队协作共同完成课堂实训任务，以此提高学生实训课程参与度、强化学生团队协作能力和激发学生解决问题能力及创新思维能力。

四、相关经验与做法

1. 建设过程

国家职业教育虚拟仿真示范实训基地导游专业课程与教学资源建设规划

项目自立项建设以来，提交了3个方案，撰写了10个脚本，转化的10个课程资源的建设，建设过程具体如图1所示：

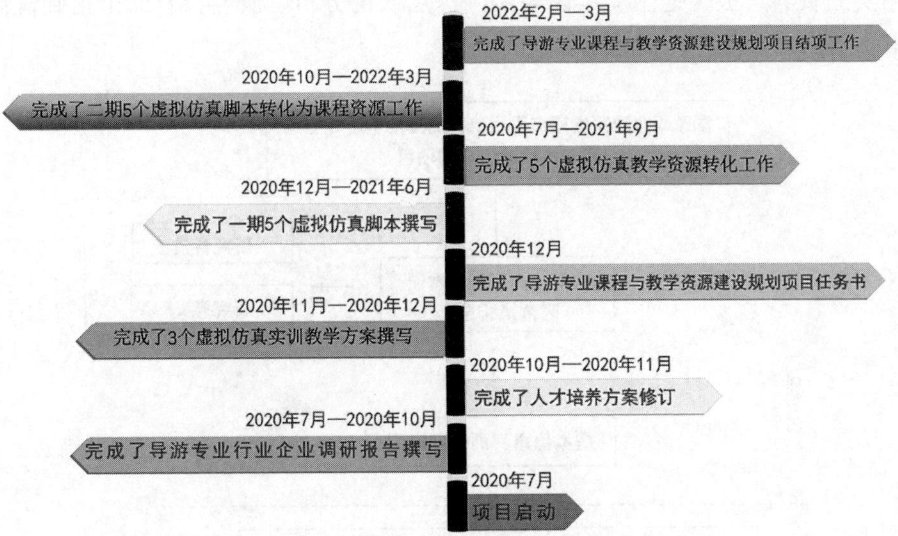

图1　导游专业课程与教学资源建设规划项目建设过程

2. 项目建设思路

以导游业务为例，首先要进行市场调研，找到实际工作中的典型任务、岗位，结合岗位需求和理论教学，设计虚拟模块和服务流程，规范操作和标准；其次，构建虚拟实训平台的内容，实现多功能，教学、考试、比赛、社会培训和服务等，“教、学、做+考评”一体化；最后，需要完成和改进平台的建设。配套虚拟仿真实训教学，需要对教学方法、手段和教学模式进行创新。VR虚拟仿真技术的使用倒逼教学方法、手段和教学模式进行创新改革，教学内容、教材的改革更新，教师队伍的网络信息化技术的提升等。虚拟仿真实训技术创新了教学模式，对教师、教法、教材改革也提出更高要求，需要对接真实岗位中典型的工作环节和任务展开，结合理论与实践原则、先进性和超前性原则，选择“三高三难”的环节进行虚拟实训，实现“岗课赛证”“教学做考”一体化，无缝隙对接实际工作岗位。

国家职业教育虚拟仿真示范实训基地导游专业课程与教学资源建设规划

项目中，使用了文献资料法、教育观察法、对比分析法、调查研究法、教育实验法五种研究方法。通过这些研究方法，获得了大量有效、真实、生动、翔实的资料，极大地帮助本课题展开深层次的分析、研究，有助于正确认识事物本质和规律，找到解决问题的方法。

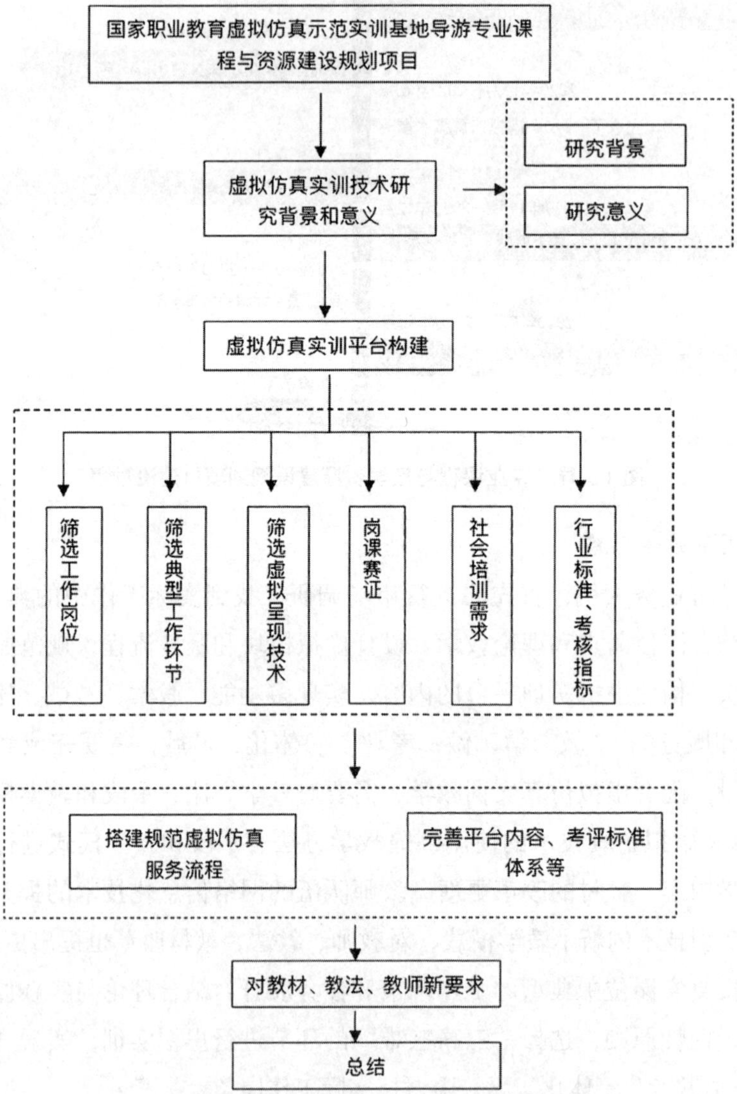

图 2　导游专业课程与教学资源建设规划项目建设思路

3. 相关做法

（1）项目建设过程中收集了各阶段成果材料。

基于最新的专业目录形成各专业的《行业企业调研报告》《专业人才培养方案》《专业实训教学方案》、基于最新的专业目录及行业标准形成本专业课程虚拟仿真资源脚本体系及虚拟仿真实训教学计划、虚拟仿真实训教学指导书以及虚拟仿真实训教学考核与评价方案、导游专业虚拟仿真实训功能区域规划设计及设备建议清单、导游专业虚拟仿真课程资源 / 软件试用报告、导游专业虚拟仿真课程资源清单、10 个虚拟仿真课程资源。

（2）不断优化与完善项目教学实践中的不足。

根据教师使用虚拟仿真教学资源情况不断改进与完善：方便学生了解每个阶段的虚拟实训教学环节，使用桌面菜单式呈现的方式，让学生明确实训环节和实训进度情况。

根据学生使用虚拟仿真教学资源情况不断改进与完善，及时收集学生实训的问题反馈，针对学生长时间使用 VR 头盔的情况，优化了实训方式，单机版 VR 沉浸式的体验，和多人协同可反复训练的电脑 PC 端 VR 实训教学资源。

（3）注重项目的阶段性总结及项目运用推广。

导游专业是教育部科技发展中心 9 个专业大类 26 个专业当中 7 个先试先行专业其中之一，是全国第一批采用虚拟仿真实训脚本开展实践教学的专业，带动促进了职业教育的创新发展。自 2021 年 9 月导游专业实训室在国家职业教育虚拟仿真示范实训基地落地，已完成两期累计 60 余名江西省高职院校导游专业学生的参训，经企业专家考核全部达到企业对人才的需求。导游实训室的建设和使用，得到上级领导的高度关注及认可，江西省乃至全国高职院校代表，多次到导游实训室考察交流虚拟仿真技术在教学上的运用，国内多家媒体竞相报道。

酒店管理与数字化运营专业“任务化、进阶式”实习管理模式创新与实践

青岛酒店管理职业技术学院酒店管理与数字化运营专业
教师教学创新团队

岗位实习一直是我国职业教育讨论的热点和教学的难点。不契合学生成长规律和职业发展规律的实习管理模式、不科学不规范的实习管理方案直接导致酒店管理专业学生对口就业率低、职业心态不好、职业发展后劲不足。为此，青岛酒店管理职业技术学院酒店管理学院酒店管理与数字化运营专业一直致力于探索岗位实习管理改革，经过多年的实践后，基本形成了“任务化、进阶式”的岗位实习管理模式，改革思路是根据学生心理成长规律，在关键的时间点，在合适的时间段，实施恰当的任务，科学引导学生职业兴趣，激发学生学习的动力，让学生认同、热爱酒店行业，不断提升学生综合职业能力，让学生在本行业留得下、用得上、发展得好。

一、做法与机制

（一）学校主导，建立实习基地遴选与考核机制

结合酒店行业发展特点与专业实际，青岛酒店管理职业技术学院酒店管理学院建立基地遴选机制，设置高星级酒店等10个“必选项”，完善报名、实地考察、书面报告和学校讨论决策的标准流程，切实把好“遴选关”。为了保证实习管理工作的健康有序进行和不断提升实习合作水平，青岛酒店管理职业技术学院酒店管理学院实施动态考核及淘汰制度，从专业、学生、教师和家长四个维度评价排名，实施末位淘汰，确保实习管理工作良性运转。

通过问卷调查与访谈，精准掌握学生岗位需求，学院甄选合作品牌与实习岗

位，酒店品牌囊括了奢华、高端与非标住宿业态，不仅有国际知名的丽思·卡尔顿、四季、文华东方、莱佛士、香格里拉、瑰丽等酒店品牌，还有七尚、海景花园、碧水湾与山东大厦等民族品牌。多元化的实习岗位供给为同学们提供了多样化的选择，实习分配时岗位计划按照实际需求的1.5倍投放计划，增加学生和企业的选择范围，大大提高了实习的匹配度与“校企生”的三方满意度。

（二）育人本质，建立“德技并修”的育人定位与理念

青岛酒店管理职业技术学院酒店管理学院始终把“德技并修”作为实习设计的目标定位与实施理念，在实习管理的实施过程中。

校企协同设计实习内容，不仅仅明确专业操作技能、人际能力、方法能力与社会能力的实习内容，同时，也注重培养学生对于酒店行业的热爱与职业精神，培养学生爱岗敬业与爱党爱国的情怀。

（三）任务驱动，创建契合学生职业能力发展的任务体系

青岛酒店管理职业技术学院酒店管理学院坚持“德技并修”的育人定位，根据岗位职业能力要求，对学生岗位实习期间的课程进行了系统设计。构建了“学思并举、知行合一”系统化任务体系，即一种机制（基于学分制的课程管理）、两种教学方法（网络教学和真实工作情境教学）、三大目标（德育目标、知识目标、能力目标）、四个模块（专业认知能力模块、专业基本能力模块、专业核心能力模块、专业发展能力模块），如图1所示。

阶段	培养目标	任务	网络学习课时	实境调研课时
适应期	提升专业认知能力	任务一、实习单位基本情况认知	4	8
		任务二、岗位实习岗位认知		
		任务三、部门环境认知		
		任务四、酒店产品认知		
波动期	培养专业基本能力	任务五、酒店专项活动设计	4	8
		任务六、与协作部门的沟通		
		任务七、服务质量管理		
		任务八、部门基础管理		
成熟期	培养专业核心能力	任务九、部门督导管理	4	8
		任务十、部门运营管理		
浮躁期	培养专业拓展能力	任务十一、节庆活动策划	4	8
		任务十二、岗位实习调研报告		
合计课时			16	32

图1　基于学生职业能力发展的专业课程任务

（四）精准研究，实施符合学生心理成长周期的“进阶式”指导

青岛酒店管理职业技术学院酒店管理学院根据实习生的心理状态变化规律，创新性提出实习生心理成长周期的四个阶段，即职业认知适应期、技能熟练波动期、心理稳定成熟期和情绪倦怠浮躁期，如图 2 所示。学校和酒店根据实习生所处的不同阶段，校企协同，有针对性地进行实习管理、专业指导和心理辅导，确保岗位实习管理的系统化、精细化和规范化。

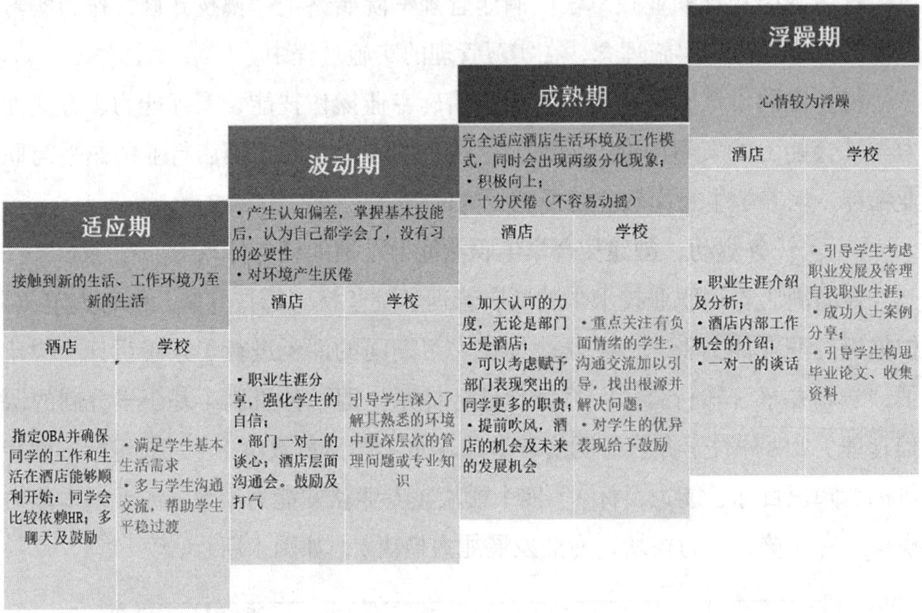

图 2　实习心理周期管理 SOP

（五）数字赋能，开发手机移动端的“智能化”实习管理平台

青岛酒店管理职业技术学院酒店管理学院与企业合作开发了具有实习任务智能提醒、实习数据智能分析、实习管理智能诊断、实习表现智能评价、实习总结智能报表的 3.0 版本的实习管理系统——微信小程序“悟空实习”。该工具充分契合岗位实习的管理特色，有力支撑岗位实习工作的顺利实施，提高管理效率，降低管理成本。目前青岛酒店管理职业技术学院酒店管理学院正在研发住宿业人力资源发展大数据系统。

二、成效与反响

累计有 9000 余名学生受益，实习离职率在 3%~4%，远低于全国 30% 左右的平均水平，毕业后对口就业率达 90% 以上，远高于全国平均 20% 的水平；学生毕业后职业态度好、成长速度快，毕业三年行业对口就业率稳定在 70%，80% 的学生毕业三年晋升到基层管理岗位，30% 的学生毕业五年晋升到中层管理岗位，展现出了良好的成长能力。

青岛酒店管理职业技术学院酒店管理学院岗位实习以学校为主导，立足学生成长需求，甄选与配置多元化酒店与岗位。在精准了解了学生的需求后，学校甄选合作品牌与实习岗位。每学期进行实习单位满意度评测，动态管理，末位淘汰机制，大大提高了实习的匹配度与“校企生”的三方满意度。

三、特色和应用推广价值

青岛酒店管理职业技术学院酒店管理学院开发的实习管理标准体系和实习管理模式，成为全国同类院校和企业实习管理工作的参考指南，被全国数十家院校和企业借鉴学习。青岛酒店管理职业技术学院获评 2020—2022 年度山东省产教融合示范单位（基地），酒店管理与数字化运营专业获评“山东省产教融合示范性品牌专业”。2021 年，《中国教育报》以《做精做实岗位实习　校企合作共育优质人才》为题专题报道了青岛酒店管理职业技术学院酒店管理学院实习管理经验，为全国职业院校的实习管理提供了工作范式。

人才培养篇

调研报告

《研学旅行市场发展现状与趋势对研学旅行人才培养的启示》调研报告

山东理工职业学院研学旅行管理与服务专业教师教学创新团队

一、前言

“研学旅行”作为推动旅游业供给侧结构性改革的一种“旅游+教育”新业态，同时也是学校教育与校外教育衔接的创新形式及综合育人的有效途径。2019年教育部在高等职业教育目录里增补研学旅行管理与服务专业，截至2022年上半年设立研学旅行管理与服务专业的高职院校达到87所。研学旅行管理与服务专业的增设将逐步使研学人才培养正规化、专业化、职业化，为研学行业输送大量具有良好职业道德和人文素养，掌握研学旅行相关政策法规和规范标准，熟悉中小学研学旅行相关教育政策、目标、大纲和方案要求的高素质人才。

2016年以来国务院各部委以及各级地方政府出台鼓励研学旅行开展和相关产业发展的政策文件，但是2020年以来受新冠疫情影响，人们跨区域流动受到限制，包括研学旅行和在内的文旅产业受到严重影响，也对该专业人才培养和面向行业企业就业提出严峻挑战。寻求解决影响研学旅行产业发展的困境，同时研学旅行管理与服务专业人才培养引领和顺应行业发展需要，成为一个值得研究的重要课题。

二、研学旅行人才培养目标必须适应国家政策导向需要

研学旅行人才培养理论离不开以校内教育和校外教育组成的素质教育体系，其中涉及综合实践活动课程、研学旅行实践课程和劳动教育课程是当前和今后校外教育的三大课程体系，三者都有独立的课程大纲或指导性大纲文件，形成校外教育的三大支柱。

（一）综合实践课程的提出

早在 2001 年 11 月教育部就发布了《义务教育课程设置实验方案》，文件里提出要注重学生经验，加强学科渗透，增设综合实践课程，内容主要包括信息技术教育、研究性学习、社区服务与社会实践以及劳动与技术教育等，使学生通过亲身实践，发展收集与处理信息的能力、综合运用知识解决问题的能力以及交流与合作的能力，增强社会责任感，并逐步形成创新精神与实践能力。2017 年教育部发布《中小学综合实践活动课程指导纲要》，提出综合实践活动是从学生的真实生活和发展需要出发，从生活情境中发现问题，转化为活动主题，通过探究、服务、制作、体验等方式，研发培养学生综合素质的跨学科实践性课程。考察探究是与社会服务、设计制作、职业体验并列的综合实践四大活动方式之一，并为研学旅行和劳动教育课程成为教育体系重要课程组成部分做好准备。

（二）研学旅行课程的产生

早在 2016 年，教育部等 11 个部委联合印发《关于推进中小学生研学旅行的意见》就明确指出："中小学生研学旅行是由教育部门和学校有计划地组织安排，通过集体旅行、集中食宿方式开展的研究性学习和旅行体验相结合的校外教育活动。"《中小学综合实践活动课程指导纲要》指出，在课程定位上，研学旅行在内的综合实践活动是国家义务教育和普通高中课程方案规定的必修课程，与学科课程并列设置，是基础教育课程体系的重要组成部分，自小学一年级至高中三年级全面实施。在相关政策的出台和影响下，各地把研学旅行摆在更加重要的位置，提出开发一批育人效果突出的研学旅行活动课程，建设一批具有良好示范带动作用的研学旅行基地。

（三）劳动教育课程的产生

2020 年 3 月国务院印发了《关于全面加强新时代大中小学劳动教育的意见》，在实施重点上，指出在系统的文化知识学习之外，有目的、有计划地组织学生参加日常生活劳动、生产劳动和服务性劳动，让学生动手实践、出力流汗，接受锻炼、磨炼意志，培养学生正确劳动价值观和良好劳动品质。并提出多渠道拓展实践场所，满足各级各类学校多样化劳动实践需求。充分利用现有综合实践基地、青少年校外活动场所、职业院校和普通高等学校劳动实践场所，建立健全开放共享机制。

严格来说，研学旅行和劳动教育都是综合实践活动课程的分支课程，研学旅行对应的是考察探究，劳动教育对应的是职业体验。这种关系并非完全的对应和被包容关系，正是因为研学旅行有更广阔的空间、劳动教育有更深刻的内涵，研学旅行和劳动教育才能成为独立的学科体系，地位更加凸显。同时国家教育主管部门都提出通过建设研学旅行示范基地和劳动基地为中小学生综合实践活动课程服务，这也就为研学旅行管理与服务专业人才就业和岗位需求提供广阔的市场空间，同时也为研学人才培养规格确定、课程设置、教学模式改革和人才培养模式创新提供了遵循。

三、我国研学旅行基地或营地企业类型

目前我国开展研学旅行业务的企业比较多，既有立足原有自然、文化资源优势旅游景区基础上增加研学旅行功能的企业，也有专门针对教育部主管综合实践和劳动教育为主成立的综合实践基地和营地。教育部“十三五”期间遴选了 621 个全国中小学生研学实践教育基地和营地，开发了 6397 门研学实践课程和 7351 条精品线路。各省教育主管部门和旅游行政管理部门开展省级中小学生研学旅行基地的命名和遴选。以山东省为例，山东省教育厅和山东省文化和旅游厅自 2017 年以来先后评选了四批省级中小学研学旅行基地 262 家，第一批共 65 家，第二批 46 家，第三批 77 家，第四批 74 家。结合对合作企业以及省内研学行业企事业单位的调研，下面按照研学功能和业务类型对研学旅行企事业单位进行分类。

（一）传统文化类研学基地

传统文化类研学基地重点立足于传承与发展中华优秀传统文化、民族文化、民俗文化为主的以A级旅游景区以及文化产业园区为表现形式的研学基地，主要可以开展包括国学文化、历史文化、非物质遗产文化、民族民俗文化等方面的研学。传统文化研学是乡情、国情教育的重要载体，主要充分挖掘本地有价值、有特色的传统文化，集中在语言、文学、历史、思想等领域，具有较强的地域属性。一般包括两种：一是由政府平台公司和国有企业主导的旅游景区，如曲阜孔庙、邹城孟庙、台儿庄古城等；二是以企业主导开发以传统文化体验为核心的旅游景区或文化产业园区，例如，曲阜尼山圣境、烟台八仙过海景区。

对于此类研学旅行企业来说，建设或成立时并不是以吸引中小学生研学为主，而是作为观光旅游景区为主，后增加研学旅行基地功能，有的景区专门成立研学部门与导游部分开管理，虽然受新冠疫情影响，但是基本能保证正常企业运营。

（二）自然资源类研学基地

以国家地质公园、森林公园、湿地公园、水利风景区、海滨公园等自然旅游资源为主要表现形式的旅游景区，比如以山岳、湖泊、河流、海洋、森林、溶洞、瀑布、生物景观为主的旅游景区，在绿色生态教育理念下，自然主题教育可以细分为生态科普主题、户外探险求生主题、野炊野营主题等，目的是让学生了解自然、热爱自然、保护自然。例如，临沂沂水萤火虫水洞开展蝴蝶、萤火虫等生态科普教育等。此类研学基地还拥有独具特色的传统文化旅游资源优势，因此和传统文化研学基地一样，拥有国有资本管理和民营投资建设，往往也有专业导游团队和研学团队。

（三）红色文化研学基地

通过革命根据地、战争纪念馆、英雄人物纪念馆等表现形式开展以爱国主义教育、革命历史教育为主的红色文化或者党性教育研学基地，在国家各级政府、各大中小学校重视开展革命历史教育，政策性比较强，受众群体广，市场也比较大。同时此类基地一般都是属于地方政府事业单位进行编制管理，拥有专业的讲解队伍，对于人员学历要求和素质要求比较高。比如，临沂孟良崮战役纪念馆、鲁南战役纪念馆等。

（四）农耕文化研学基地

以农业高科园、家庭农场、生态农业、茶园等为主要表现形式，展现农耕文明、现代农业发展、乡村振兴为主的“农业＋研学”耕文化研学基地，往往与劳动教育基地结合形成最主流的研学基地形式之一。针对当代很多中小学生“四体不勤五谷不分”实际情况，农耕实践与体验，能很好地帮助孩子们感受农业文化。目前参与研学的主体还是城市学生，从反差教育来说，农耕文化研学自然而然成为最主流的研学基地。各地都有大量的农耕教育实践基地、农耕文化园等，都属于农耕文化研学。比如，泰安肥子茶园研学基地、山东冠世榴园等研学基地，但是此类研学基地往往以采摘、农产品销售、农副产品生产加工为主要收入来源，其研学功能发挥更多依靠第三方研学旅行中介公司提供研学课程，其本身一般很少具有专业的研学部门和团队。

（五）工业文化研学基地

工业研学目的地包括工业博物馆、工业园区、工业城、高新技术园区、高新技术企业等。开发的过程中要融生产、观光、参与、体验为一体，充分开发观光之外的参与体验项目和课程，同时也有利于学生了解工业发展的国情。工业研学旅行可以让学生认识到我国当代产业发展现状、了解科学技术在生产实际中的应用，工业研学以制造企业、科技企业、食品加工业为主，也包括部分工业遗产的利用。山东省先后发布的四批中小学生研学基地，例如青岛啤酒博物馆、鲁泰纺织科技工业文化实践教育基地、海信科技探索中心等。此类研学基地多数为展示产品生产加工传统和先进工艺为主，一般作为企业宣传窗口，很难依靠研学活动收入作为主要收入来源，因此实际在研学课程开发和专业研学接待上投入人员和精力并不多。

（六）政府公共场馆研学基地

此类基地主要由各级政府部门投入公共服务设施，是城市建设配套设施的重要组成部分，其表现形式为由县、市、省、中央政府部门利用财政资金投资建设并由职能部委、厅、局分管的博物馆、文化馆、美术馆、艺术馆、科技馆、图书馆、体育馆之类的公共服务设施。之所以将以上场馆单独分为一类的主要原因从管理上往往属于政府所辖的公共服务设施机构，是城市建设公益服务设施的重要组成部分，其从业人员也是对照公务员或者事业单位编制管理。对于服务、管理人员学历要求标准起点比较高，在素质教育理念的发展以及国家文化战略的需求背景下，博物馆、科学馆等的研学越来越成为一种新型的文化传播方式，往往借助于大中城市发达的博物馆、科技馆设施，进行各种历史、人文、科技研学教育。尤其是国家政府投资的科技馆、天文馆之类主要是通过 VR、AR、3D/4D 等高科技手段进行静态展示或科技体验，达到实现科技和科普教育的目的，深受学校、学生和家长的青睐。比较有代表性的有省级中小学生研学基地山东科技馆、山东博物馆、临沂市博物馆等。因其公益性质没有经济效益指标考核的要求，研学只是其提供服务的一小部分，在体制机制上也存在其发挥研学旅行功能积极性不是太高的问题。当然中介类研学教育服务公司可以整合研学基地资源，充分发挥其教育功能，为中小学生提供研学旅行、综合实践活动课程服务。

（七）高等和科研院所研学基地

此类研学基地一般由高等本科院校、职业院校和科研院所机构组成，其主要职能有学历教育、科学研究、技能培训等教育科研功能，发挥其校园、实训场所、科研实验室等研学功能，让中小学生走入大学校园参观、与大学师生的交流，甚至还有相关科教、实训设备的体验。目的是让中小学生提前感受高等学府魅力、体验高等科教氛围。在我国十分重视高等教育的背景下，在新冠疫情出现之前，高等学府研学在中国尤其盛行，具有代表性的清华大学、北京大学往往作为北京市开展中小学生研学夏令营的热门选择景点。在后疫情时代，各高等学校和科研院校加大对外来人员控制力度，当前前往高校校园、科研院校开展跨地域研学受到极大的限制。虽然职业院校拥有优秀职业体验实训场所、校园文化环境，同时有的根据旅游类专业办学优势成立志愿者研学服务团队，对于没有疫情风险的地区来说，前往本地高等院校、职业院校开展研学难度也是比较大的。

（八）综合实践教育基地

此类研学基地特指由地方教育行政管理部门、共青团团委、妇联等依托地方财政投资或者原有闲置校区专门成立的面向当地中小学生提供涉及爱国教育、国防军事、科普创新、生命安全、职业体验、拓展训练等多个门类包括研学、综合实践、劳动教育等综合实践中心、基地或营地。2011—2014 年中央专项彩票公益金支持示范性综合实践基地项目经专家评审并经教育部和财政部批准共计 170 家示范性综合实践基地（2011 年 20 家、2012 年 60 家、2013 年 60 家、2014 年 30 家）。绝大部分基地已经建成并投入使用，开发了各类课程 1000 余项，接待参加综合实践活动的中小学生百余万人次，有效促进中小学生开阔眼界、磨炼意志、增长知识、增强团队合作精神以及个人全面发展，为培养中小学生社会责任感、创新精神和实践能力发挥了重要作用。

地方教育主管部门成立和管理的综合实践教育基地或者营地因其独有的办学优势、课程优势，有的教育主管部门规定所管辖的所属全体中小学校按照每个年级、每个班级、每个学期都要进行至少一次劳动教育、国防军事教育、研学旅行、职场体验之类的综合实践活动，客源没有任何问题，因其不开展对外研学接待服务，又对于基地从业人员管理要求高、课程开发与实施规范，所以相对风险可控，实施效果好。比如，威海市中小学生综合实践教育中心、兖州区中小学生综合实践活动基地等。

除以上八种类型的研学基地之外，还有像从事研学旅行课程设计、服务和实施的研学教学素质拓展第三方服务公司（基地或营地托管）、部分民营企业自行投资建设面向幼儿开展的成长湾、国防教育之类职业体验基地等不再一一分类列举。考虑到以研学业务为主的公司在新冠疫情影响下出现停业或倒闭状态，所以对于高职院校培养研学旅行管理与服务专业人才就业方向应重点选择传统文化类景区、自然资源类景区、红色文化类研学基地、综合实践教育或者营地等企事业单位，其他单位虽然具有研学实践、劳动教育等功能和价值，但是很难开展常态化的工作。通过对于以上类型研学基地的调研和现场走访，当前研学基地（营地）为研学旅行管理与服务专业人才培养提供广阔发展空间，同时也为研学旅行管理与服务专业教师与企业开展课程开发服务、技术咨询和职业技能培训的社会服务带来大量的机会。

四、研学旅行相关企业现状和存在的问题

（一）研学旅行产品策划上重游学轻研究，研学教育价值没有得到深度挖掘

研学旅行最初多以研学观光的形式进行学习体验，尤其是面向中小学生的以夏令营、冬令营为主，这个和旅游线路策划类似。中小学生毕竟课外时间有限，要尽可能在较短时间内，同时实现多重研学体验。比如，上午可能在某农场进行“农耕文化以及传统民俗文化研学”，下午可能在某革命纪念馆进行“红色文化研学”，晚上可能夜宿某自然营地进行“自然生存体验研学”。整个活动组织一般由旅行社或者专门接待夏令营的旅游公司安排，行程内容和天数比较多，对于中小学生走马观花式研学体验多，深度研学体验少，整个行程下来之后，活动内容和方式较传统单一，学生探究性学习能力和综合素质水平提升欠缺，研学教育价值对学生产生的效果并不强。

（二）研学旅行导师从业人员缺乏系统专业培训，研学课程开发能力不强，教学水平参差不齐，授课方式多以讲解介绍为主，互动性和体验性较少

当前研学旅行导师很多都是景区或者旅行社导游转型，还有部分属于当地的农民或者非遗传承人群从事研学实践工作，对于教育教学手段和方法掌握能力不够，研学课程开发能力不强，对于每个学龄段学生课堂教学内容和研学教育内容同步把握不准，出现一门研学课程内容面临不同学龄段学生，难免出现不匹配的问题。同时研学导师授课方式虽然转移到研学基地，到仍然以讲解介绍为准，互动能力不强，缺少对学生研学实践的指导能力，无法实现研学教育实践育人的目的。

（三）研学旅行课程重实施轻评价，强调参与性，缺乏指导教师的考核激励制度与课程实施过程的督查机制

研学旅行课程从实施上来说，对于每个学生体智能力确定存在差异性，其评价方法和手段缺少科学指导性的标准，教育成果和作用难以进行量化评价，尤其是实践育人产生的效果表现比较隐形，如爱国主义、团队合作精神

等。企业对于研学指导教师在实施教学过程中也没有明确的考核激励制度，就会出现学生对于不同的研学指导教师给研学效果评价不一致的问题。

（四）研学旅行应急安全管理保障体系不够健全，从业人员医疗和急救知识不足，安全防范意识不强，容易导致意外事故的发生

对于部分研学旅行基地管理安全管理制度不健全，部门和人员配置不完善，从业人员缺少专门的医疗知识且急救能力不足，缺少应急安全处理程序，遇到突发安全事件，容易处理不及时从而导致严重后果的发生，这对于参加研学旅行的学生、学校、家长和企业来说，都是致命的问题。

（五）研学旅行基地企业往往属于"景区空间依附型"，专门打造的研学营地和劳动教育基地相对数量少，重挂牌轻考核，存在管理隐患

当前虽然全国以及各地方教育、文化旅游行政主管部门公布的研学旅行示范基地数量不少，但是多数是在原有景区、场馆等核心功能基础上增加的研学旅行功能。虽然综合实践和劳动教育的价值现已慢慢突显，但受校内外劳动课程内容、师资水平、场地条件等多方面影响，开展效果不佳。经过调研发现，已公示为研学旅行基地的企业是否开展研学旅行活动，是否成立专门研学课程开发机构、是否有专业研学服务团队等方面缺乏实实在在的检查和落实，教育和文旅行政管理部门很难落实年审考核和动态管理，对于研学旅行基地挂牌多，考核少，有些研学旅行基地企业主体已经倒闭或者注销，但是对于该研学旅行基地认定是否取消没有进行公示。山东省教育厅、山东省发改委、山东省文化和旅游厅 2020 年 10 月发布《山东省省级中小学生研学基地管理办法》（鲁教基发〔2020〕3 号）文件，针对首批研学基地进行复评，通过 57 家。2022 年 3 月对首批和第二批共 104 家省级中小学生研学基地进行了年审。经审核，103 家基地年审合格、1 家主动放弃称号。

（六）研学旅行存在利益相关者博弈，疫情常态化状态下导致研学旅行遇到发展困境

面向中小学生开展的研学旅行活动存在政策性和公益性比较强的特点，在研学旅行中如果只有一方利益相关者积极参与就会产生"一头热"现象。"教育部门积极"表现在通过政策制定、宣传引导、定期监督等方式引导学校和承办单位合作。“承办单位积极”体现在“订单式”研学旅行方面，承办单位根据教育部门和学校要求以及学生需求，全程参与研学实践课程体系、制定研学旅行方案、聘请专业团队、策划宣传等。“学校积极”是指学校为了自身建设和学生的全面发展，主动与承办单位取得联系并动员家长，鼓励引导学生积极参加研学旅行活动。“学生积极”是指学生对研学旅行活动表现出极大的热情踊跃参与，甚至在空闲时间主动与承办单位取得联系报名研学旅行活动。但是在研学旅行中如果有一方利益相关者消极不作为，就会产生“搭便车”现象。“教育部门消极”是指在政策或资金上对研学旅行的忽视，没有推进研学旅行的发展。“承办单位消极”是指其在研学旅行活动中规避责任，收益与义务不成正比。“学校消极”主要表现为学校不进行筛选和考察，把权利全部交给承办机构，让学生采取完全自愿的态度并且不会把研学旅行中的表现列入学生的综合表现中去。“学生消极”主要表现为学生由于家庭条件或个人兴趣等原因不愿意参与研学旅行活动或者在参加研学旅行活动中表现出不配合等消极行为。“囚徒困境”是我们最不愿意见到的现象，即研学旅行活动中利益相关者各方均消极不作为。教育部门不积极推动学校与承办单位开展合作，学校与承办单位各自封闭，学生的诉求无法得到满足。各利益主体会不自觉地规避风险而使研学旅行活动的开展陷入恶性循环。尤其是在新冠疫情状态下，多数教育部门和学校不敢承担研学旅行带来的风险，导致研学旅行产业发展困境。

五、研学旅行行业和企业发展趋势

（一）从市场空间上来说，研学旅行发展前景空间总体广阔

我国的教育理念强调“知行合一”“读万卷书不如行万里路”，研学旅行使学生开阔视野、丰富知识，加深与自然和文化的亲近感，促进书本知识和生活经验的深度融合，增强对集体生活方式和社会公共道德的体验。随着研学旅行被纳入教学计划，研学旅行逐渐成为刚需，未来3~5年研学旅行的学校渗透率会迅速提升，单以我国K12教育体系来看，目前我国幼儿园至十二年级阶段人口达到2亿，其中游学、夏令营比例在5%左右，近1000万人。

对于我们国家国内研学旅行的学校渗透率仅为5%，远低于发达国家，预计未来5~10年内研学旅行的学校渗透率将迅速提升，总体市场规模将突破千亿元。整合村社、农场、场馆、企业等劳动场域，建立多元立体、丰富多彩的劳动教育实践空间，劳动教育市场规模空间更为广阔。

（二）从政府政策支持和扶持上看，教育和文旅政府部门明确资金扶持研学基地和劳动教育基地建设，有利研学旅行市场发展

研学旅行市场是一个政策催化的市场，研学旅行作为素质教育的重要方式之一，在提升中小学生的自理能力、创新精神、实践能力并加深与自然和文化的亲近感等方面发挥着越来越重要的作用，培养学生爱国主义、科学素养、集体意识、团队合作能力等素质教育能力和质量。国家教育主管部门又出台加强大中小学生劳动教育的系列文件精神，研学教育和劳动教育结合，致力于做到“研”与“行”并举，做到学生体力劳动与脑力劳动的高效融合，真正实现“以劳树德、以劳增智、以劳强体、以劳育美、以劳创新”，发挥实践育人的作用。研学实践教育是贯彻落实党中央国务院决策部署的重要举措，是教育部等11个部门共同推动落实的中小学生校外教育活动，是教育部和财政部利用中央专项彩票公益金联合组织实施的重点项目。加上国家文旅行政管理部门把研学旅行作为精品旅游发展方向之一，国家将进一步加大研学实践教育工作力度，在政策制定、经费保障、师资建设、标准研制、规范管理等方面加快相关工作。研学旅行相关的政策红利仍然在持续释放，但未来的政策应靶向性解决细颗粒度痛点问题。

（三）从企业类型和数量上说，研学旅行企业类型丰富，数量不断增长

我国的研学旅行企业从业主体多元化，既有各级政府事业单位、国有景区企业，也有民间资本投资的各种研学基地企业，从企业类型上，既有专业研学机构、营地基地机构和旅行社专线板块，也有亲子教育机构、留学中介机构、语言培训机构从事研学相关业务工作。根据《中国研学旅行发展白皮书2019》数据显示，据不完全统计，2019年主要参与研学旅行业务的企业有7300多家。截至2020年8月末，全国中小学生研学实践教育基地超过1600个，全国中小学生研学实践教育营地有177个。各类市场化运营的基地和营地数量也在快速增长，疫情期间仍然有很多基（营）地的建设仍然在推进。加上 2021 年和 2022 年新增的从国家各级教育和文旅行政主管部门公布的研学基地的名单上，全国各级研学基地（营地）和劳动教育基地数量会超过 1 万家。

（四）从研学产品供给上看，研学课程是研学企业市场竞争的重要因素

课程化是研学旅行产品区别于其他细分旅游市场和产品的关键特征，是目前行业内公认的方向，是全行业关注的焦点，也是企业间的竞争门槛所在。研学旅行课程实质上不单指具体的课程内容与设计，而是贯穿了理念设计、课程设计、行前引导、行中执行、行后评价，从方案到执行，从设计到落地，从参与到评价的完整链条。正是在这个意义上看，课程是可以被模仿的，但是贯穿于全链条的研发、服务和执行能力是企业能够建立起的真正核心竞争力。

（五）从研学人才供给上看，研学旅行专业人才匮乏成为制约研学行业瓶颈

研学人才是制约行业发展的另一个瓶颈因素，不仅是业内最为短缺的研学指导师，而是从研学旅行的理念构想、项目运营、产品设计、课程研发、营销推广、基（营）地运营管理等多个环节的专业人才的匮乏。从行业的创新实践来看，研学旅行管理与服务专业高职院校第一批毕业生将于 2023 年毕业，全国行业协会和企业积极参与研学指导师批量培训及输出，尤其是研学旅行相关的职业资格证书和“1+X”证书已经成为企业正在尝试的一项业务，这一模式正在向前发展。跨行业共享员工以解决研学旅行旺季人力资源不足问题的新型实践也都在涌现和探索中。

（六）从研学产业生态上看，研学行业内部存在品牌不强，竞争加剧的现象

基（营）地是承载研学旅行活动的重要空间，近年来也受到了资本的青睐。从全国范围来看，还未见品牌优势明显的基（营）地及相关管理机构，课程化和管理水平参差不齐，但整体来看正在加速成长。大型营地与基地之间已形成以营地为中心，链接多家基地的生态网络，因此具有一定规模以上的住宿承载能力的营地的分布将会影响全国研学旅行的流向与动线。未来有竞争力的营地对于城市间和区域间对客源竞争的重要性，或许将如同欧洲各国的主要机场对于欧洲国家争夺首站入境欧洲的游客一样重要。此外，学校（需求端）与基（营）地的直连是正在发生并可能被强化的趋势，届时纯中间服务商的价值立足点将会面临再次考验，而目前能否实现直连会受到本地政策、营地前置运营能力、课程建设与执行能力等多种因素的影响。

（七）从数字化发展上看，信息化与数字化建设是研学行业、企业业务管理重点方向

数字化是全行业不可逆转的发展趋势，无论是行政主体还是市场主体都在加快数字化方面的建设。对于C端而言，更多的数字化工具与技术被用于增强产品和服务的体验，广泛存在于研学旅行的行前、行中和行后的各个环节。对于企业内部而言，如何实现业务流程的数字化管理、课程的数字化开发与呈现、模块化设计与组合都存在各种各样的尝试。对于行政主管部门而言，如何加强本地的信息化与数字化建设，如何建立数字监管与公共服务体系，如何将研学旅行的管理纳入智慧旅游管理的系统都是各地广泛关注的问题。目前来看，全国性的研学旅行平台还未建立，区域化的实践教育平台逐步涌现，以整合资源与需求为目标的平台化搭建也是很多头部企业想要尝试的构想。

（八）从运营保障体系上看，安全因素是影响研学旅行发展的关键因素

安全是限制市场需求充分释放的重要因素之一，包括人身安全、疫情防控安全、突发事件处理等在内的因素是学校、家长和研学旅行服务商的共同担忧所在，也是各方需要共同解决的重要议题。只有形成“政府—企业—学校—学生—家长”多主体共建的安全保障意识和规范，只有构建起“法规条例—标准体系—保险/预案/救援”等跨层级共治的安全保障制度与实施体系，才能为研学旅行筑起坚固的安全防线。旅游从业企业在多年发展中积淀的旅行服务管理经验与规范化流程，也已成为确保研学旅行活动安全的重要支撑与保障。

六、研学旅行行业企业现状与趋势对研学旅行人才培养的启示

通过调研分析，高职院校研学旅行管理与服务专业人才培养应做到以下几点：

（一）深刻把握研学旅行的内涵和本质

研学旅行管理与服务专业从人才培养目标确定和课程体系设计上重点把握研学的本质是教育，旅行是形式，研学不应只是旅行，还有劳动教育等综合实践活动。在人才培养目标定位上突出研学旅游管理与服务专业教育属性，专业课程体系设计上包括教育学、教育心理学、课程开发理论、安全急救知识的学习，其核心能力课程应该包括研学旅行课程开发、研学课程实施和评价、研学安全管理、劳动教育开发和实施等。

（二）准确定位就业范围和发展层级

研学旅行管理与服务专业学生未来实习就业时可以选择哪些类型企业，岗位选择上明确出哪些为初级岗位，哪些为发展岗位，发展定位上要清晰。比如刚就业就直接从事研学导师要求还是比较高，往往最优秀的经过实习历练上手比较快，而对于条件一般的同学可以从事安全管理、纪律维持等辅助性岗位工作，避免学生在工作中出现“眼高手低”现象。

（三）深化产教融合、校企合作育人

研学旅行管理与服务专业学生在选择企业合作上，一定要选择规模大、管理规范、研学课程开发经验丰富、获取客户资源能力强的企事业单位作为产教融合、校企深度合作对象。在这个方面往往以教育行政部门主管的综合实践教育中心或者国有大型企业下设的景区研学机构为最具有优势，其与拥有雄厚资金实力和研学基地数量的民营旅游集团企业优先开展校企合作，共建实习就业实训基地。

（四）打造校园研学基地

高职院校重视校园文化环境和实训条件建设，应将优秀的校内办学环境和实训条件资源转化为可以提供社会化服务的研学基地，依托校内生产性实

训基地接待外来参观的游客或者中小学生进行研学体验，成立研学旅行管理服务公司，既可以开展校内真实性生产性实训，也可以通过研学服务学生社团或者志愿者协会服务实现课内和课外两个课堂的协同，达到提升学生动手能力的目的。

（五）积极开展“课证融通”

对于学习研学旅行管理与服务专业学生来说，研学旅行相关职业资格证书考取和培训工作在未来从业工作中非常必要，企业在招聘人员时往往判断学生动手能力和技能水平要看是否通过相关职业资格证书获得从业资格或者职业技能等级的认定；在人才培养方案设计时也可以要求学生考取国家教师资格证书、导游资格证书以及教育部研学相关的“1+X”证书。目前教育部“1+X”证书与研学旅行相关的证书有“研学旅行策划与管理（EEPM）”“研学旅行课程设计与实施（DIEE）”“青少年劳动教育项目开发与实施”等相关职业技能等级证书，具体哪一种要根据工作发展需要或者专业培养定位来确定。

（六）校企共建双师型教学团队

研学旅行管理与服务专业是针对“旅游＋教育”文旅产业发展的新趋势应运而生的新专业，无论从专业课程体系还是教材编写来看都是新的领域。专业教师来源无非来自一部分教育学相关专业的老师加上旅游管理专业领域的相关老师，而在两个紧密结合研学领域并具有实践工作经验的老师并不多。通过走访调研发现，对于研学基地来说，也存在研学导师团队研学课程开发能力不足、教育教学理论不强、新媒体市场营销能力偏弱等问题。高职院校应鼓励专业教师到研学基地进行挂职锻炼，积极为研学基地企业提供研学课程开发、管理咨询、职业技能培训等社会服务，同时聘请文化专家、能工巧匠、非遗传承人到学校指导学生学习中华优秀传统文化、民俗手工以及非遗技艺技能。通过校企合作共建教师团队，共同参与开发研学课程、共同参与人才培养、共同参与研学人才培养质量评价，既锻炼教师实践动手能力，又提升了研学基地服务质量和管理水平，实现校企合作的双赢。

（七）注重学习的迁移能力

从更广泛的市场层面讲，研学有更广泛、更深层的市场消费需求。研学不仅仅是学生的“专利”，构建学习型社会，各个阶层、各类人群、各类人员都可以研学。如企业、教师研学活动、机关公务员、党员干部红色文化研学等。所以，学习研学旅行管理与服务专业的学生从业时面对的服务对象不局限于学生群体，也会包括成人职业群体，如何面对成人群体开展研学服务也是人才培养中重点考虑的方向和问题。

（八）鼓励学生在研学、劳动教育领域开展创新创业

城市生活的中小学生在开展研学实践、劳动教育等综合实践活动时往往会选择到乡村、农业观光产业园区等地方进行，研学教育、劳动教育面向全体中小学生开展，市场发展空间广阔。专业教师应指导学生开展研学、劳动教育领域创新创业，一方面解决大学生就业问题，另一方面可以带动农村增加农民收入，为推动实现国家乡村振兴战略赋能。通过 3~5 年全国大学生“互联网 +”“挑战杯”创新创业比赛中获奖作品可见，研学教育、劳动教育领域创业获奖数量不少。

中国旅游景区行业人才需求与预测

浙江旅游职业学院智慧景区开发与管理专业教师教学创新团队

一、旅游景区人才需求背景

2021 年，受局地多点散发疫情影响，全年旅游经济复苏进程在下半年出现明显波动，必要出行之外的旅游消费意愿和企业家信心同步收缩，全年旅游经济处于“弱景气”区间，企业纾困解难压力进一步加大。2022 年，疫情仍将是影响旅游复苏最大的不确定因素，宏观经济的需求收缩、供给冲击、预期转弱在旅游领域都会有更明显的体现，但是复苏向上的进程不会停止，创新发展的势头不会减弱，优质文化产品和旅游服务供给力度将会进一步加大[1]。

旅游企业的产品创新是推进旅游服务质量提升的核心动力，本地化、近程化出游趋势下，旅游企业立足需求向内挖掘，春秋的“城市微旅游、建筑可阅读”、携程的星球号和乡村建设、中旅旅行房车剧本杀、南京旅游集团的“长江传奇”、马蜂窝的“周末请上车”、同程旅行的“嗨玩 48 小时”等创新产品有效激发了市场活力。安全、品质诉求下，旅行服务业以定制化、主题化内容提升游客体验。旅行服务商依托酒店、用车、购物、服务人员等硬件配置和服务升级保障游客安心出游，依托私家小团组织、旅游定制设计、精细化特色化等高端定制满足游客多样化需求。专项调查显示，2021 年团队游客未来重游的可能性、再次选择旅行社的可能性、推荐亲友旅游的可能性同比上涨 9.4%、0.3% 和 1.1%[2]。

二、景区行业人才智能化数字化转型

2022 年 1 月 20 日发布的《“十四五”旅游业发展规划》指出：打造一批

智慧旅游城市、旅游景区、度假区、旅游街区，培育一批智慧旅游创新企业和重点项目，开发数字化体验产品，发展沉浸式互动体验、虚拟展示、智慧导览等新型旅游服务，推进以“互联网+”为代表的旅游场景化建设。提升旅游景区、度假区等各类旅游重点区域5G网络覆盖水平。推动停车场、旅游集散中心、旅游咨询中心、游客服务中心、旅游专用道路、旅游厕所及旅游景区、度假区内部引导标识系统等数字化、智能化改造升级。通过互联网有效整合线上线下资源，促进旅行社等旅游企业转型升级，鼓励旅游景区、度假区、旅游饭店、主题公园、民宿等与互联网服务平台合作建设网上旗舰店。鼓励依法依规利用大数据等手段，提高旅游营销传播的针对性和有效性。加快推动大数据、云计算、物联网、区块链及5G、北斗系统、虚拟现实、增强现实等新技术在旅游领域的应用普及，以科技创新提升旅游业发展水平。大力提升旅游服务相关技术，增强旅游产品的体验性和互动性，提高旅游服务的便利度和安全性。鼓励开发面向游客的具备智能推荐、智能决策、智能支付等综合功能的旅游平台和系统工具。推进全息展示、可穿戴设备、服务机器人、智能终端、无人机等技术的综合集成应用。推动智能旅游公共服务、旅游市场治理“智慧大脑”、交互式沉浸式旅游演艺等技术研发与应用示范。

积极发展旅游资源保护与开发技术，重点推进旅游资源普查、旅游资源安全防护、文物和文化资源数字化展示、创意产品开发、游客承载量评估、旅游信用评估、智能规划设计与仿真模拟、旅游安全风险防范等技术研发和应用示范。推进物联网感知设施建设，加强对重要旅游资源、重点设施设备的实时监测与管理，推动无人化、非接触式基础设施应用。

促进旅游装备技术提升，重点推进夜间旅游装备、旅居车及营地、可移动旅居设备、游乐游艺设施设备、冰雪装备、邮轮游艇、低空旅游装备、智能旅游装备、旅游景区客运索道等自主创新及高端制造。推动事关旅游业发展的重大现实问题、热点问题和难点问题研究，加强基础理论研究，加快构建以人民为中心的新时代旅游业发展理论体系。研究出台关于加强旅游科研工作的政策文件，推动旅游科研院所创新发展，培育和认定一批旅游行业智库建设试点单位，用好中国旅游科学年会等研究成果交流平台。优化旅游相关专业设置，推动专业升级，完善旅游管理类专业教学质量标准，大力发展旅游管理硕士专业学位研究生教育，加强旅游管理学科建设。促进旅游职业教育高质量发展，健全继续教育机制。推动数字化课程资源建设共享。健全适合红色旅游、乡村旅游等发展特征和需要的从业人员培训机制，加大旅游业领军人才、急需紧缺人才和新技术、新业态人才培养力度，打造一支与旅游业发展相适应的高素质人才队伍。整合政府部门、企业、院校、行业组织等资源，完善旅游人才培养、引进、使用体系[3]。

从 2020 年下半年开始，旅游业又以新的姿态迎来崭新发展机遇：线上直播为旅游企业拓展了新的营收渠道；国内游的兴起带动了国内度假产品的新一轮发展热潮；消费者对旅游品质要求进一步提升，旅游产品不断转型，文旅融合特征更为显著；无接触服务和人力资源成本压力迫使企业重新进行人力资源规划；等等。这些发展特点提升了对旅游人才的信息技术应用能力、复合型专业能力、创新能力等方面的要求。

三、旅游景区行业人才素质模型可视化云图

世界旅游及旅行业理事会（WTTC）发布消息称，2022 年，全球旅游业会从新冠疫情的影响中逐渐复苏，全球超过 1 亿的旅游业就业岗位有望得以恢复。

WTTC 称，诸多大型旅游公司的报告显示，旅游市场的远期预订量显著上升。旅游领域的复苏将给数百万人的就业带来了更多的希望。WTTC 曾乐观预测显示，2021 年，全球将有 1.11 亿个就业岗位可能会恢复，保守估算也会有 8400 万个就业岗位回归。在疫情最严重的时候，WTTC 曾警告称，旅游业有 1.74 亿个工作岗位面临风险[4]。

在调研的四万个岗位数据中，沟通能力、工作经验、运营管理、旅游市场营销、游客服务意识、团队合作、协调能力、游客用户分析、旅游项目策划、学习能力、业务决策、旅游理论知识、旅游市场开拓是出现频次较高的词云图（见图 1）。

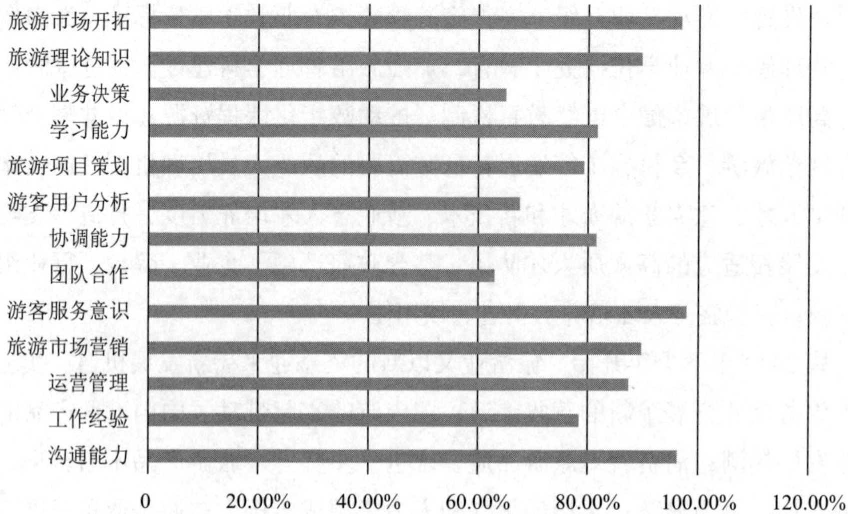

图 1　旅游景区行业人才素质模型可视化云图

综合企业对人才需求基本的定位与要求，我们绘制旅游景区行业人才素质模型的可视化云图如图 2 所示：

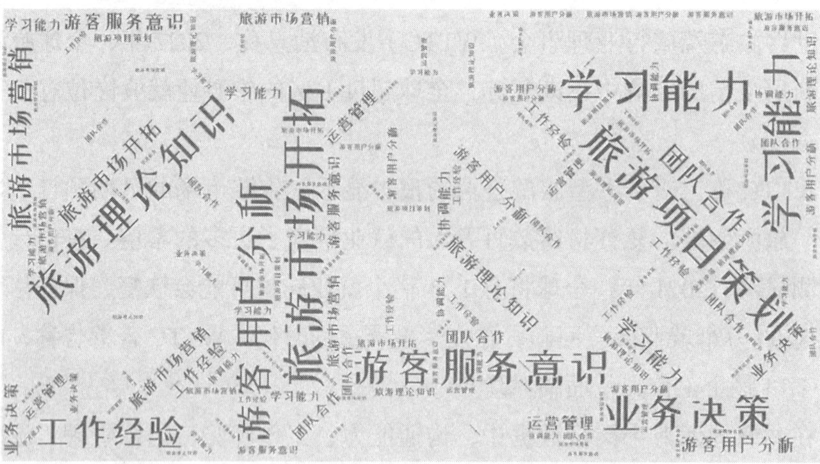

图 2　旅游景区行业人才素质词云图

通过对岗位职责进行社会网络文本分析，可以看出。第一层是核心层，由工作经验、管理、运营、市场销售等词汇构成，主要与旅游景区行业的细分业务板块紧密相关，这些要素共同作用构成了旅游景区人才岗位需求的核心要求。第二层为次核心层，是对核心层感知的进一步拓展，主要由能力、组织、表达、协调能力等要素组成，主要是关于旅游景区行业人才的素质能力。第三层是过渡层，主要包括计划、方案、合作、协助等词，体现了旅游景区行业岗位要求的综合性特征。第四层是边缘层，主要包括资源、执行、培训等词（见图 3）。

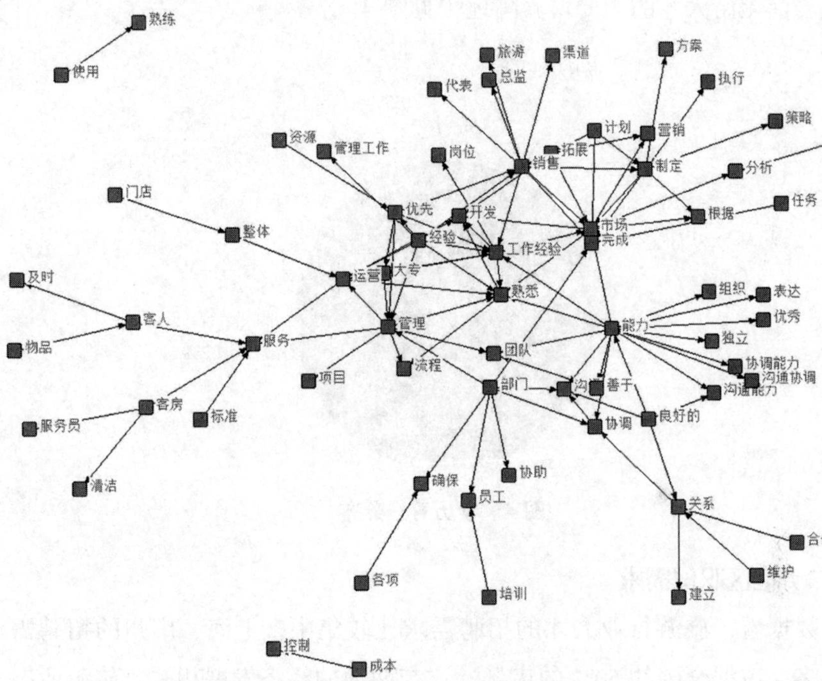

图 3　语义网络图

四、数据来源

主流招聘平台数据抓取：对 51job、智联招聘等两个主流招聘平台 2021 年 1 月至 12 月期间的员工招聘数据进行挖掘，共抓取 4.885 万条旅游人才招聘数据，其中景区员工招聘数据 1.091 万条，旅行社员工招聘数据 1.801 万条，文创员工招聘 0.987 万条，在线旅游企业员工招聘 1.006 万条。

五、当前旅游景区行业人才分析

（一）学历背景分布

旅游行业人才市场中，大专学历人才为 62%，本科学历为 16%，高中学历为 10%，中技 / 中专学历为 9%，初中及以下行业为 2.5%，硕士学历为 0.5%。大专学历占据主导人数，可见大专学历是旅游行业的主流需求，高职院校是当前旅游人才的主要培养阵地（见图 4）。

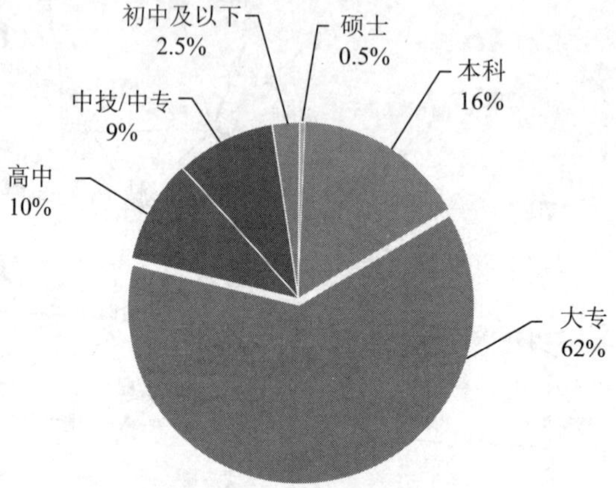

图 4　学历背景分布

（二）地区职位需求

从数据看，旅游行业人才的招聘需求比较集中，上海、广州的招聘需求数量最多，占据全国约 50% 的市场，这与两地的经济发展相关，旅游业态丰富，江苏和深圳属于第二梯度，各占旅游市场的 10% 左右，其次是浙江、湖北、四川等地。可以看出，北京所占比重不高，旅游人才向上海、广州等地转移（见图 5）。

随着大数据的加速发展，旅游行业的招聘需求将呈现增长的趋势，我们预测未来市场的招聘需求仍会较大增长。

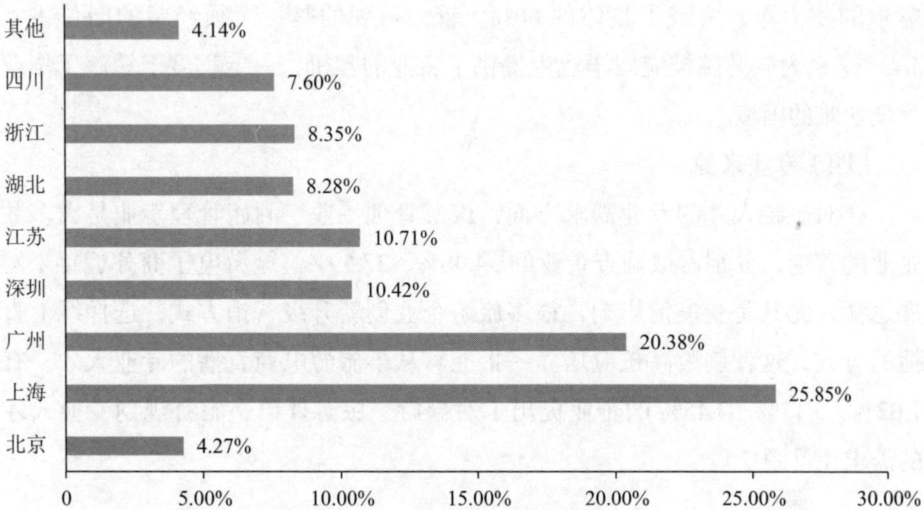

图 5　地区职位需求

（三）经验要求

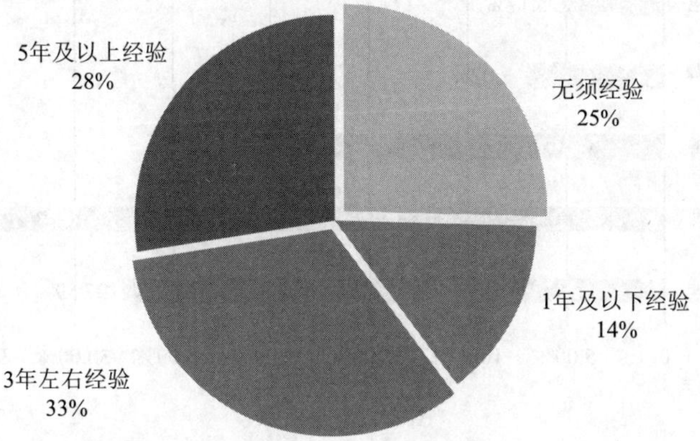

图 6　经验要求

从工作经验要求来看，旅游企业对旅游人才的经验要求 3 年左右经验的占大多数，为 33%。其次是 5 年及以上经验，占到 28%。无经验要求的占 25%，1 年及以下经验要求的占 14%（见图 6）。

从整体上来看，旅游行业人才在市场上的需求以 3 年以上为主，是市场需求的主力军，突破了整体的60%。较为可观的是，无须经验的岗位占到1/4，这也为旅游院校应届毕业生提供了就业的契机，一定程度上缓解了毕业生就业难的困境。

（四）专业来源

在对旅游人才的专业需求方面，旅游管理专业、酒店管理专业是大多数企业的首选，分别占被调查企业的34.48%、27.59%。旅游电子商务近年来发展迅猛，尤其是受疫情影响，很多旅游企业创新升级营销方式，选择线上直播的方式，这就刺激高校应培养一批能够从事旅游电商直播的专业人才。有7.02%、5.17%、3.45%的企业提出了对导游、旅游外语、旅游规划专业人才的需求（见图7）。

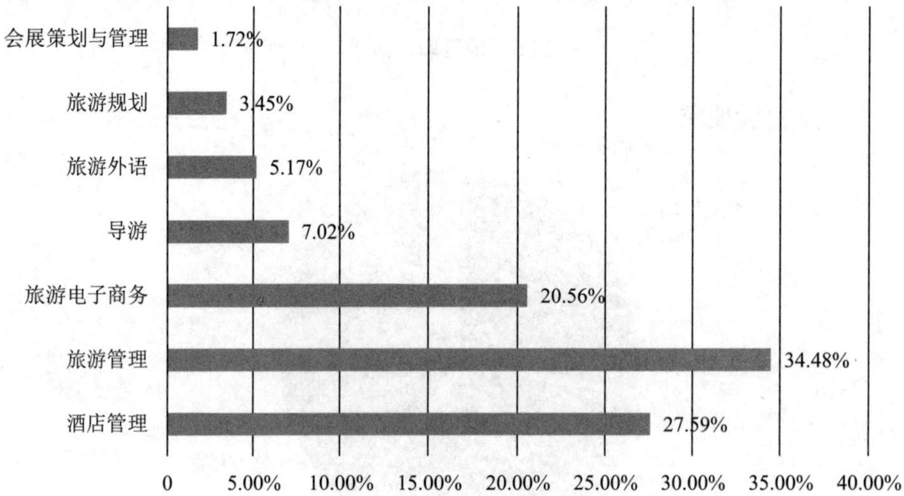

图7　专业来源

（五）薪资水平

旅游企业的平均工资水平在4000~6000元的占比最高，为30%，其次是4000元以下，为21%，这两大薪资区间占比突破整个行业的1/2，可以看出旅游企业员工工资水平普遍较低。提供6001~8000元、8001~10000元、10001~14000元的企业相差不大，依次为14%、13%、12%。14000元以上的岗位占了10%，多为民宿管家、旅行策划师等技术含量较高的岗位（见图8）。

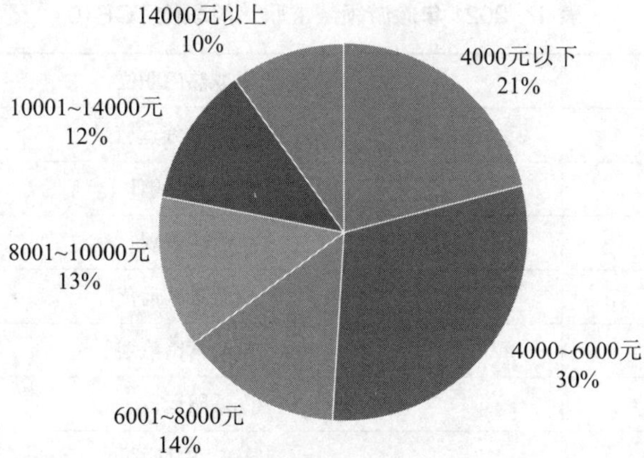

图8　薪资水平

（六）企业性质

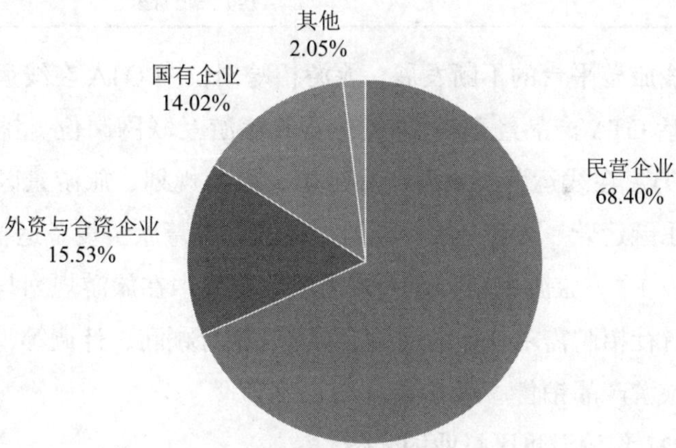

图9　企业性质

从招聘企业的性质看，旅游行业招聘需求量最大的是民营企业，民营企业占比68.40%，其次是外资和合资企业、国有企业，占比15.53%、14.02%（见图9）。民营企业范围广泛，包括民营上市企业与未上市企业，其中上市企业为12.26%。在外资与合资企业中，欧美合资达到2.45%，非欧美合资为3.84%。

（七）2021 年旅游领域求职热门职位 TOP10

表 1　2021 年旅游领域求职热门职位 TOP10

序号	求职热门职位
1	OTA 在线运营
2	旅游产品销售
3	旅游规划
4	旅游景区运营
5	旅游营销策划
6	乐园运营
7	导游 / 旅行顾问
8	计调
9	智慧旅游设备运营
10	客房 / 民宿管家

随着在线旅游平台的不断发展，旅游招聘岗位中 OTA 在线运营是最热门的岗位，包括 OTA 产品经理和 OTA 运营等旅游互联网岗位。排名前十的岗位依次是：OTA 在线运营、旅游产品销售、旅游规划、旅游景区运营、旅游营销策划、乐园运营、导游 / 旅行顾问、计调、智慧旅游设备运营、客房 / 民宿管家（见表 1）。旅游规划行业人才需求主要集中在旅游规划与旅游营销策划岗位；旅行社招聘需求旺盛的岗位有导游 / 旅行顾问、计调等，景区需求旺盛的岗位有旅游产品销售、票务等。

（八）2021 年旅游景区行业词云图

通过对 2021 年旅游景区行业新闻进行分词与词频分析，可以看出 2021 年旅游景区行业高频词汇有：旅游、景区、文化、游客、市场、发展、创新、冰雪旅游、红色旅游、休闲、科技、时代、生活、乡村、消费、引领、主题公园、动能、出游、高质量。其中排名前 10 的热点词汇就是：旅游、景区、文化、游客、市场、发展、创新、冰雪旅游、红色旅游、休闲（见图 10）。随着旅游高质量发展的推进，旅游景区业态主要是热点领域集中在冰雪旅游、红色旅游、乡村休闲、主题公园等领域，这为冰雪旅游景区人才、红色旅游景区人才、乡村休闲人才、主题公园景区人才的培养指明了方向，也为新景区业态人才需求提供了相应的行业基础与实践培养平台。

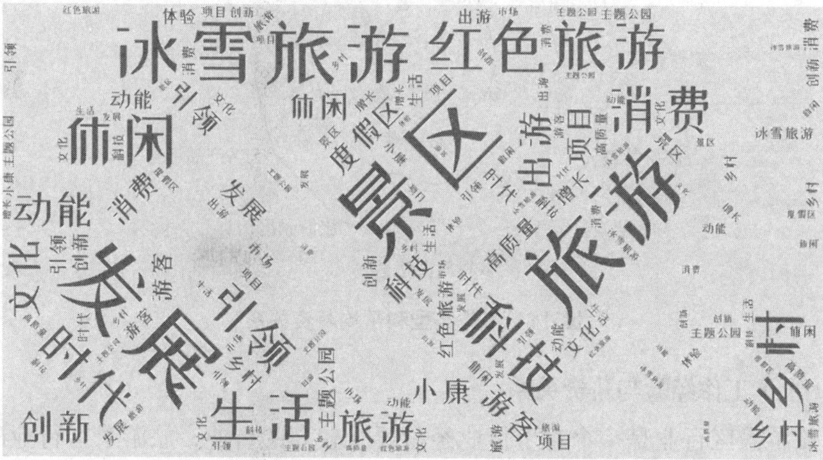

图 10　2021 年旅游景区行业词云图

（九）工作类型和平均薪资关系

根据对薪资与工作类型的整理与计算，OTA 产品经理平均薪资最高，达到 14500 元；其次是智慧旅游运营，平均薪资为 11200 元；OTA 产品运营平均薪资为 10550 元；随着旅游景区和乡村旅游景区的建设与创建，市场对旅游景区培训、景区运营与管理的需求增加，景区培训师平均薪资为 7200 元；景区运营职业经理人平均薪资为 7000 元；乡村旅游运营职业经理人平均薪资为 6600 元；旅行社群运营平均薪资为 6500 元；旅游规划平均薪资为 6300 元；民宿管家平均薪资为 6100 元；旅游营销平均薪资为 5500 元；旅游计调平均薪资为 5200 元；旅游客服平均薪资为 5000 元（见图 11）。综上，工作类型对于平均薪资额影响较大，旅游互联网、智慧旅游、旅游景区职业经理人相关工作薪资相对较高。

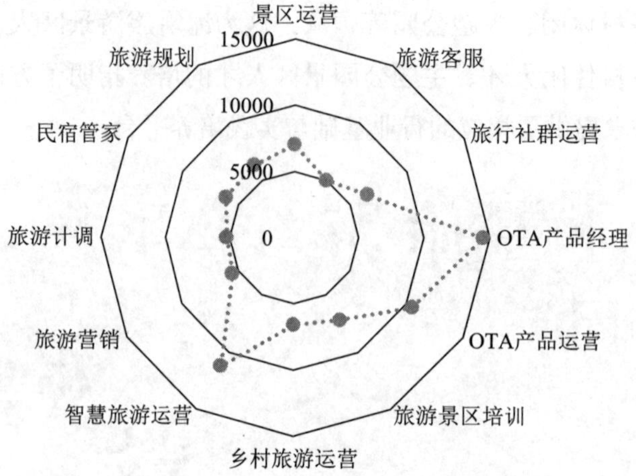

图 11　工作类型和平均薪资关系

（十）工作经验与薪资关系

旅游景区行业是一个对于行业经验要求较高的行业，旅游景区行业的薪资水平随着行业经验与工作年限进行递增，具体情况如下：岗位 1 年以下工作经验，行业月基本薪资 4300 元；1~2 年工作经验，月基本薪资 5650 元；3~4 年工作经验，月基本薪资为 7380 元；5~6 年工作经验，月基本薪资为 10600 元；6~7 年工作经验，月基本薪资为 16200 元；8~10 年工作经验，月基本薪资为 20000 元（见图 12）。

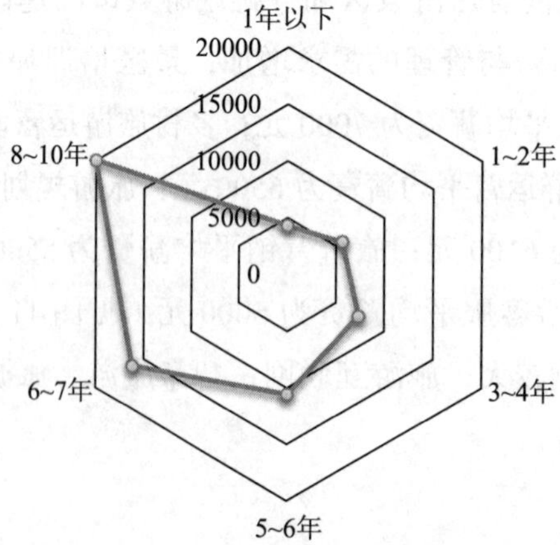

图 12　工作经验与薪资关系

（十一）学历背景和薪资关系

根据大数据分析，高中学历平均薪资水平是4000元；大专学历在5400元；本科学历在6620元；硕士在8642元；博士在10653元（见图13）；当前旅游景区企业招聘对学历背景有硬性指标，旅游景区行业人才市场中，大专学历人才为62%，本科学历为16%，大专学历占据主导人数，可见大专学历是旅游行业的主流需求，高职院校是当前旅游人才的主要培养阵地。旅游景区行业岗位的薪资浮动与增长水平与学历背景有关，同时与专业技能证书具有较强的相关性，从大数据分析看，具有导游证等专业证书的人员薪资较无证书人员高1000元左右，旅游景区企业在招聘过程中也在不断强调其对于相关专业证书的要求，或者与专业证书相匹配的核心技能。

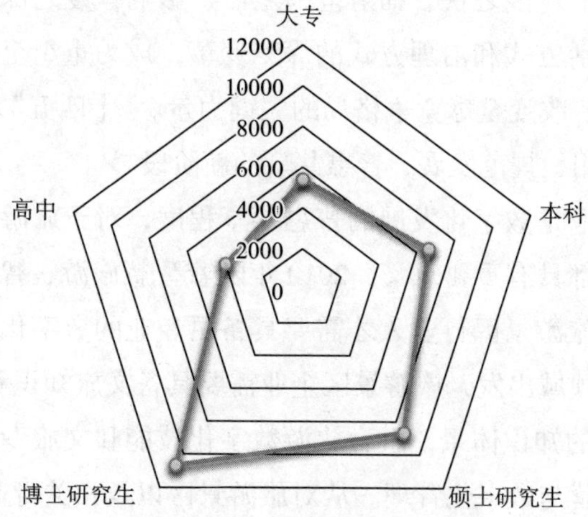

图13　学历背景和薪资关系

六、旅游景区行业人才需求现状

（一）行业需求

随着旅游景区高质量发展与创新优化发展战略的实施，旅游景区行业对于未来人才的需求也在发生着变化，通过大数据分析，旅游企业人才需求的特征主要有：首先旅游景区行业对于综合管理类的人才需求较大，乡村旅游、智慧旅游企业、传统景区行业对于中高层职业经理人的需求缺口较大，这主要是由于旅游者对于景区服务质量要求在不断提高且旅游景区自身高质量发展标准也在提高；其次旅游景区行业对于高学历的旅游专业人才需求与具有行业经验的人才需求也在不断提升，这主要体现在旅游规划行业、国际酒店、国际游乐园、旅游培训等领域；值得注意的是，随着旅游景区高质量发展和《“十四五”旅游业发展规划》的发布，旅游景区行业人才的创新能力成为旅游景区行业发展的重要发展能力，如景区宣传板块对于景区运营者新媒体运用与创新能力的要求，以及在文化与旅游融合背景下，掌握并能熟练运用文化与旅游知识的旅游景区人才是未来文旅行业高质量发展的核心储备人才。

（二）数字化人才培养与发展

数字经济发展速度之快、辐射范围之广、影响程度之深前所未有，正推动生产方式、生活方式和治理方式的深刻变革，成为重组全球要素资源、重塑全球经济结构、改变全球竞争格局的关键力量。“十四五”时期，我国数字经济转向深化应用、规范发展、普惠共享的新阶段[5]。

旅游景区行业是数字化发展的普惠共享程度，对于旅游企业管理者、员工、旅游者来说都具有重要意义。2010年随着智慧旅游、智慧景区领域的起步与高速发展，旅游景区行业人才需要具备更专业的数字化技能素养。从旅游景区行业专业领域出发，旅游景区企业需要具备文旅知识和营销策划能力、旅游运营与管理的知识体系，融合旅游数字化技能和文旅专业知识，以实现旅游景区智能运营与数字化管理。从对旅游景区以及相关行业环境分析出发，旅游景区行业从业人员需要具备适应数字环境的能力，如适应智能景区设备的运营与日常维护、旅游景区创新文案设计、对智慧旅游有深度认知，同时具备能迅速调整工作、学习状态和环境应急处理的能力。

（三）岗位职责和技能要求

旅游景区从业人员的岗位职责和技能要求如表 2 所示。

表 2　岗位职责和技能要求

岗位	岗位职责	任职资格
旅游景区创建辅导项目负责人	1. 负责 A 级旅游景区、旅游度假区创建咨询工作； 2. 进行旅游景区、度假区暗访、考察、编写整改报告、提升方案等； 3. 负责编写旅游景区宣传材料； 4. 带领团队完成年度咨询创建任务； 5. 可独立与甲方沟通指导业务，进行定期工作汇报； 6. 完成领导交办的其他工作事务	1. 热爱旅游事业，有旅游规划思维； 2. 旅游管理、人文地理、城市规划、旅游规划等相关专业毕业，具备扎实的专业知识； 3. 具备较强的文字驾驭能力和方案构思及表现能力； 4. 承担或参与过多个旅游区规划的编制，能独立完成旅游规划方案编制； 5. 有较强的团队合作能力和抗压能力，较强的语言表达和组织协调能力； 6. 有带团队经验者优先考虑； 7. 能适应出差
旅游景区集团市场部负责人	1. 负责所在地区市场调研及市场开拓； 2. 负责整体营销计划制订、落实、完成指标； 3. 公司产品的销售及推广； 4. 负责大客户维护及拓展； 5. 负责年度市场主题活动的设定； 6. 负责团队组建及管理	市场营销、旅游管理等相关专业大专以上学历
旅游产品运营	1. 熟悉各大 OTA 平台及天猫运营规则； 2. 负责各大旅游平台店铺运营管理，熟悉淘宝阿里旅行或携程，去哪儿、美团、大众点评等电商相关网站的推广工作和具体内容； 3. 能独立负责网店运营，负责店铺整体规划，营销，推广，分析，监控等系统流量工作； 4. 根据网站推广预算，制订相应的推广计划，多分析网店实况，并制订相应的方案	1. 有 OTA 旅游产品运营、电子商务公司网站相关运营经验，独立承担过电子商务网络商城项目的流程设计和实施； 2. 具备优秀的内容编辑及策略、渠道产品运营和内容运营能力； 3. 酷爱旅行，对旅行目的地资源和产品有深刻的理解，擅长发掘新的路线及开发

续表

岗位	岗位职责	任职资格
研学领队	1. 户外课程和活动的执行，作为导师（领队）要引领孩子亲近自然走向户外，引导孩子们在探索中成长； 2. 户外课程和活动的推广，接待学生家长的咨询，进行客户关系的维护； 3. 户外课程和活动的筹备及后勤工作	1. 男女不限，身体素质及体能良好； 2. 性格活泼开朗，有积极阳光的心态，喜欢孩子； 3. 有良好的表达能力和沟通能力； 4. 有带学生团队的经验、从事过孩子相关工作经验者优先
智慧旅游服务运营	1. 负责客户满意中心服务流程梳理优化，通过流程设计优化提升服务效率和服务体验； 2. 负责各区域服务链路线上化搭建并对各关键服务节点进行服务落地情况监控，并输出对应提升方案； 3. 通过对客户各维度挖掘、问题的分析，进行服务数据沉淀、统计和分析；并定期产出客户分析报告，形成驱动前向优化的 VOC； 4. 与业务团队、服务团队，运营团队等部门协作推动问题解决	1. 有旅游或电商行业工作经验优先； 2. 责任心强，善于沟通，执行力强，擅长数据分析； 3. 热爱互联网行业，有良好的抗压能力和责任心； 4. 有优秀的沟通能力及团队合作精神； 5. 熟练运用 excel，SQL 等进行数据整理和分析
公园运营分析	1. 负责统筹园区运营管理，制定和协调运营时间和表演时间； 2. 负责制定园区运营、服务相关标准，并监督执行； 3. 负责园区运营、服务管理方案和计划的拟定、实施、总结； 4. 负责对园区运营、服务进行数据化管理，做好统计、研究、分析； 5. 上级交办的其他事项	1. 基本要求：身体健康，善于学习，热爱旅游行业； 2. 工作经验：具有两年以上相关工作经验者优先（可接受应届毕业生）； 3. 能力要求：具备良好的文字组织能力、研究策划能力、组织协调能力、创新思维能力； 4. 其他要求：吃苦耐劳，能适应户外现场工作需要
景区活动策划	1. 负责公园年度大型主题活动及节点营销活动的策划、方案撰写、制定预算、合作方寻找、活动执行及总结评估； 2. 负责异业合作洽谈及活动落地； 3. 负责完成领导安排的其他临时性工作内容	1. 能发现问题，自我审查，凡事往后想三步； 2. 有趣有想法，跟热点但不跟风； 3. 有某一方面（音乐、电影、饭圈、探店、摄影等）的爱好和深入的了解，能将爱好转化为灵感和能力

续表

岗位	岗位职责	任职资格
景区产品专员	1. 理解和执行数字产品组合的战略方向和上海度假区在互联网产品上的方向从而规划产品，提升用户转换率和用户体验； 2. 配合产品经理制定产品发展蓝图、需求分析、系统集成方案和使用案例； 3. 带领开发团队、设计师和外部供应商执行产品计划； 4. 与市场，设计，运营，分析和软件研发团队密切合作，保证产品落地与实施； 5. 需要与关键利益相关者合作，协调业务需求，更新进度和计划； 6. 需要关注市场趋势和消费者行为，推动产品创新	1. 熟悉敏捷开发流程，具有系统集成产品规划和设计经验； 2. 具有扎实的分析能力及良好的沟通和组织能力； 3. 具有在快速发展的电子公司处理技术、用户和业务问题的经验； 4. 流利的英语和汉语； 5. 有软件编程经验者优先
景区管培生	负责旅游景区、精品五星级酒店、民宿日常运营工作开展，活动执行、品牌推广、游客接待，为游客需求提供多元化服务，给游客带来难忘的探索之旅	旅游管理、酒店管理、空中乘务、会展策划、幼师教育、市场营销、电子商务、体育相关专业优先

（四）对于智慧景区开发与管理专业发展的启示

通过大数据分析，未来智慧景区开发与管理专业发展需要朝着景区管理和运营版块去提升与发展，这主要是因为当前国内景区数量逐渐增多，高质量景区也在不断建设与发展，因此行业内部需要专业的景区职业经理人去参与运营不同类型的景区，并为游客提供优质的旅游服务。

在模块化教学课程开发过程中，高校应该重组景区专业知识体系，将理论与实践紧密结合，尤其是在课程中需要引入景区行业专家和景区实践运营模块。例如，在 2022 年，浙江旅游职业学院智慧景区开发与管理专业教研室将一学年的课程分成四个模块，即红色旅游景区模块、乡村旅游景区模块、自然风光旅游景区模块 / 古城街区旅游景区模块、主题乐园 / 博物馆模块，将所有的课程进行模块化组合，紧密联系课程与景区运营主体，提高教学的趣味性和实用性，这对于国内智慧景区开发与管理专业的教学改革具有重要的借鉴意义。

未来，浙江旅游职业学院将继续探索模块化教学改革的新路径，锐意创新，争创国际一流的应用型旅游教育。

参考文献

[1] 中国旅游研究院.2021 年旅游经济运行分析与2022 年发展预测 [M]. 北京：中国旅游出版社，2022.

[2] 中国旅游研究院数据分析所.2021 年全国旅游服务质量调查报告 [R]. 2022.

[3] 国务院."十四五"旅游业发展规划 [Z]. 2021.

[4] WTTC：全球旅游业有望复苏 超亿岗位或恢复 [EB/OL]. 中国网，2021-01-27.

[5] 国务院."十四五"数字经济发展规划 [Z]. 2022.

学术论文

高等职业教育跨界融合型人才培养：内涵特征与培养路径

——以旅游类专业为例

王 方 蒋炯坪 杨骁瑾

浙江旅游职业学院

[摘　要] 产业转型升级背景下，探索培养跨界融合型人才成为应然之举。跨界融合型人才应当具备多元综合的职业素养、多种跨界的专业技能、多维创造的创新思维、多层递进的生涯发展等基本能力特征。基于系统论视域，可以构建由培养目标、培养方式、培养主体和培养评价四个子系统组成的跨界融合型人才培养模式。通过校本研究，提出旅游类跨界融合型人才培养要突出"四融"，即融合文旅、融汇德技、融通校企、融入国际。

[关键词] 跨界融合型；系统论；人才培养模式；校本实践

[作者简介] 王方（1978—），女，硕士，副校长，副教授，主要研究方向为旅游职业教育；蒋炯坪（1980—），女，硕士，教务处副处长，双高办副主任，助理研究员，主要研究方向为高职教育管理；杨骁瑾（1990—），女，硕士，助理研究员，主要研究方向为高职教育管理。

[基金项目] 教育部国家级职业教育教师教学创新团队课题研究项目"新时代职业院校智慧景区开发与管理专业领域团队教师教育教学改革创新与实践"（项目编号：ZH2021080201，主持人：王方）；浙江省高等教育"十三五"教学改革研究项目"1+X 证书制度下职业教育旅游类专业人才培养模式研究"（项目编号：JG20190751，主持人：王方）。

2021年4月，全国职业教育大会提出建设“国家重视技能，社会崇尚技能，人人学习技能，人人拥有技能”的技能型社会[1]总体目标。10月，《关于推动现代职业教育高质量发展的意见》出台，提出“到2025年，技能型社会建设全面推进；到2035年，技能型社会基本建成”的主要目标。技能型社会构建进程中，解决劳动力市场人才结构性缺陷问题，提高技术技能人才与社会经济发展匹配度至关重要，其核心要义在于以社会经济发展需求重新定义人才培养目标，以职业教育体系重塑及高素质技术技能人才精准供给促进教育供给侧改革。鉴于技能型社会构建的美好愿景和现实必需，亟须重新审视高职院校人才培养定位，系统优化人才培养模式，探索实践跨界融合型人才培养新路径。

一、高职教育跨界融合型人才培养的现实意蕴

（一）产业升级创生高职人才培养的新需求

以智能化为标志的新工业革命来临，以大数据、人工智能、云计算、物联网为代表的一场系统性变革，不仅催生新的应用、新的商业模式，还促使不同社会领域之间的沟通与联系更加紧密，逐渐形成共生互促的整体，最终推动产业升级[2]。当前，产业升级呈现“融合”发展态势，这种“融合”表现有以下两个方面。一是不同产业边界趋于模糊。由于新技术、新模式、新业态层出不穷，产业不再独立发展，不同产业各展所长、各取所需，产业结构在融合中优化升级。二是不同职业岗位的职能分工界限不再清晰，许多行业企业的内部职业结构趋向多元化，岗位设置趋向宽泛化，工作内容趋向综合化。

以旅游业为例，进入新发展阶段，旅游业在主客共享的时空中不断重构，以新业态、新模式的外在表现展示了跨界式、融合式创新。旅游与文化、科技、体育、娱乐、康养等领域的融合进一步满足了人民对美好生活的追求和期待。例如，农业与旅游业的高度融合形成了乡村旅游新业态；在互联网经济深刻影响下，旅行行业与电商行业高度融合，促使导游的岗位职责由简单的向导讲解与接待向旅游全过程一站式综合服务模式发展。同时，旅游需求

的个性化、多样化以及数字经济的发展打破了人们对旅游人才的传统认知边界，诞生了大量的新岗位，一大批适应新业态、新模式的新型旅游人才（如专业导游、旅行定制师、民宿经营者、酒店万能工、旅游主播等）已经成为需求热点。旅游行业的人才需求不再是单一技能型人才，而是向着文化创意、设计开发、科技创新等综合型、实战型、创新型的跨界融合型人才转变。

（二）高职教育匹配产业人才需求的现实困境

职业教育作为一种跨界的教育类型，其逻辑起点是“跨越职业与教育的视域、跨越学校和企业的境域、跨越工作与学习的界域”的“跨界”教育[3]。在产业发展“融合”属性与职业教育“跨界”属性双重影响下，高职教育以“跨界+融合”理念培养技术技能人才成为必然趋势。然而，面对大数据、智能化、云计算、元宇宙等技术“现代性”与职业教育人才培养的“传统性”之间的冲突与博弈、产业转型升级与高职教育传统理念和固化思维的鸿沟、人的全面发展诉求与高职院校人才培养局限性之间的矛盾，以及高职教育人才供给与社会发展需求的差距等问题，高职教育在传统人才培养理念影响下，还存在诸多不足，具体表现有三个方面：

1. 高职教育“重技轻人”传统教育理念依旧存在

行业企业组织的扁平化发展意味着管理层级减少、管理幅度拓宽，要求劳动者具备多元化的技术知识、跨岗位的技术技能和普适性的职业素养。然而，当前高职教育“唯技而教”的思想仍根深蒂固，被以高度专业化和分工化为特征的、以培养“一技之长”和专才的人才培养理念所制约，忽略“以人为本”的教育理念，重在培养学生的显性技能，轻于隐性技能和职业素养的培养。这既不能适应新时代工业转型升级发展的要求，也难以助推学生全面发展。

2. 高职人才单一技能培养的局限性尚未打破

不同产业工作范围扩大化、工作内容创新化，产业的融合发展态势越来越需要既精通本专业领域的理论知识和技术技能，同时还具备相关专业领域并且能够掌握各专业领域知识与技能应用的跨界融合型技术技能人才。目前，高职院校人才培养目标和规格限于传统单一技术技能，忽视复合型、融合型技术技能培养，难以满足产业转型升级对人才的要求。

3. 高职教育人才培养供需的匹配度亟待提升

固化于传统教育理念，高职教育在人才培养方面，没有和社会经济发展的职业人才需求紧密、实时对接，没有将社会经济发展的“跨界融合”理念较好地置于职业教育思维模式之中，导致高职教育人才供给质量与企业需求不匹配，造成人才供需结构失衡。新技术影响下，产业技术知识的广度与深度逐渐扩大，要求高职教育基于“跨界融合”思维，优化人才培养模式，促进高职教育人才培养供给侧与产业需求侧全方位契合。

（三）高职教育跨界融合型人才培养的内涵特征

跨界融合型人才因为高度匹配新时代职业教育与产业发展需求，成为技能型社会人才培养的进阶目标。本文认为，跨界融合型人才是在“跨界”和“融合”的思维引导下，跨越职业与教育、学校与企业、工作与学习的边界，融合产业链及行业相关各类职业岗位的知识、技能和素养，是兼备跨界思维方式和融合职业能力的复合型技术技能人才。这类人才在跨界的思维方式中实现融合共生，在人才培养的全境域、全过程、全方位中体现跨界融合思维，更强调培养跨界融合的思维意识、解决复杂问题的综合能力、不同领域的多元知识技能。主要涵盖以下四个基本特征：

1. 多元综合的职业素养

具备高站位的职业意识，能够从社会主义现代化建设的视角认识所在行业的职业价值和意义[4]，具备清晰的自我角色认知，并能把个人的人生理想同职业发展紧密联系到一起，形成具有责任感、获得感和幸福感的从业心态与职业意识；具备高水准的职业精神，能够尽职尽责、兢兢业业、专心致志地致力于岗位工作任务，严守职业道德，遵守劳动法律，具有甘于奉献、精益求精、勇于创新的劳动精神、劳模精神和工匠精神。

2. 多种跨界的专业技能

深刻理解从事专业领域岗位所涉及的基本知识和原理及其之间的联系，掌握本专业及相关领域的基本技能操作方法和规范，能够运用所学知识与技能完成综合性岗位工作任务，解决工作过程中的复杂性问题；顺应跨界融合趋势，形成与职业岗位相匹配的多专业的知识体系和技能结构，将所学的跨界能力与所在行业的职业需求相结合，形成较强的职业岗位迁移能力和工作岗位胜任能力。

3. 多维创造的创新思维

正确认识创新对于社会未来发展的重要推动作用，塑造具备主体性、批判性、决断性、合作性、反思性、逻辑性与实践性的创造性人格，形成以自信心、责任心、冒险意识、合作意识、市场意识、风险意识和抗挫折性为核心的创新创业素质，具备目标确定、行动谋划、果断抉择、沟通合作、把握机遇、防范风险和抗挫折性的创新创业关键能力，构成由内而外的“人格—素质—能力”结构[5]。

4. 多层递进的生涯发展

具备职业化的终身学习能力和自我发展能力，具有自觉获取知识、不断精进技能的意识，能够在较强的自我管理、自我约束和自主学习的基础上不断优化自身知识能力体系，把握所从事行业及相关领域的发展趋势和最新动态，以适应不断涌现的技术技能岗位精准化与高效化的趋势，在提高职业自适应能力的同时不断挑战自身潜能，通过自我更新、自我超越推动职业生涯发展。

二、基于系统论的跨界融合型人才培养模式

构建人才培养是一项极其复杂的工程，需要统筹兼顾各培养要素之间的整体性、关联性、结构性和动态平衡性。系统论是将研究对象视为一个系统，遵循整体性、层次性、自组织性、开放性、复杂性和关联性等基本特性，从整体出发分析系统内部的组成要素、各要素之间的关系以及系统整体功能与结构的科学。我们尝试用系统论来指导跨界融合型人才培养的全过程。

（一）系统论与跨界融合型人才培养模式

1. 系统论对人才培养模式构建的适用性分析

系统论是由奥地利生物学家贝塔朗菲于 20 世纪 40 年代创立的一门科学。系统是由若干相互联系、相互作用的子系统（要素）构成的、具有特定功能

和运动规律的整体[6]。系统论的核心思想是整体观念，强调任何系统都是一个有机整体，其整体功能是内部各要素通过复杂整合或组织而具备各要素孤立状态下所没有的性质，以达到“整体大于部分之和”的最优化效果。

以系统论为理论基础构建人才培养模式，在高职教育研究中不乏先例。有学者为破解轨道交通新技术新知识迭代加快、铁路大系统工程跨学科交叉融合加剧给人才培养带来的难题，遵循系统论思维，形成服务交通强国需求的轨道交通拔尖创新人才培养模式[7]；有学者以高职机械制造与自动化专业为例运用系统论分析人才培养模式的内涵、构成要素及其各要素之间的关系[8]；有学者通过系统化设计培养方案、培养方法、培养途径、师资队伍和评价体系来改革人才培养模式[9]；有学者基于系统论建立人才培养过程狭义模型和广义模型[10]等。结合系统论所强调“任何系统都是一个有机整体”的观念，跨界融合型人才培养模式各部分（要素）之间的整体性、关联性、结构性和动态平衡性等特性十分突出，同样适用于系统论的原理。

系统论在跨界融合型人才培养中的应用，主要强调对这类人才培养所涉及的各个环节、各个层面进行系统的优化设计，充分发挥其功能，构成系统内部各要素之间相互依存、相互制约、相互作用的有机整体。具体来说，是由培养目标、培养方式、培养主体、培养评价四个子系统组成，并通过内部各子系统的相互关联和结构优化，实现跨界融合型人才培养整体效能最大化。

2. 系统论视域下跨界融合型人才培养模式的构建

基于系统论构建的跨界融合型人才培养模式，包含了四个人才培养子系统。由这四个子系统合力解决跨界融合型人才培养的基本问题，如图1所示。

一是培养目标子系统，解决培养什么人的问题。在人才培养模式系统中，培养目标子系统是对所要培养人才的质量和规格制定的总体要求。它由特定社会领域和特定社会层次所决定，受教育类型、社会需求等要素的影响。跨界融合型人才培养目标是在职业教育类型特色、产业发展变革以及技能型社会建设背景等因素影响下，培养具备多元综合的职业素养、多种跨界的专业技能、多维创造的创新思维、多层递进的生涯发展等能力特征的跨界融合型人才。培养目标的核心是知识、能力和素质结构，即KAQ结构[11]。跨界融合型人才培养，从知识维度看须具备专业基础知识、跨专业知识、技术技能知识等专业相关的显性知识和默会知识；从能力维度看须具备专业技能、获取信息能力、团队合作能力、表达交流能力等职业相关能力；从素质维度看须具备思想道德素质、文化内涵、专业素质、劳动精神、劳模精神、工匠精神等职业素质。

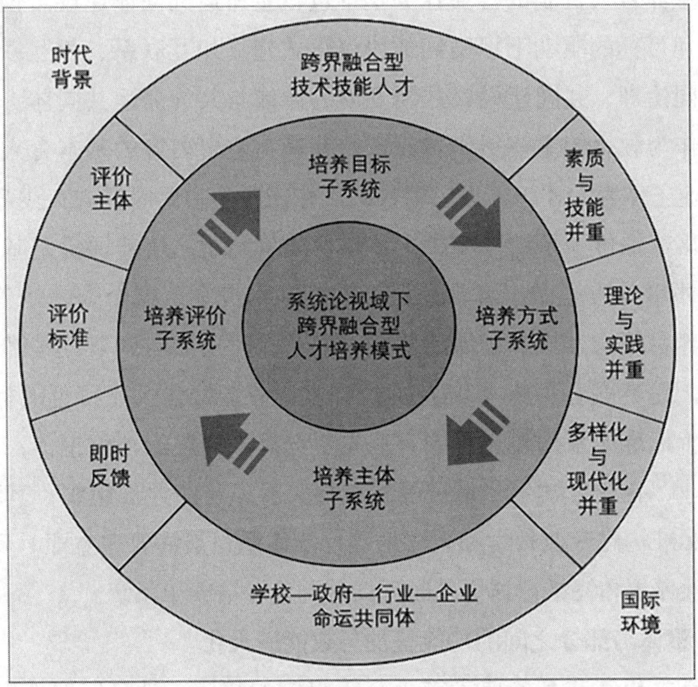

图 1　系统论视域下跨界融合型人才培养模式

二是培养方式子系统，解决怎样培养人的问题。培养方式是为实现培养目标而采取的方法和形式。区别于传统人才培养方式，跨界融合型人才培养更趋向素质与技能并重、理论与实践并重、多样化与现代化并重的培养方式。要构建课程思政长效育人机制，协同各类课程与思想政治理论课同向同行，落实立德树人根本任务；注重培养职业精神，增强学生的服务意识、协调能力、合作能力、劳模精神等；注重培养岗位所需职业技能，以“理论 + 实践”课程为抓手对接岗位工作任务设置教学内容；关注信息技术在教学中的作用，借助项目化教学、模拟场景、慕课教育等模式，创造多样化的教学方式。

三是培养主体子系统，解决谁来培养人的问题。培养主体子系统是落实人才培养工作的前提，也是类型教育的关键。职业教育的职业性特征决定其培养主体为学校和企业，同时要争取政府、行业等多方参与，以此形成多方协同的校企双主体育人机制，进而为跨界融合型人才培养提供有效途径。建立校企双主体育人机制的首要任务是推进校企命运共同体建设。校企双方在共同利益和目标的驱动下以契约或协议形式建立相互联系、相互依赖、相互开放、共同治理、共同建设、共同发展的休戚与共的命运共同体。在共同体中，学校作为教育的主体承担着以理论知识为主要内容的基本育人任务，企业作为产业主体为人才培养提供以实际工作任务为主要内容的实践育人任务。

四是培养评价子系统，解决人才培养质量问题。培养评价是基于特定的标准对人才培养质量做出客观、科学的判断，贯穿于整个人才培养全过程。通过对培养目标、方式和主体的监控，以及即时反馈与调节，最终实现培养目标达成。跨界融合型人才培养模式要建立一套符合行业特色的标准体系。在培养评价标准体系构建过程中，首先要选择多样化的评价主体，组建涵盖政府、行业、企业、学生、家长等利益相关者参与的评价组织；其次要对接国际行业标准构建专业教学和人才培养标准体系；最终要建立即时反馈机制，通过形成性评价和终结性评价及时反馈并调整各培养子系统。

（二）整体与部分之间的功能叠加与效能最大化

系统是由相互联系的要素或子系统组成的整体，具有层次性和关联性。跨界融合型人才培养模式系统各部分及各要素之间通过层次分明、前后呼应、首尾相连的内在逻辑关系，实现“整体大于部分之和”的功效。第一，“整体”具有自上而下的层次性。跨界融合型人才培养模式系统作为一个整体，下设四个子系统，每个子系统又包含若干要素，从要素到子系统再到系统形成具备上下位层次结构的隶属关系，如培养主体子系统包含学校和企业两要素。第二，“部分”具有内部要素的关联性。系统的内部结构影响着整体功能，即子系统内部各要素之间的内在联系影响着子系统的功能，子系统之间的内在联系又影响着系统的整体功能，如培养方式中的内部课程设置、教学内容和教学方式等要素间的相互联系、相互制约影响着实践有效性，而培养方式的实践成效也直接决定了人才培养模式系统的功能。

（三）部分与部分之间的支撑联系与目标约束

子系统的作用并非是机械组合或简单相加，而是在共同目标的前提下，协调好子系统之间的关系，使其处于协调发展的状态，有序运行形成一个有机整体。跨界融合型人才培养模式系统中部分与部分之间的关系表征为四个子系统形成的有机整体，其各子系统之间呈现互相支撑、互相约束的闭环关系。其一，培养目标是系统中最重要、最核心的因素，是人才培养方式设置、培养主体选择及培养评价反馈的目标依据，也是整个系统的逻辑起点；其二，培养方式是影响培养目标能否实现的路径关键，其内部要素间的科学设置直接决定培养质量；其三，培养主体是实现培养目标和实施培养方式的执行者，培养主体的具体执行情况制约着培养评价的结果；其四，培养评价是对整个培养模式系统的诊断，是保证培养目标高质量实现的重要环节。由此，跨界融合型人才培养模式系统以培养目标为逻辑起点，通过各子系统相互联系、相互作用和相互制约，形成一个有机整体。

（四）整体与环境之间的全程开放与顺势应变

系统论认为一切系统都是开放系统，只有不断提高系统的组织化或有序化程度，系统内部的结构才能更稳定、功能才能更完善。跨界融合型人才培养模式亦沿袭开放系统的特征而发展变化，这种发展变化既包括系统内部要素的变革，也包括受外部环境刺激而产生的变化。当前，跨界融合型人才培养模式主要受到两方面外部环境的影响：一方面是在新工业革命、技能型社会等时代大背景影响下，产业结构调整和转型升级对人才需求呈现动态变化，跨界融合型人才培养模式要依据行业发展变化和区域业态需求，准确定位人才培养目标，促进人才供给侧和产业需求侧全方位融合；另一方面是在“一带一路”倡议不断推进、高职教育为世界职教体系提供“中国方案”的形势下，国际化为高职教育提供了巨大的发展机遇，跨界融合型人才培养模式需确立教育国际化策略，积极参与到教育国际化进程中。

三、跨界融合型人才培养的校本实践

系统论为跨界融合型人才培养模式构建提供了理论基础与创新思路，其可行性仍需经过实践予以验证。为创新与实践跨界融合型人才培养模式，浙江旅游职业学院在“双高计划”建设中，以文化和旅游产业需求为出发点，基于跨界融合型人才培养目标、培养方式、培养主体、培养评价四个子系统，探索构建契合文化和旅游产业人才需求的“融合文旅、融汇德技、融通校企、融入国际”人才培养模式（简称“四融”人才培养模式），见表 1。

表 1　旅游类跨界融合型人才培养模式（“四融”人才培养模式）

人才培养子系统	旅游类跨界融合型人才培养模式		
	培养理念	特征要求	实现路径
培养目标	融合文旅	高文化素质 + 强从业技能	网状课程体系 结构化师资队伍 改革评价制度
培养方式	融汇德技	四轨并行 + 交叉互融	课程思政 体育教育 课程建设 劳动教育
培养主体	融通校企	校企双元 + 四方协同	产业学院 生产性实训基地 职教集团 协同创新中心
培养评价	融入国际	国际标准 + 内部诊改	国际标准质量认证 教学质量内部诊改 内部质量诊改平台

（一）融合文旅：锚定“高文化素养 + 强从业技能”的跨界培养目标

2021 年 4 月，文化和旅游部印发《“十四五”文化和旅游发展规划》中提出要坚持“推动文化和旅游更广范围、更深层次、更高水平融合发展”，文旅融合已成为旅游业高质量发展的必然趋势和重要举措。旅游高职院校作为旅游人才供给侧，亟须改革育人理念、优化人才培养目标，进一步打破旅游行业与职业教育之间的壁垒。为此，浙江旅游职业学院明确“高文化素养+强从业技能”的跨界融合性人才培养目标，从整体重构课程体系、师资队伍和学生评价制度。一是重构“两横三纵”的网状课程体系，“两横”指文化素养类课程和专业类课程，“三纵”指通识必修课、核心模块课和延展课。二是结构性优化师资队伍，着力建强文化素养教育教学力量，成立人文素养教育中心，组建以哲学、艺术、国学、礼仪四大领衔专家组成的专业化师资队伍，以保障人文素养课程的质量与水准。三是改革学生评价制度，实施学生毕业“三证制”，在毕业证书、职业技能等级证书外，增加“综合素质学分证书”，对应增设道德修养、劳动素养、艺术情趣、体育健康、创新成果、社会实践等评价内容。

（二）融汇德技：探索“四轨并行+交叉互融”的多维育人路径

立德树人是职业教育根本任务，注重职业精神培育和职业技能培养是跨界融合型人才的应有之义。“德育”以社会主义核心价值观为内核，囊括“体、美、劳”协同发展的时代要求，从“德、体、美、劳”四方面探索“德育”与“技能培养”深度交叉融合的育人路径。

一是加强顶层设计，全面推进课程思政教学体系建设。夯实制度和组织保障，形成课程思政工作规划、落实、监督、评估完整工作链条；加强课程二次开发，将思政元素纳入专业教学全过程，实现课程思政全覆盖；加快开发课程思政教学资源；大力提升教师课程育人能力。通过课程思政建设，全面提升课程育人功能，有机融合价值塑造与技能培养。二是持续推进体育教育迭代升级，构建全方位系统化体育教育体系。推进体育课程改革，保障体育课时，控制体育教学规模，保证体育教学质量；深入推进体育课程内容改革，按照各专业群所对应的工作岗位进行分析，确定所需的素质体系，采用运动技能与职业体能两大模块的教学，有针对性地开展体育教学，提升教学效果。三是创新课程建设，打造人文素养教学生态，开发“2+4+X”美学课程体系（两门美学基础必修课+国学、哲学、艺术、礼仪四大模块课程+N门与各专业相融合的美学课程）。四是系统谋划，形成自成体系的劳动教育模式，系统构建家庭、企业、旅游行业、社会共同参与的劳动育人共同体；创新多层次的劳动育人模式，统筹校内和校外、课堂和实践多种教育方式；构建劳动教育考评体系，将劳动素养纳入专业实践类课程评价。

（三）融通校企：丰富“校企双元+四方协同”的协作育人主体

从广义上认知校企双主体育人，将人才培养主体扩展为直接参与育人工作的“校、企”和协同育人的“政、校、行、企”。创新四种多主体合作育人模式，使人才培养从“自治”走向“共治”，有效推进产教深度融合。

一是产业学院形式。基于校企共建愿景，依托地方政府政策支持，以合作共赢、共生发展为目标重塑校企合作关系，与行业龙头企业（老牌酒店集团、5A景区、新兴数字文旅企业等）共建产业学院，校企双方共同投入建设资金、设施设备，建立校企师资命运共同体，校企联合培育学生、建立实训基地、开展经营研发活动。二是生产性实训基地形式。校企对接各自资源和优势，建设新旅游人才生产性实训基地，营造企业真实场景氛围，学生可真实操作、真实生产，提高学校人才培养质量，为企业提供能快速上岗的优质劳动力，并为学生就业和发展奠定基础。三是职教集团形式。组建旅游职教集团，成员涵盖浙江省内最优质旅游院校、旅游企业，凝聚行业力量，形成“依托行业、服务地方”的集团特色，以旅游人才培养和科研开发为纽带，实现资源共享、市场共享、信息共享、成果共享和品牌共享。四是协同创新中心形式。以具体项目为抓手，整合校企双方资源进行技术研发、技术服务，建设现代旅行协同创新中心、住宿业协同创新中心、餐饮业协同创新中心、文旅规划设计协同创新中心，通过参与和主持文化和旅游产业行业标准制定、专业规划、创新服务等形式，帮助学生深度融入文化和旅游产业一线，在项目服务过程中，边学边做，提升实践技能。

（四）融入国际：建立“国际标准本土化+内部诊改常态化”的双向评价机制

为更好服务“一带一路”倡议，为走出去的旅游产业提供人才保障，教育国际化策略需要进行针对性强化。结合内部质量诊改工作将教育国际化策略落实于人才培养评价机制的内容平台一体化工作路径中。

一是引入联合国世界旅游组织国际旅游教育质量认证（UNWTO-Ted

Qual）。作为唯一具有全球影响力的旅游类教育质量认证，该认证具有以用人单位需求为导向来设定培养目标与培养模式的教育理念和一套严谨完整的人才培养质量提升体系。UNWTO-Ted Qual 指标体系主要包括学生管理与学业管理、课程与教学体系、教师管理、学校内部管理等。二是构建学校教学质量内部诊改工作体系，对 UNWTO-Ted Qual 进行本土化处理，确定 1+4（学校 + 专业标准、课程标准、教师发展标准、学生发展标准）的人才培养自我评价和诊改标准框架，系统制定专业（群）建设标准、课程标准、教师发展标准、学生发展标准，各主体开展定期自我诊断与改进。三是搭建内部质量诊断与改进平台，平台充分对接人事系统、学工平台、教务系统等相关业务系统，各项考核工作与内部质量诊改工作有机融合，实现内部诊改常态化，充分保障人才培养评价的即时反馈机制。

四、结语

在加快构建技能型社会的时代背景下，基于系统论的跨界融合型人才培养模式秉持了“跨界”和“融合”教育理念，通过跨越专业壁垒、主体边界、场域界限，融合不同行业及不同职业岗位的知识、技能和素养，系统优化人才培养模式的各子系统及其相互关系，充分发挥系统整体功能，培养出兼备跨界思维和多元能力的技术技能人才。其实施在培养目标上要结合专业特色和行业需求准确定位人才培养的内涵特征，确定人才培养目标；在培养方式上要以立德树人为根本任务，将德技并修理念融入人才培养全过程；在培养主体上要构建校企命运共同体，协同政府、行业、协会等多方搭建以学校和企业为共同主体的育人机制；在培养评价上要引入多元评价主体来评估人才培养质量，强化过程评价，健全综合评价。从系统论理论视域出发，实现人才培养模式各子系统的有机协同发展，探索独具校本特色的人才培养路径，最终培养出个性鲜明、行业匹配度高的跨界融合型人才。

参考文献

[1] 本刊编辑部 . 学习宣传贯彻全国职业教育大会精神　加快构建现代职

业教育体系——专访教育部职业教育与成人教育司司长陈子季［J］. 国家教育行政学院学报，2021（5）：3-10.

［2］朱成晨，闫广芬. 精神与逻辑：职业教育的技术理性与跨界思维［J］. 教育研究，2020，41（7）：109-122.

［3］姜大源. 职业教育要义［M］. 北京：北京师范大学出版社，2017：2.

［4］顾建军. 高素质技术技能人才培养的现代意蕴与职业教育调适［J］. 国家教育行政学院学报，2021（5）：20-25，32.

［5］王洪才. 论创新创业人才的人格特质、核心素质与关键能力［J］. 江苏高教，2020（12）：44-51.

［6］王雨田. 控制论、信息论、系统论科学与哲学［M］. 2版. 北京：中国人民大学出版社，1988：422-438.

［7］翟婉明，刘建新. 构建面向交通强国需求的轨道交通拔尖创新人才培养模式［J］. 高等工程教育研究，2021（5）：12-15+56.

［8］田锋社，邓志辉，王金辉，等. 高职机械制造与自动化专业人才培养体系的建设与实践［J］. 中国职业技术教育，2014（29）：11-15.

［9］方华，唐林伟. 系统论视阈下的高职人才培养模式改革与实践——以浙江金融职业学院为例［J］. 中国大学教学，2011（10）：74-76.

［10］张洪斌，徐义晗. 基于系统论构建高等职业教育人才培养过程模型的分析与研究［J］. 当代教育科学，2012（19）：41-43.

［11］张新民. 高等职业教育理论构建［M］. 长沙：湖南人民出版社，2010：278.

（原文刊于《中国职业技术教育》2022年第22期）

校企合作篇

典型案例

数字商旅双创产业学院揭牌暨签约启动仪式

海南经贸职业技术学院旅游管理专业教师教学创新团队

一、基本情况

随着“十四五”规划的全面实施，海南自贸港建设进入快车道，按照“一本三基四梁八柱”的战略定位，海南将加快发展旅游业、现代服务业、高新技术产业和热带特色现代农业四大主导产业，加快推进智慧海南进程，并构建数字孪生治理体系，推进数字产业化和产业数字化，推动数字经济和实体经济深度融合。海南旅游业和数字经济产业的迅猛发展需要高端技术技能人才做后备支撑，未来对数字营销、直播推广、数据化运营等人才需求缺口不断增大。同时，深化产教融合和校企合作，培养适应和引领现代产业发展的高素质应用型、复合型、创新型人才，也是高等教育支撑经济高质量发展的必然要求。因此，校企联合共建数字商旅双创产业学院，打造校企命运共同体，是校企协同育人的有效途径。

二、主要成效

依托海南经贸职业技术学院职业教育优势资源及IMS（天下秀）行业资源和影响力，双方共同探索校企深度融合的长效机制；促进校企教学资源、科技创新资源的互通共用、共建共享；辅助学校和专业群建设水平、社会服务能力、国际影响力提升，协助国际旅游学院和旅游管理专业群达到国内一流水平，学院服务发展、办学治理、信息化和国际化水平显著提升，成为支撑“一带一路”、海南自贸区（港）等国家战略和海南十二大重点产业的重要力量。打造新媒体与消费经济领域的产、学、研、用产教融合链条新生态，形成一批可复制、可借鉴、可推广且关于新媒体与消费经济人才培养的政策、制度和标准，为中国新媒体与消费经济人才发展提供“海南方案”。将产业学院建设成为集人才培养与培训、科技创新与服务、文化融合与创新等“国内一流、职教引领、创意汇聚、产教融合”的“新媒体与消费经济产业学院”，使之成为职业教育产教融合、“双高计划”建设试点项目的示范性领军项目。

三、相关经验与做法

（一）协同创新人才培养模式

探索以专业群为基础的校企双元人才培养模式，成立人才培养咨询专家委员会或专业建设指导委员会，确保“岗位对接、课程衔接、产教联接”；成立混编管理与教学团队，共同制订人才培养方案和培养标准、共同开发课程与教学资源、共同实施教学与评价，确保“双师教学、双线训练、双重评价”；推进以课程为重点的“三教”改革，校企双方共同推进企业真实案例进课堂、典型项目进实训、真实生产环境育人才，确保“双能并重、双元一体、产学互动”。将产业学院建设成为“双元”协同育人的基地。

人才培养方案制定与动态调整，咨询专家委员会或专业建设指导委员会每年举办。校企合作共同研发基于“课岗互通、四段养成”的现代学徒制人才培养体系、“新媒体与消费经济”岗位群能力标准、共同发布各类产业调研报告等。

（二）协同提升专业建设质量

根据专业设置与产业对接的要求，调研和分析产业学院专业发展的现状与趋势，整合、优化与共享专业资源，建设与产业更加契合的专业群，推进专业群内各专业融合与协同发展，探索专业群建设与发展机制，重点打造现代学徒制、“1+X”证书制度、国际合作交流等专业（群）特色。将产业学院建设成为培育“特色”专业群的基地。以国际旅游学院现有“市场营销”“旅游管理”“酒店管理”等专业为基础，开展“新媒体与消费经济”方向人才培养，全面提升新媒体营销思维意识和“新媒体＋专业”应用能力，参与新媒体营销证书考核，根据商业任务需求，通过跨专业团队合作，带动校内其他专业学生新媒体营销能力提升，引导新媒体营销就业方向。

（三）协同开发校企合作教学培训资源

依托产业学院，双方联合开发教学资源，构建“新媒体 + 消费经济”方向的课程体系。建成精品课程资源库 1 套、通识共享课程及在线精品课程（3 门）、核心课程教材开发（3 门）。

（四）协同打造实习实训基地

1. 建设开放共享的生产型实训基地

产业学院实习实训基地本着合作共赢、资源共享的理念，基于真实的业务场景和主流技术，建设富有产业特色的以教学、技能培训功能为主体的产教融合实训基地，发挥基地的师生教学、实验、实训、科研、创新创业、技能大赛和社会服务等多功能作用，打造高水平专业化培训实训基地，形成可复制可推广的产教融合人才培养模式。

通过新时代新媒体经济直播营销中心、大数据分析与运营中心、大师工作室、创新创业孵化中心和学生就业平台的建设，打造新媒体和消费经济人才培养和就业创业平台。借助平台，加强学校与企业间的互动，为海经贸开拓企业人才培养新视角，助力学院打造品牌特色，搭建校校交流平台，提升国际旅游学院、“高水平专业群”的品牌影响力。

2. 打造实战化商业项目运营基地

建立可持续发展的新媒体营销人才平台，通过 IMS（天下秀）新媒体营销教学与虚拟实训云平台建设服务，与 IMS（天下秀）人才测评体系及任务分发系统对接，服务新媒体营销人才的职业成长。

（1）校园 MCN 孵化：企业方协助校方统计梳理已积累一定粉丝数量的在校学生的账号名称、粉丝数量等信息，进行红人人才孵化，实现商业价值。

（2）校园直播团队组建：企业方提供选品链接，校企共同选定各个团队项目经理，执行短视频创推与直播带货商业活动，产生的收益由校企双方协商分配，校方收益由校方自主配发参与项目师生。

（3）大师工作室运营团队：持续运营项目，借助大师行业影响力、产业资源及自身经验等，成为创新亮点和专业特色。

（4）以名企供应链起步，逐步打造地区最具影响力的专业团队，并以产助教，以内容创新，借助创新营销案例吸引供应链厂商、直播公司、平台运营公司及周边供应商开展校企合作，包括但不限于社交电商运营、短视频发行、直播、主播经济、IP孵化、周边制作设计等产业链条的孵化、衍生与商业运营。

3. 构建课岗证融通模式

为培养大国工匠、能工巧匠，输送海南区域乃至全国新媒体营销发展急需的高素质技术技能人才，将企业“新媒体营销认证证书”纳入专业教学和培训的考核内容，并组织开展人社部“互联网营销师”“直播销售员”等培训业务。

（五）协同建设高水平教师队伍

1.“双师”型师资培养

根据产业学院专业及其服务的产业现状，以课程开发、教学资源建设、教学实施、技术创新等为载体，以提高教师的育人、教学、科研、实践、创新等能力为重点，将学校与企业的人力共育共享，在企业设立教师工作室（名师工作室）、在学校设立大师工作室（劳模工作室），开展校企导师联合授课、联合技术攻关、联合社会培训、联合助力本地发展、联合走出国门等业务，将产业学院建设成为“双师”教师培养培训基地。

2. 企业师资走进课堂

让企业专家走入课堂，提升学生对于产品和业务的实际理解。同时顾问参与授课形式也有助于和院校老师的授课形成互补机制，从多方面强化学生的实践能力。共同构建一支双师型教学团队，共同承担“教、学、研、用”的工作。企业导师每年在校开展不少于2场的专业讲座，引领学生了解行业发展动态。

（六）协同搭建产学研服务平台

通过产业学院，依托校内具备系统性专业理论知识的双师型教研团队开展实践教学活动、社会培训活动、企业真实科研生产活动等。

1. 企业培训

产业学院作为新媒体人才培养的重要基地，一方面为企业员工进行运营能力培训，一方面可以为社会人员提供证书培训。促使教师与企业的生产实践紧密结合，也有助于进一步强化老师自身素养。企业培训主要的目的是为新媒体营销、社交电商领域输送优质复合型人才。其中以短视频及直播营销特点为基础，以实操演练为特点，将专业知识及思维方式训练相结合，通过不同的角色轮换，让学员找到自己的兴趣点及特长点，发挥自己的优势。

2. 企业咨询

产业学院的老师参与企业咨询工作，对当地的企业新媒体运营项目进行诊断分析，并提供解决方案，帮助企业解决实际难题。同时通过参与管理咨询工作，也可以帮助老师提炼更为丰富的企业实践案例，反哺教学。

在产业学院运营过程中，每年引进企业新媒体运营项目入校，引进的真实项目给产业学院供产学研使用。

3. 企业科研和技术攻关

每年校企共同向政府主管部门、产业企业等争取课题项目并实施，共同研发教学内容与创新技术。

（1）建立产业人才数据平台，发布产业人才需求报告，研制职业教育产教对接谱系图。

（2）健全以企业为重要主导、学校为重要支撑、产业关键核心技术攻关为中心任务的产教融合创新机制。

（3）参与大赛、论坛等活动，促进教学成果转化。

（4）配合专业建设规划，研发精品教学资源。

4. 培育创新创业

本着强化服务国家创新的战略需求、服务地方区域产业需求的意识，依托产业学院，围绕当地区域内支持大学生创新创业，充分发挥创业孵化作用，助力学生创新创业实践。

校企双元　产学合一　双线并行，创新旅游酒店业在岗职工培养

北京市外事学校高星级饭店运营与管理专业教师教学创新团队

一、实施背景

北京作为国际交往中心，未来几年将是推进旅游业供给侧结构性改革的重要阶段，“一带一路”、京津冀协同发展战略、2022年冬奥会等重要活动及重大建设项目的推进，迫切需要大批具有系统专业知识和先进服务理念的从业人员。首都旅游服务人才需求缺口逐年扩大，供需矛盾有进一步加剧的趋势。党的十九大以来，国家密集颁布了一系列深化产教融合、促进校企合作的若干文件。上述背景下，北京市教委推出开展北京市职业院校工程师学院建设工作，旨在提高职业教育服务新时代北京“四个中心”建设和高精尖产业发展能力。在市区教委的指导下，2019年3月我们与北京饭店合作全面开启工程师学院即北京饭店外事服务学院项目。工程师学院是我校1980年建校以来和北京饭店四十年合作基础上的深度合作，该项目是深化产教融合、校企合作办学模式的重要载体，是在校内建立的集人才培育、资源共享、技术创新、社会服务四位一体的“产教共同体”。

调研显示，企业中有相当一部分在岗员工学历不高，无法满足企业再发展的需要。员工虽有提升学历的诉求，但社会上常规的学历提升方式不能兼顾在职员工学习特点，导致员工学习动力不足，这在一定程度上会掣肘企业人才的发现与培养，为此校企共同探讨以学历提升平台促进企业人才成长与职业发展成为主要课题之一。依托工程师学院平台，联合高职院校和企业共同合作开办了首期在职员工学历提升（大专）班，借鉴国外先进理念与办学

模式，探索中国酒店业高素质、高水平、高层次人才培养模式。为酒店企业里渴望学习、有学历提升需求的中青年骨干员工创造了条件，首批招收了18名在职学员，其中15人来自北京饭店、2人来自民族饭店、1人来自贵宾楼饭店。

二、“校企双元　产学合一　双线并行”培养一线高素质人才

“校企双元　产学合一　双线并行”的人才培养模式，采用校企双元教学主体，即由团队中具有丰富培训经验的骨干教师和企业大师共同分担知识与技能授课任务；为了有效缓解企业在岗职工工学矛盾，教学方式采取产学合一，即工作场地与学习场地合一、员工与学员身份合一、工作任务与学习任务合一，灵活有效的学习方式调动了学员学习积极性，实现了学以致用；针对在岗员工的特点，采用双线并行的课程学习模式，即线上自主学习、线下教师助学，突破了时间与空间限制。“双线并行”的学习方式一方面可以提升学员自我管理能力，另一方面对于解决工学矛盾有很大的裨益；为了充分发挥企业推荐的在职员工优势，借鉴“双元制”培养模式，形成学校、企业“1+4”双元课堂，即一天在校学习，4天在企业实践，“企业课堂”立足校企资源共享、促进知识学习、技能实训、工作实践等功能的整合，在真正的企业项目实践中，加强学员职业道德教育、专业技能训练和职业素养的培养。“学校课堂”通过名师、名家点拨，理论结合实际，实现学员素质全面提升，使学习成果检验与工作实际紧密结合，北京饭店（企业）参与教学评价的全过程。具体形式如图1所示：

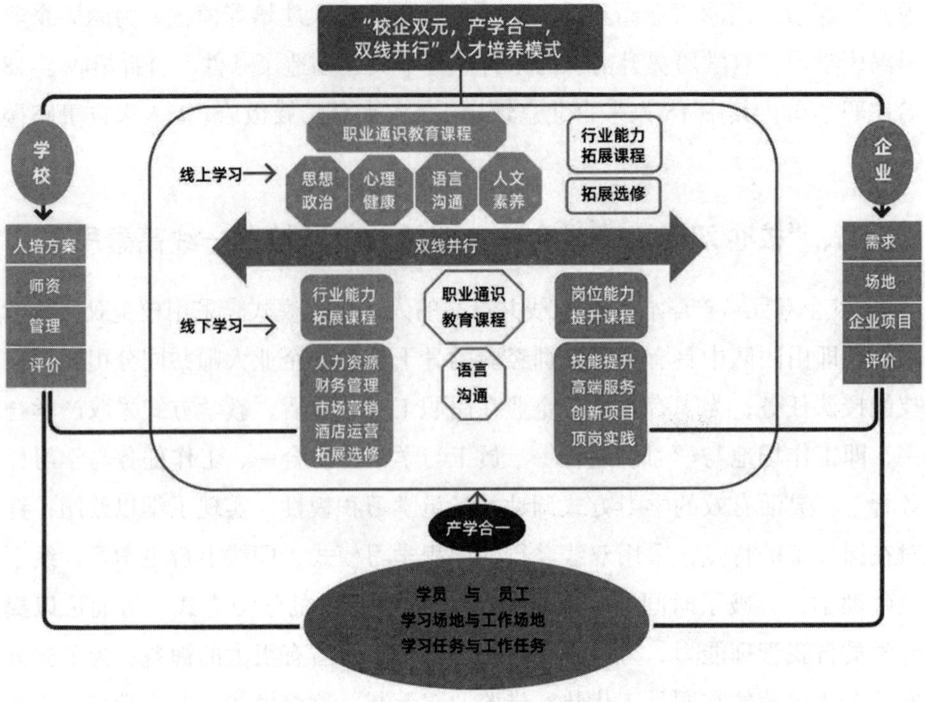

图1 “校企双元 产学合一 双线并行”的人才培养模式

三、具体做法

（一）线上线下、高度融合，模块化课程体系设置

本项目采用模块化课程设计，设置职业通识教育模块、岗位能力提升模块和行业能力拓展模块，分层次、由浅入深，针对行业企业岗位实际需求进行递进式培养。首先，通过职业教育通识模块学习打下坚实的专业知识基础，提升政治素质和职业道德；其次，通过岗位能力提升课程模块学习，提升酒店岗位工作能力、核心职业能力，提升企业实践创新能力；最后，通过行业能力拓展模块学习提升企业实际工作能力并拓宽职业技能领域，为客户提供满意的服务。各模块所开设课程与企业真实工作任务、创新项目相结合，特别是与首都重大服务保障任务相结合，使学员所学即所用，理论与实践紧密对接，既可以在实际工作中不断总结和凝练理论知识，又可以运用所学理论

指导实际工作。针对在职学员的特点，突破时间与空间限制，以现代教育技术和信息化手段为依托，充分利用好“三个课堂”（智慧课堂、企业课堂、网络课堂），课程实施采用学分制管理。课程设置情况如图 2 所示：

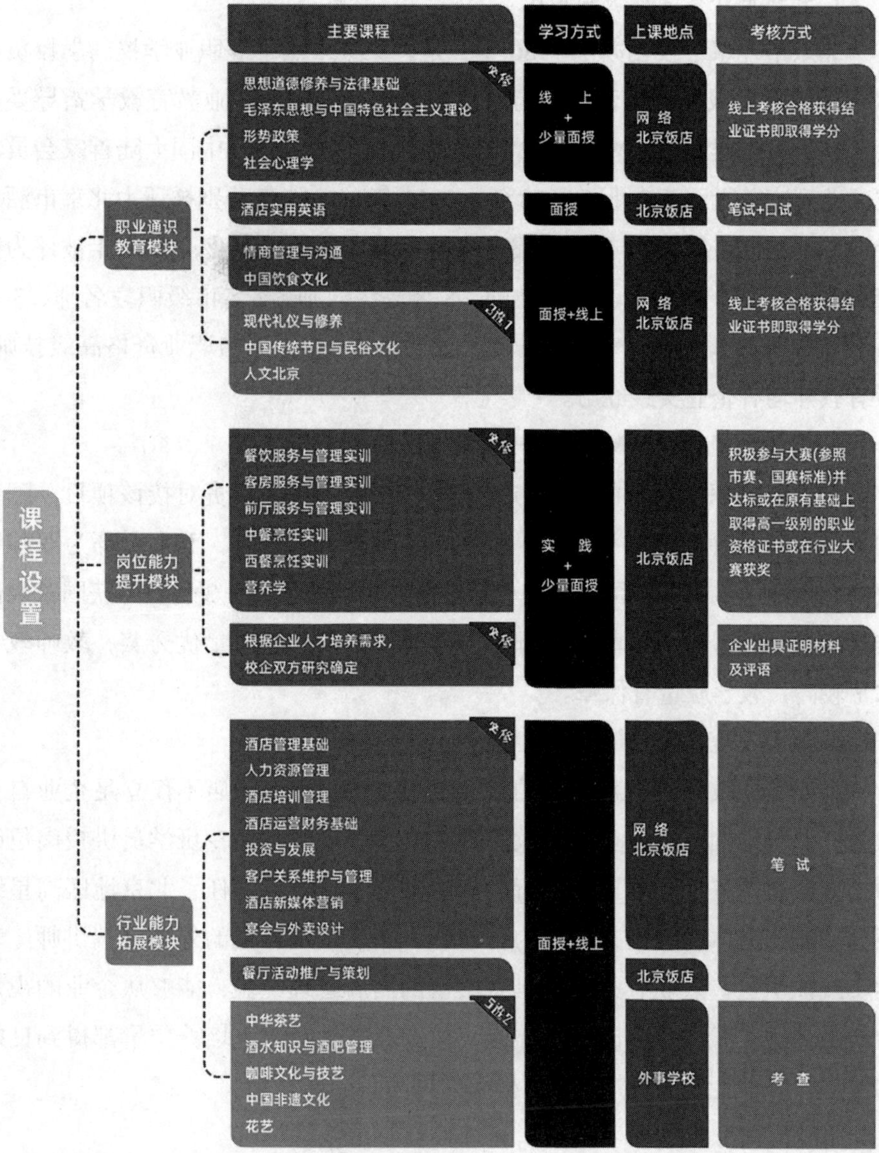

图 2　北京饭店外事服务学院学历提升（大专班）项目课程设置情况

（二）优势互补、强强联手，打造优质师资团队

该项目由北京市外事学校负责教学组织并提供部分师资，其余师资来自北京财贸职业学院和北京饭店。

1. 北京市外事学校教师团队

北京市外事学校创办于 1980 年，是国家级重点中等职业学校。学校负责该项目的高星级饭店运营服务与管理专业是全国旅游职业教育教学指导委员会认定的旅游类示范专业点，“欧洲酒店管理院校协会”中国大陆首家会员单位，北京市首批示范专业，2008 年、2011 年、2017 年分别被评为北京市酒店专业创新团队，2019 年被评为北京市特色高水平骨干专业，2021 年被评为国家级创新团队。拥有 1 名特级教师、8 名高级教师，2 名市级职教名师、3 名市级专业带头人和骨干教师、3 名区级学科带头人、6 名职业资格高级技师，所有教师均有企业实践经历。

2. 北京财贸职业学院教师团队

北京财贸职业学院由旅游与艺术学院酒店管理系负责对接该项目，配备的五名专任教师中有教授 1 名、副教授 2 名、讲师 2 名，五人全部为双师型教师，指导学生参加全国职业院校技能大赛曾获一等奖，2 名教师获国家级优秀指导教师称号。五名教师全部都曾获得过学校教学质量优秀奖，教师教学水平较高，教学质量有保障。

3. 北京饭店兼职教师团队

企业兼职教师是教师团队的重要组成部分，北京饭店不仅立足企业自身人力资源基础抽调出行业企业大师和中高层管理者为大专班学员讲授岗位能力提升模块课程，同时还发挥行业优势配合学校推荐聘任了北京地区高星级酒店在职、退休的管理人员作为行业能力拓展模块课程的外聘高端讲师。教学实践证明这些兼职教师团队具有丰富的酒店管理经验，能够从企业的视角给学生带来实践性更强的教学体验，使专业教学及学生培养质量都得到良好的保障，为专业人才培养提供了极大的助力。

（三）模拟仿真、真实岗位，以校企双主体实训基地为保障

1. 院校提供模拟仿真设备，实现从知识传授向能力和素养提升的转变

高星级饭店运营服务与管理专业作为北京市外事学校的龙头专业，在四十余年的发展中一直在领域内保持着领先优势，2017 年被教育部、国家旅游局评为全国职业院校旅游类首批校企合作示范基地。校内具有酒吧、中西餐实训、咖啡、茶艺、花艺、客房等模拟仿真实训教室，同时实训室具有演示范例的多媒体教学设备，既能满足讲解示范和技能训练的要求，有利于理实一体化教学的实现。学生通过在实训基地的模拟仿真训练，可以进行专业基本技能和专项技能的训练。

2. 北京饭店提供真实岗位，实现课堂教学与工作实践零对接

北京饭店作为一家具有百年历史的饭店，是党和国家、北京市委市政府接待外宾的重要场所，不仅是外宾了解"中国服务"的窗口，更是服务首都"四个中心"定位、践行首都"四个服务"的亮丽名片。北京饭店在高端政务接待、高端商务接待方面有着优质的、充足的岗位实践条件，得益于饭店领导层的高度重视，为大专班学生提供了多样性的展示机会和平台，如有的学员有机会作为内训师参与到冬奥会的服务培训工作中，自身能力自然得到很大提升。

（四）明晰分工、责任到人，专职班主任负责学员按进度完成学业

考虑到项目班学员的自身情况及特点，我们分别安排了专职班主任及线上学习指导教师，最大限度地保障学员跟上学习进程不掉队。依据《北京旅游酒店业高职扩招项目工作方案》，明确相关教师各自分工与职责。班级微信群在疫情期间成为大家相互勉励、交流互鉴的平台，班集体的凝聚力和召唤力不断增强。

四、成果成效

北京旅游酒店业高职扩招项目得到了市教委领导及合作院校的大力支持，项目班的正常运转标志着中高职合作、校企办学、全日制大专学历教育新模式的开启又迈出了实质性的一步。该项目实施近两年来，中、高职院校和北

京饭店等均有不同程度的受益，当然，这其中受益最大的还是有幸参与到学习中的学员。

（一）提高了企业发现人才的效率

大专班项目不仅在课程设计伊始就设定了设计与展示科目，而且也十分重视对于学员的过程性评价，结合学员特点评价工作更多的是结合工作岗位本身展开，因而学员学习的过程也是展示自我的过程，学员既可以展示自身优势，又可以克服自身短板，这一过程中，酒店管理层既是旁观者又是评价者，可以直观、有效地发现员工的潜质和潜力，关注员工个人职业生涯发展的同时也为企业储备了后备人才。酒店方负责人对于项目的开展给予了较高评价：该项目让企业看到了未来美好的前景，优秀的人才在慢慢成长起来。

（二）一定程度上可以帮助企业解决人才流失问题

众所周知，一直以来酒店行业的人才流失现象是较为严重的，这其中涉及因素众多不能一一列举，但通过大专班的开办，让企业看到了留住人才的可行性方案之一，如前文所述，大专班学员均是一线在职员工，借助项目开展他们可以利用单位提供的便利，一方面就地上课不用耽误通勤时间，另一方面企业在安排工作时也考虑到了学习的时间，尽量保证工作学习两不误，这样就有效解决了工学矛盾问题。而且酒店对于取得学历提升的员工还有配套的奖励措施（如拿到高一级学历之后一定时间内给予学费报销），因而对于在职员工来说大专班的学习无疑是一种福利，且该福利还极有可能为其后续的职业生涯发展提供助力，这在一定程度上对于提升企业的凝聚力和员工的忠诚度是能够发挥积极作用的。另外，大专班如能持续开展纳入企业人力资源规划当中，在人员招聘过程中也相应增加了筹码，毕竟酒店行业的很多岗位在招聘中职学生时也没有太大的吸引力，中职学生如果能有机会通过企业福利提升学历且能得到企业认可，对于学生而言自然可以边工作边学习。而且新员工通过企业内部学习，其针对性和时效性也会高于普通院校培养的大专毕业生。

（三）有效提升了学员的综合素质

大专班通过丰富多彩的课程，灵活的三方共育模式为学员们创造了难得的学习机会，不仅丰富了知识面、开阔了视野，并且将理论与实际充分相结合，实现学以致用、提高站位，满足了员工个人发展的需求，对今后的工作和发展起到了重要的作用。诚如学员所言，通过大专班的学习，其思想政治觉悟、全局意识、想问题办事情的方法、专业理论知识、政策水平等诸多方面都有了进一步的提升，视野开阔了，格局就变大了，看待问题的角度就自然宽广了。

18 名学员中，目前已有 3 人获得了岗位晋升，其中 1 人由原来的餐厅领班被提升为餐厅的副主管，1 人从普通员工成长为内训师，1 人担任冬奥会国家体育场 2、3、4 层文案组长；另有 1 人入选北京饭店优秀职工；4 人有机会参与高端政治服务，成为业务骨干。上述学员的进步无疑对于其他学员来说也是一个很大的激励。自身的成长使学员们对于大专班的学习充满了感情，当被问及是否愿意将此类项目推荐给身边亲友或同事时，18 名学员均给出了十分肯定的“非常愿意”。

（四）多维度深度融合，提升学校美誉度

对于团队来说，大专班项目的实施毕竟和校内的教学组织有所不同，参与其中的团队成员在组织管理和教学能力两方面都得到了锻炼和提升。同时，企业提供的技术技能型兼职教师授课过程中学校一方协调时间安排校内其他教师尽量到店听课，使尽可能多的教师有机会了解和接触行业一线。同时，在项目实施过程中，也让企业近距离看到了教师团队的组织管理能力和教学水平，互信程度大大提升，一方面为学校 3 位教师提供了顶岗实践机会，另一方面主动邀请学校将优势课程引入企业，如已完成的有为饭店管理层开设的《商务礼仪》《茶艺》《香道》等课程。

五、经验总结

（一）送课到店，有效缓解工学矛盾

大专班课程的学习采用的是“线上 + 线下”的方式进行的，面授课程基本安排在北京饭店提供的教学场地进行，上课时间也是在和企业协调的前提下确定，所以学员可以工作学习两不误，最大限度地缓解了工学矛盾。

（二）有效解决校企合作中“合而不深”的痼疾

以往校企合作实施过程中常常会出现企业热情不高、学校“剃头挑子一头热”的现象，其中很重要的一个原因就是校企双方了解程度有限，更多地停留在“务虚”的层面，且企业看不到明显受益，而大专班项目的实施过程中北京饭店（企业）全程参与，能够实实在在地感受到学校一方的办学能力和教学水平，真真切切地看到员工的成长，这些无疑都会增强双方的互信程度，促进合作范围和合作深度的拓展。由大专班教学衍生的企业管理层培训就是一个很好的例证。

（三）校企合作机制需要进一步规范和细化

大专班项目运行过程中既有经验的积累，也有问题需要反思整改，如比较突出的问题：中、高职院校、企业三方的合作机制缺乏完善的制度保障，工作流程需要进一步规范和细化，教学管理过程中存有沟通滞后现象。院校方除了学籍管理之外缺乏必要的鼓励机制，未能及时给予学员应有的在校生待遇，而企业一方在聘请行业大师作为特聘教师方面的执行力尚有很大的上升空间。上述问题要想得到解决，根本之处在于多元主体应达成长期合作发展战略，不能将合作视为短期行为。

六、推广应用

（一）高职扩招背景下具有首都特色的“北京方案”

通过中、高职院校联合与企业深度合作，三方育人的人才培养新模式是高职扩招背景下全日制大专学历教育的新探索，是具有首都特色的“北京方案”。项目组在北京市外事学校校企合作委员会成员单位中进行的调研显示，如贵宾楼、国二招、民族饭店、威斯汀酒店、东方君悦大酒店、柏悦酒店、钓鱼台国宾馆、外交部机关服务中心等高星级酒店受地域和服务对象影响对于一线在职员工均有较高的素质需求，但多种因素导致员工里大专以下学历的人数比例不容小觑——酒店在职员工中职毕业生人数比例如表1所示，学历提升和人才储备是有很大的潜在市场的。因此，在现有大专班的经验基础上，只要政策支持，学校送课上门就可以比较圆满地解决北京地区旅游酒店业在职员工的工学矛盾问题。

表 1　酒店在职员工中职毕业生人数比例

序号	单位名称	在职员工中职毕业生比例	备注
1	北京饭店	50%（年龄偏大的多）	
2	贵宾楼	在实习生中占 60%	正式工要求大专及以上学历
3	国二招	20%（外地人多）	
4	民族饭店	19%（外地人多）	
5	威斯汀酒店	25%	工作任务重，工作倒班不定时段
6	东方君悦大酒店	15%	工作倒班不定时段
7	柏悦酒店	实习生中占 20%，在职员工占 1%	工作任务重，工作倒班不定时段
8	钓鱼台国宾馆	75%	工作任务重，工作倒班不定时段
9	外交部机关服务中心	40%	在职学习不能影响工作

（二）辐射京津冀发挥示范效应

针对大专班的办学模式，项目组也与“北京外事服务职业教育集团”所属的除北京市外事学校之外的成员校（天津市中华职业中等专业学校、石家庄市旅游学校、张家口市职业教育中心校、张家口市崇礼区职业教育中心校、河北省阜平县职教中心、赤峰建筑工程学校）进行了访谈交流，大专班项目虽然是“北京方案”，但对于其他地区也有借鉴意义，如中、高职院校的有效衔接和校企双方的深度共融，大专班的模式和经验对于发挥示范校的辐射作用是有积极作用的。当然，大专班项目包括工程师学院建设都是职业教育改革创新的产物，没有现成的经验，还需要不断地摸索和持续创新。

学术论文

国内职业院校产教融合研究热点与前沿分析

——基于中国知网数据库图谱与 CiteSpace 可视化分析

陈友军 张嗣

浙江省文化和旅游发展研究院 浙江旅游职业学院

［摘 要］产教融合是职业院校高质量发展的重要途径之一。文章基于中国知网核心期刊 CSSCI 数据库，对 2011—2022 年“产教融合”主题核心文献进行检索，并运用 CiteSpace 可视化分析技术分析，可以发现：国内职业院校产教融合的研究集中在理论内涵、体制机制、融合经验、问题路径、人才培养、对策措施等方面。同时，职业院校产教融合研究存在四个特征：突出的时代性与中国特色相结合；明显的理论研究与实践研究相结合；宏观体制机制与微观实践总结相结合；实证性研究与理论探索相结合。文章最后提出，未来应加强从经济学、社会学、生态学等学科视角研究职业院校产教融合，应聚焦于产教融合师资共同体建设、体制机制破解、协同发展、模式构建等产教融合主题的研究，助推国内职业院校高质量发展。

［关键词］产教融合；职业院校；研究热点；前沿；可视化分析

［作者简介］陈友军（1987—），男，山东临沂人，浙江旅游职业学院旅游规划与设计学院讲师，研究方向为旅游地理。张嗣（1997—），男，江西上饶人，浙江旅游职业学院旅游规划与设计学院助教，研究方向：旅游目的地管理、旅游教育。

产教融合是伴随着我国职业教育的发展而产生的。早在中华人民共和国成立之初，职业教育的“产教融合”思想已经萌芽，这源于对苏联先进教育经验的借鉴与思考。1996 年 9 月，《中华人民共和国职业教育法》正式颁布实施，明确指出：职业学校要注重职业教育的产教融合。这标志着职业教育的产教融合具有了法理基础[1]。2014 年，教育部等六部门印发《现代职业教育体系建设规划（2014—2020 年）》，明确指出：2015 年，初步形成现代职业教育体系框架，产教融合、校企合作的体制基本建立。2017 年 12 月，国务院办公厅印发了《关于深化产教融合的若干意见》，要求“完善教育资源布局，促进教育和产业联动发展，强调构建教育和产业统筹融合发展格局”。2022 年 4 月 20 日，新修订的《中华人民共和国职业教育法》进一步强调了职业教育必须坚持产教融合、校企合作，进一步明确了职业院校与行业企业联动发展、共同办学、协同育人的多层次、立体化的职业教育产教融合发展格局。因此，本文希望通过对近十年来国内职业院校产教融合相关文献的梳理、分析和总结，发现国内职业院校产教融合的发展规律、主要特征、研究热点，以及未来可能的研究前沿，以助推未来职业院校的产教融合、校企合作走向深入，并形成较为固定的、可以复制推广的成功经验与模式。

一、数据来源和研究方法

（一）数据来源和处理

本文研究样本来自中国知网（CNKI）中文核心期刊数据库、CSSCI 数据库。为确保数据的完整性和准确性，选取了“职业院校 + 产教融合”“职业教育 + 产教融合”等为关键词，共检索出文献 737 篇（2022 年 7 月 20 日检索），研究样本时间跨度为 2011—2022 年。

（二）研究方法

本文使用 CiteSpace 软件进行论文数据的可视化知识图谱分析，通过对职业院校产教融合、校企合作进行发文量分析、核心作者、研究机构等知识图谱分析，尝试总结国内职业院校产教融合研究的热点或主题，并且对研究前沿进行梳理与探讨。

二、数据总体分析

根据分析发现，2011—2022 年，论文刊发数量逐年增多，2013—2015 年有个小高峰，论文数量增长速度最快的是在 2017—2019 年，2020—2021 年发文量逐渐趋于平稳，发文量达到 130 篇以上。根据中国知网数据库的预测，2022 年的“职业院校 + 产教融合”“职业教育 + 产教融合”发文量为 130 篇以上。根据趋势预测可以看出，学者们对于职业院校产教融合的关注度在提高，相应的学术成果也在增多，详见图 1。

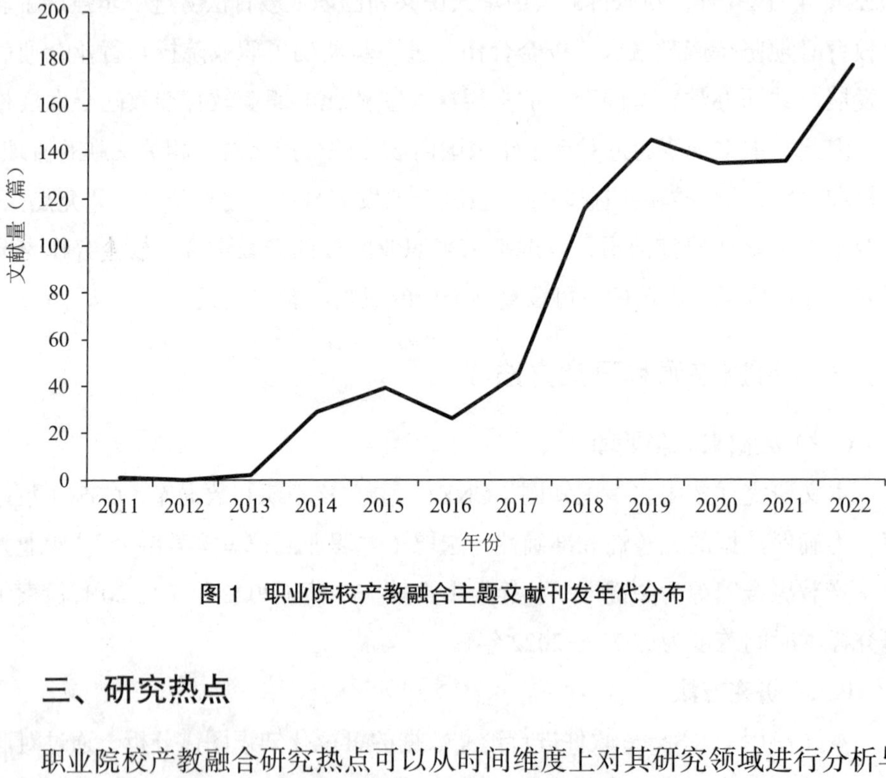

图 1　职业院校产教融合主题文献刊发年代分布

三、研究热点

职业院校产教融合研究热点可以从时间维度上对其研究领域进行分析与解读。本文使用 CiteSpace 软件对其研究领域的关键词进行聚类分析，最后生成关键词聚类知识图谱，经过数据运算得出“职业教育”“产教融合”“校企合作”“职业院校”“高职教育”“协同育人”“产业学院”“内涵”“新时代”“人才培养”10 个聚类，反映了近十年职业院校产教融合领域的研究热点。

从时间序列上来讲，伴随着国家职能部门对于职业教育政策的出台，研究者对职业院校产教融合的研究聚焦在不同的细分领域，并且随着时间的推移，其研究主题在不断地更新与深化。鉴于此，可以将其研究过程分为三个阶段：探索期、成长期、发展期。

首先，是探索期（2011—2013 年），国内对于职业院校产教融合开展了一系列的实践和探索，这与国家教育主管部门同期启动国家示范院校和骨干院校建设有关，使得各级政府、建设院校对产教融合高度重视。但这个阶段的研究具有明显的面上、显性特征，不利于全面推广。

其次，是成长期（2014—2018 年）。随着国家对职业教育的重视，国内职业院校进入了高速发展的阶段，职业院校与企业在产教融合相关政策、人才培养、课程建设等方面进行丰富的教学和实践合作，探索形成了较为完善的产教融合机制与模式，研究主要聚焦在产教合作、理论内涵、动力机制、协同创新等方面。

最后，是发展期（2019—2022 年）。“职教二十条”与“双高”等相关政策、文件的先后出台，大大推动了职业院校校企合作机制的完善与创新，产教融合等相关研究主题日趋多样化，相关研究理论在不断被完善和创新。

在关键词聚类分析的基础上，使用 Clusters 工具中“Cluster Explorer”计算对数似然率，最后整理出职业院校产教融合关键词聚类列表，详见表 1。

由表 1 可以看出，国内职业院校产教融合的研究成果既有对研究方法、研究理论的研究，也有对不同研究对象的研究。通过聚类分析发现表格中子聚类轮廓值均大于 0.7，表示聚类效果较好，聚类内部紧密程度良好。据此，可将职业院校产教融合研究热点大概归为以下五个方面：

表 1　职业院校产教融合共现网络聚类

序号	聚类大小	子聚类轮廓值	关键词（部分）
0	20	0.954	产教融合；工匠精神；职业教育；政策执行；校企合作

续表

序号	聚类大小	子聚类轮廓值	关键词（部分）
1	19	0.806	职业教育；高职院校；校企合作；价值；提质培优
2	19	0.722	校企合作；产业链；教育链；人才链；高职院校
3	16	0.867	高职院校；职业教育；利益诉求；实践探索；内涵认知
4	22	0.813	高职教育；创新发展；立德树人；协同创新；专业群
5	17	0.890	职业院校；实训基地；工学结合；职业教育；专业设置
6	15	0.859	产业学院；治理体系；治理；办学模式；投资模式
7	15	0.901	新时代；内涵；乡村振兴；中国特色；农村职业教育
8	15	0.869	人才培养；协同育人；体系；政校企行；困境突破
9	7	0.976	机制；就业；中职学校；创业教育；认证制度
10	1	0.997	专业实体；实践基地；护理专业；养老服务；公建民营

（1）职业院校产教融合概念内涵研究：共现标志词主要包括内涵认知、价值、职业教育、职业院校、产教融合。

（2）职业院校产教融合政策研究：共现标志词主要包括制度创新、乡村振兴、文本分析、政策主体、政策研究、政策执行、治理体系、双高计划。

（3）职业院校产教融合模式和路径研究：共现标志词主要包括机制构建、协同建设、横向协同、协同建设、政校企行、产业学院、实践探索、校企联盟、制度创新、办学模式、组织特征、实践基地、认证制度、办学模式、实践探索。

（4）职业院校产教融合发展和实践目标研究：提质培优、利益诉求、产业链、教育链、人才链、协同发展、创新发展、困境突破。

（5）职业院校产教融合人才培养理念和实践探索：中国特色、分类培养、因材施教、培养模式、工匠精神、专业群、协同育人、专业建设、专业群、专业设置、立德树人、人才培养、工学结合、农村职业教育、创业教育。

（一）职业院校产教融合概念与内涵研究

目前，关于职业院校产教融合概念与内涵方面的研究，除了国家相关职能部门发布的文件有相关界定外，不同的专家与学者根据研究需要，界定了职业院校产教融合的概念与内涵，主要有以下三种观点：第一种是从理论体系与系统论的角度出发，构建产教融合系统和理论体系，从根源上厘清了“产教融合”体系，以孙善学[1]、岑霭芬[2]为代表，认为产教融合是一个理论体系，也是一个实践体系，应从系统论出发，构建健全的产教融合体系，确保产业与教育有机融合。第二种观点认为产教融合是学校与产业之间的联动发展和相互补充，以陈年友[3]等人为代表，认为产教融合是学校为提高人才培养质量，为产业提供更加匹配的专业人才而与行业企业开展的深度合作。第三种观点认为“产”与“教”是彼此独立的个体，因为某些特殊的原因“走在一起”，共同发展，以王喜苗[4]、周俐萍[5]等为代表，认为应将产业和教育两个原本相互独立的主体，以共同的价值理念和相互通融的发展目标为支撑，通过对各自固有发展模式的有机“溶解”，使二者融为一体，实现共生发展。总的来说，对于产教融合概念与内涵的认识和研究是在不断深化的，这既与政府职能部门不断的政策引导分不开，也与国内职业院校在校企合作、产教融合方面的实践探索与经验总结密不可分。

（二）职业院校产教融合政策研究

目前，有关职业院校产教融合政策的研究相对较少。祁占勇[6]、吴雪枫[7]等系统梳理了改革开放以来国内职业院校产教融合政策的演化过程、特点及未来研究重点，具体可以概括为：一是国内职业院校产教融合的政策，具有典型的时代发展特征，不同的发展阶段对应不同的产教融合政策；二是职业院校与行业企业之间的政策具有体系性特征，包括产教融合长效发展机制、合作机制、精准对接机制、师资建设机制等方面，是一个完整的体系；三是职业院校校企合作政策未来研究具有明显的广阔性特征，应进一步扩展校企合作的研究范围，加强校企合作的实证研究，以及拓展校企合作的研究视角与研究者。此外，刘小花等[8]利用 Nvivo 技术在对 22 项地方产教融合政策进行分析的基础上，概括了地方政府在深化产教融合政策创新方面的成功做法，概括为“四主体”，分别是政府主体、企业主体、学校主体与社会组织主体，“四主体”协同推进职业院校产教融合。

（三）职业院校产教融合模式与路径研究

目前，关于国内职业院校产教融合模式与路径的研究相对较少，更多的是以个案研究为主，尚未形成可以复制与推广的产教融合模式与路径。通过梳理总结发现：

一是产教融合是职业院校与行业企业的全过程无缝对接，以陈志杰[9]为代表，包括专业建设与人才需求、课程建设与职业岗位、师资建设与专家能手、实践平台与产研需求的对接。胡昌荣[10]、刘晓梅等[11]提出了“五位对接”的产教融合模式与路径，虽然“五位对接”的具体内容有所差异，但都极大地丰富了职业院校产教融合模式与路径的研究。通过构建全新的产教融合模式与路径，全过程实现职业院校培养“适销对路”的行业企业需求人才，也实现行业企业发展先进经验实时反哺职业教育，形成良性循环。

二是产教融合是职业院校与行业企业的全生命周期的共生发展，钱程等[12]、朱晶晶[13]等指出：行业企业人才需求是职业教育发展的指挥棒，发挥行业企业人才需求“风向标”作用，形成客观、公正的专业人才需求调研报告，作为专业建设与发展的基石。在此基础上，校企共同研制专业人才培养方案，共同研发专业教材与课程建设等产教融合任务，实现职业院校学生“入口端”“出口端”以及全生命周期共生发展。

三是积极拓展产教融合载体的建设。王佳妮[14]、刘来玉[15]、陈克军[16]等指出：以校中厂、园区、产业学院、产教融合型企业、中国特色师徒制等为特色的产教融合载体建设，无疑是助推校企合作与产教融合的最佳手段，但如何发挥行业企业在深化校企合作与产教融合中的主体与主导地位，是后续产教融合政策或体制机制方面需要深入探讨和研究的课题。

四是产教融合的路径构建。刘晓梅[11]胡昌荣[10]等指出：产教融合平台建设、产教融合相关机制，以及前面提及的“四对接”或“五对接”都从一定程度上阐述了职业院校产教融合的路径或模式，在一定范围内或一定地域内具有可推广性或可复制性。但鉴于国内职业院校众多，区域发展差异明显，以及专业发展水平参差不齐等现象广泛存在，在职业院校产教融合方面尚未形成比较统一的模式与路径。

（四）职业院校产教融合发展经验总结研究

国内职业教育产教融合方面取得了一定的成就与经验，梳理、总结如下：

一是职业院校产教融合的个性化特征明显。诸多专家、学者，都是以个性化案例进行研究，吴薇等[17]、陈晓青[18]、张苏娟[19]、张雅双[20]等分别从自选案例研究中总结出职业院校产教融合的经验集中在校企合作平台搭建、校企共研人才培养模式与方案等方面。这些经验具有较强的个性化特征，在整个职业院校或者产教融合领域进行推广，是有一定局限性的。

二是职业院校产教融合的经验，多从产教融合机制、产教融合举措，以及产教融合国内外经验借鉴等角度进行阐述和研究，更多的产教融合研究经验从平台搭建、资源共享、专业建设、课程建设等角度入手，行业企业与职业院校共建共享，以吴薇[17]、张苏娟[19]等为代表。此外，马树超[21]提出了产教融合的“三融入”做法，获得广泛认可。

三是产教融合共性特征总结不足。目前，诸多产教融合研究是基于不同区域、不同专业类型的职业院校产教融合，而对于能够契合不同专业大类、不同院校类型、不同区域行业企业发展模式、产教融合路径或经验的相关研究不足，这也是未来专家、学者需要进一步深入研究的重点课题。

（五）职业院校产教融合人才培养模式与实践探索

在职业院校人才培养模式与实践探索方面，专家、学者的研究更多的是基于产教融合理念、思路、路径、机制等方面，创新人才培养模式，培养更适合行业企业发展需求的专业技术型人才。目前，值得推广的职业院校产教融合人才培养模式可以概括为以下三个：

一是双主体导师制人才培养模式，即由学校和行业企业共同选拔精英担任学生学习团队导师，构建了“1+1+X”的导师制人才培养模式，其中“1”是指学校优秀专任教师，“1”是行业企业精英，“X”为专业学生，形成5~6人的项目化学习小组。成倩[22]、陈志杰[23]等指出，职业院校应在深耕行业企业人才需求及行业企业未来发展趋势的基础上，合力共同构建基于“双导师”的人才培养方案，并共同完成课程建设、教材建设等核心任务，最终共享人才培养成果。

二是现代学徒制人才培养模式，即由职业院校优秀专任教师或行业企业精英担任导师，构建了“1+X”的现代学徒制人才培养模式，其中，“1”是指学校优秀专任教师或行业企业精英，“X”是指专业学生，形成 3~4 人的项目化学习小组。袁明兰[24]、于瀛军等[25]、贾兴东[26]等基于政府主管部门提出的现代学徒制政策，积极探索不同区域、不同专业职业院校产教融合的现代师徒制人才培养模式，强化师徒在人才培养过程中的同步、同频的“共振作用”。

三是校店一体化人才培养模式，即将学校变成学生学习、实习实践的“店铺”或“工厂”，将课堂教学变成真实的实习实践或工作场景，在真实的场景中学习与实践。于瀛军[25]、荆宇[27]等都提出了基于校店一体化及校中厂的人才培养模式，指出将课程内容任务化，在“工厂化”的场景中，完成具体的课程内容学习与专业课程学习，这与近年来国家推广的产业学院式人才培养模式的塑造与推广不谋而合。

此外，黄倩[28]等认为职业院校产教融合人才培养更应该从产教融合人才培养的体制机制，以及发挥行业企业与职业院校的行动导向等方面进行强化，形成紧密型校企合作。

四、研究总结与展望

（一）研究总结

深化职业院校的产教融合是未来我国职业教育发展的主旋律，也是助力我国职业教育高质量发展的重要途径和方法。关于我国职业教育产教融合相关研究成果的数量与质量都取得了较大的进步，也取得了较为丰硕的成果，但仍存在着一些不足与研究空白。

一是相关研究具有突出的时代特征与中国特色。近十年，职业院校产教融合在摸索中不断前行，既有国外成功经验的借鉴与总结，也有国内知名职业院校特色专业产教融合实践经验的总结，对于我国职业院校产教融合的推广与完善，具有划时代的重要意义。同时，还可以看到，关于产教融合的研究成果都是根植于我国职业教育相关的国家政策、文件基础上的，具有鲜明的时代特征与本土化发展特征。

二是相关研究数量尚显不足。目前，绝大多数产教融合的研究文献，仅仅是将“产教融合”作为职业院校发展的一个大背景。在“产教融合”大背景下，探讨特定专业人才培养方案的研发、人才培养模式的改革，产业学院的建设，专业课程与教材建设等内容，较少文献将职业院校产教融合作为研究的主体内容，如不同类型职业院校产教融合的体制机制、创新发展模式等“产教融合”主体内容较少。但随着国家相关职能主管部门对职业教育产教融合的重视程度不断增强，相关研究会越来越多。

三是相关研究内容体系需要完善。从已经公开发表的研究文献来看，关于产教融合研究趋向于产教融合背景下的人才培养、专业建设、课程建设、产业学院等宏观方面，而对于产教融合顶层设计、产教融合各方职责与义务、产教融合各方评价，以及人才培养质量的综合评价研究较少。未来，应聚焦于产教融合与校企合作大背景下，职业院校与企业合作的顶层设计、职责与义务、动态评价机制、人才互评等方面。

四是产教融合研究视角尚需拓展。目前，产教融合相关研究主要集中在职业院校一端，也就出现了常见的“一头热”问题。职业院校教师以其学校为具体的案例进行产教融合背景下的人才培养方案制定、人才培养模式创新、产业学院建设、课程与教材建设等方面，而行业企业对于产教融合的研究很少，基于行业企业与高校联合研究就更少了。因此，应尽快理顺职业院校与行业企业之间的互利互惠、共建共赢的关系，充分调动行业企业与职业院校就职业院校“产教融合”“校企合作”某些热门话题开展联合研究，形成“校企合作”“产教融合”双向发展新模式。

五是产教融合实证研究相对较多，但相关研究成果具有很强的个性特征，可推广性一般。目前，国内职业院校产教融合实证研究主要集中在以下几个方面：其一是以特定职业院校为案例，深入剖析其产教融合的做法和经验总结；其二是以特定职业院校特定专业为案例，探讨其人才培养方案的研发与制定，与行业企业相吻合；其三是以特定专业为案例，探讨其人才培养模式的创新；其四是以特定专业为案例，深入剖析其专业课程与教材的研发，以上种种，都是基于特定职业院校、特定专业，不具有产教融合研究的广泛意义，其推广性和普适性一般。因此，未来，应根据职业院校不同类型，构建不同类型职业院校、不同类型专业的产教融合经验与模式，并进行推广。

（二）研究展望

产教融合是职业教育永恒的话题。如何更好地开展职业院校产教融合研究，并形成可推广、可复制的产教融合模式与经验，是未来我国职业院校产教融合研究的热点和核心问题。

一是构建产教融合研究体系。职业教育产教融合是一个系统工程，需要系统的架构。未来，职业院校产教融合研究，可以从研究内容、研究方法与研究主体等方面进行界定，如表2所示。

表2　职业院校产教融合研究一览

阶段	研究内容	研究方法	研究主体
实施前	政策研究、体制机制研究、对策研究、人才培养模式等	访谈法、问卷调查法、大数据分析法、文献研究法、探索性研究法等	政府职能部门、职业院校、行业企业
实施中	质量监控研究、产教融合动态研究、产教融合过程监督研究等	观察法、比较研究法、个案研究法等	职业院校、行业企业
实施后	质量监控研究、产教融合更新研究、对策更新研究等	比较研究法、经验总结法	政府职能部门、行业企业、职业院校

同时，应强化产教融合师资共同体、校企命运共同体建设等方面的研究。通过系统化的研究，形成一个完整的产教融合生命周期反馈链条，实现产教融合的动态运行与管理。

二是强化定量研究与实践研究，总结提升形成可复制的职业院校产教融合模式、路径与经验，进行推广。尤其是我国东部沿海发达省份，职业院校产教融合走在全国前列，以产教融合政策、产业类型产教融合等方面为突破口，采取定量与定性相结合、个案研究与总结研究相结合的研究方法，深化产教融合，形成可复制、可推广的产教融合政策、细分产业产教融合模式等经验总结，在全国范围内推广。

三是创新研究视角。从构建新时代产教融合、校企合作等视角，发挥政府职能部门、行业企业，以及职业院校产教融合主体的积极性与主动性，借鉴经济学、生态学、管理学、社会学等领域研究方法与理论支撑，从经济学、生态学、地理学等学科、领域角度开展职业教育产教融合理论与实践研究，积累经验。此外，积极借鉴国外产教融合成功经验，为我所用。

四是构建职业院校产教融合综合评价体系。未来可以尝试构建基于政府职能部门、行业企业与职业院校“三位一体”的职业院校产教融合综合评价体系，动态、综合评价产教融合的成效，这也是将来评选可复制、可推广产教融合模式的重要依据。

参考文献

［1］孙善学.产教融合的理论内涵与实践要点［J］.中国职业技术教育，2017（34）：90-94.

［2］岑霭芬.产教融合系统内涵体系及管理策略研究［D］.广东技术师范大学，2019.

［3］陈年友，周常青，吴祝平.产教融合的内涵与实现途径［J］.中国高效科技，2014：40-42.

［4］王喜苗.当前高职教育产教融合的内涵与特征分析［J］.湖北开放职业学院学报，2019（15）：24-25.

［5］周俐萍，郭湘宇.黄炎培产教融合思想的基本内涵及当代价值［J］.教育与职业，2021（14）：21-28.

［6］祁占勇，王羽菲.改革开放40年来我国职业教育产教融合政策的变迁与展望［J］.中国高教研究，2018（5）：40.

［7］吴雪枫.职业教育产教融合政策研究综述［J］.宁波职业技术学院学报，2021（5）：17-22.

［8］刘小花，孙翠香.地方政府深化产教融合的政策创新研究［J］.中国职业技术教育，2019（25）：24-32.

［9］陈志杰.职业教育产教融合的内涵、本质与实践路径［J］.教育与职

业，2018（5）：35-41.

［10］胡昌荣.五位对接：高职教育“产教融合”的有效路径［J］.职教论坛，2017（12）：44-45.

［11］刘晓梅，刘斌.职业教育产教深度融合的路径模型与现实思考［J］.中国职业技术教育，2020（19）：26-32.

［12］钱程，韩宝平.多重制度逻辑下职业教育产教深度融合路径创新研究［J］.职业技术教育，2018（4）：14-18.

［13］朱晶晶.高职院校产教融合的路径与支持政策研究——以广东省惠州市为例［D］.南昌大学，2021.

［14］王佳妮.高职院校产教融合特色实施路径研究［J］.浙江工贸职业技术学院学报，2020（3）：23-28.

［15］刘来玉，王耀，陈晨.高校产教融合困局及解决路径初探［J］.内蒙古科技与经济，2021（22）：35-36.

［16］陈克军.职业教育产教融合的目标体系、内容和路径选择［J］.机械职业教育，2020（9）：10-11.

［17］吴薇，王云江.农业职业院校深化产教融合的思考［J］.高等职业教育——天津职业大学学报，2014（10）：7-10.

［18］陈晓青.广州市高职院校产教融合动力机制研究［D］.广东技术师范大学，2021.

［19］张苏娟.高职院校产教融合校企合作研究——以辽宁生态工程职业学院园林学院为例［J］.商贸人才，2020（4）：247-248.

［20］张雅双.高职院校产教融合、校企合作育人的探索与实践——以天津商务职业学院为例［J］.科技视界，2019：142-144.

［21］马树超，郭文富.高职教育深化产教融合的经验、问题与对策［J］.中国高教研究，2018（4）：58-61.

［22］成倩.贵州省高职院校产教融合人才培养模式研究［D］.贵州师范大学，2017.

［23］陈志杰.产教融合背景下职业教育人才培养模式创新［J］.江苏经

贸职业技术学院学报，2022（1）：79-82.

［24］袁明兰，龙颖 . 基于现代学徒制实践站的产教融合人才培养研究［J］. 中国管理信息化，2018（20）：224-225.

［25］于瀛军，周敏，姜桂娟，刘玉兵，何鑫 . 产教融合人才培养模式探析［J］. 中国市场，2021（34）：78-79.

［26］贾兴东 . 构建校企命运共同体协同培养技术技能人才［J］. 中国高校科技，2017（6）：78-80.

［27］荆宇 . 农业高职教育产教融合“二元三体系”人才培养模式的实践探索［J］. 职教论坛，2017（21）：70-75.

［28］黄倩 .“产教融合”人才培养模式探析［J］. 中国高校科技，2017（9）：66-68.

国际化篇

典型案例

打造“熊猫工坊”传播中国文化

——成都职业技术学院国际交流合作实践

成都职业技术学院旅游管理专业教师教学创新团队

我国“一带一路”倡议提出携手构建合作共赢新伙伴，同心打造人类命运共同体的宏大畅想。面对新时代新需求，成都职业技术学院因势而谋、应势而动，充分发挥既有资源优势，打造极具区域文化特色的“中文 + 职业技能”品牌——“熊猫工坊”，用中国文化弘扬中国精神，传播中国价值，讲好天府故事。

“熊猫工坊”的建立是成渝区域职业教育对外开放合作的重要成果，不仅服务陆海新通道国际产能合作人才需求，更为对接成都市世界公园城市和“三城三都”建设、增强文化软实力做出积极贡献。

一、前瞻性布局

2019 年，成都职业技术学院做出前瞻性布局，在“双高”建设方案中明确提出要在 2~3 个国家建设 3 个“熊猫工坊”。2020 年在泰国落地首个“熊猫学堂”，先后派出数十名师生赴泰国中小学开展汉语语言教学，宣传天府文化，累计受训人员上万人。2021 年与泰国乌隆他尼皇家大学共建“熊猫工坊”，聚焦信息技术、商贸、旅游等领域开展学历教育、非学历培训，加强文化交流，培养“中文 + 技能”人才。学校目前正在积极推动与泰国宋卡府合艾市政府、马耳他等共建“熊猫工坊”事宜，实现“熊猫工坊”扎根东南亚、辐射欧洲。

二、新机制推进

成都职业技术学院充分发挥“陆海新通道职业教育国际合作联盟”理事长单位职能，利用理事长单位和副理事长单位分工协作机制、联盟专委会工作机制、联盟“政行校企”成员协同机制，与联盟成员协同共进，将“熊猫工坊”作为联盟重大工作内容，打造南向通道政行企校资源共享共建平台、“中文＋职业技能”人才培养平台。学院与中外地方政府部门、行业协会、“走出去”中国企业形成了“政企行校”产教协同机制，依托中外合作办学机构和项目建立优质职教资源引进和转化服务机制，实施专业国际认证，利用“熊猫工坊”与国外高校开展“专本”“专本硕”贯通培养，并推动课程置换、学分互认、课程互授、资源共建，实现双方优质教育教学资源共建共享，将“熊猫工坊”建设为中外合作办学重要的师资培训、科研合作、学生文创研习、创业活动和企业实习的基地，形成多层次的实践教学支撑体系。

学校积极拓展“两空间、两平台”办学空间，构建“平台＋项目＋资源”的“熊猫工坊”办学模式。充分利用建立的棋艺学院（国家棋牌文化教育基地）、成都非遗学院等职教文化空间和金融文化博物馆等中国特色文化资源，打造天府文化之旅、企业项目实习等项目，让外国学生了解成都文化历史，学习体验熊猫文化，促进彼此技能交流。同时，学校积极拓展海外办学空间，聚焦信息技术、商贸、旅游等领域，服务国际产能合作，开展学生双向研习、泰国中小企业跨境电商培训、泰国高校汉语教师培训，赴泰汉语志愿服务、“春城洋溢中华情”等项目，学历教育与非学历培养培训结合，“离岸”培养“本土化”国际人才，做好国际服务。

此外，学校建设“数字熊猫工坊”，打造教学开放平台和数字课程资源，开发对外汉语教学、职业汉语、技能培训、天府文化研习手册等特色资源和活页式讲义、教材19门，引进开发双语课程资源45门，利用资源开展“云研习”等活动，推动“数字熊猫工坊”优质教学资源开放共享。

三、高成效共享

随着成都职业技术学院“熊猫工坊”的落地落实，学校国际化发展取得显著成效，特色越发鲜明。

学校对标英国资历框架（RQF）、欧洲资历框架（EQF）、世界旅游组织质量标准，软件技术、电子商务专业水平达到英国资历框架（RQF）和欧洲资历框架（EQF）5级，旅游管理等6个专业通过世界旅游组织质量认证。

作为组长单位，学校依托国家“双高”专业群牵头负责金砖国家未来技能课程开发和国际团体标准制定项目“机器学习与大数据”课程的国际职业能力标准编制工作，将“中国标准”转化成“国际标准”，为建立健全机器学习与大数据职业技能培养培训和国际未来技术技能人才培养体系做出贡献。学校软件学院、城建学院成功申报首批坦桑尼亚国家职业标准开发项目建设单位，成功立项“信息技术工程师8级”“建筑工艺师7级”“土木工程技术员5级”3个职业标准建设。积极研发“熊猫工坊技能证书”，向境外中小企业、院校师生开展工坊认证。

学校对接成都市“文创之都”建设，与意大利库内奥美术学院合作举办成都职业技术学院库内奥艺术设计学院中外合作办学机构，与英国林肯学院合作举办“大数据与会计专业”中外合作办学项目，年培养规模近400人。依托乌隆他尼皇家大学“熊猫工坊”，开展课程置换、学分互认，培养中方“区域文化+技能”人才，泰方“中文+技能”人才；商务英语专业人才培养方案被泰方学校采用，推动教学合作、师资共享，共建金牌讲师团队1个，5门课程双向互授，参与项目的中泰学生达200余人。

此外，开发培训课程8门，2021年为泰方院校开展语言文化培训2场，参训人数162人，与泰国驻成都总领事馆合作，承办“泰国中小企业跨境电商培训”2场，300余家中小企业500余人参培，当地媒体给予广泛宣传，社会效应良好。开发64门双语课程、培训课程和天府文化资源，建设课程资源平台，形成三大专业+汉语语言文化在线课程群，开发职业汉语系列教材5本，并逐步实现开放共享，推动学院优质课程资源、课程标准“走出去”。建立院级科研平台“中泰职业教育研究中心”，首批吸引6名泰方教师参与项目，立项院级教学教改重大项目1个，出版教材、译著4本。

学校对接陆海新通道和RCEP建设需求，在泰国试点“熊猫工坊”特色品牌建设，全方位推动海外职业教育、中小企业培训、中文教育、文化交流等合作，得到泰国官方与院校、企业高度认可。学校获批国家教育部门人文交流中心“2021年中外人文交流全媒体产教融合项目”，获2018国家教学成果奖二等奖1个、2021年四川省职业教育教学成果奖二等奖2个。

如今，成都职业技术学院“熊猫工坊”已被列入“陆海新通道职业教育国际合作联盟”“八个一”工程。未来，“熊猫工坊”将成为集技能培训、学历教育、文化传播、技能展示、技术服务、师资培训和人文交流于一体，具有成渝双城经济圈特色亮点的国际合作交流新项目和新品牌。

旅游业态篇

研究报告

全域旅游视域下文化与旅游融合发展研究
——以苏州为例

苏州旅游与财经高等职业技术学校
旅游服务与管理专业教师教学创新团队

随着经济的发展，我国旅游业进入大众旅游时代，传统的以景点旅游为主的模式已经不能适应新时代旅游发展的需求，在此背景下全域旅游应运而生。全域旅游概念一经提出，立即引起了各级政府和学术界的重视。全域旅游的官方阐释最早见于原国家旅游局 2015 年下发的《关于开展国家全域旅游示范区创建工作的通知》(旅发〔2015〕182 号)，其中提出，“全域旅游是指在一定的行政区域内，以旅游业为优势主导产业，实现区域资源有机整合、产业深度融合发展和全社会共同参与，通过旅游业带动乃至于统领经济社会全面发展的一种新的区域旅游发展理念和模式”。在“全域旅游”成为国家旅游业发展实践性政策的今天，在“全域、全业、全时、全景、全员”的“五全”发展模式促进下，旅游与文化、农业、工业等的广泛融合，开创了一体化发展格局，开启了旅游发展新时代。《中共中央关于制定国民经济和社会发展第十四个五年规划和二〇三五年远景目标的建议》明确要求，“推动文化和旅游融合发展，建设一批富有文化底蕴的世界级旅游景区和度假区，打造一批文化特色鲜明的国家级旅游休闲城市和街区，发展红色旅游和乡村旅游。以讲好中国故事为着力点，创新推进国际传播，加强对外文化交流和多层次文明对话”。

苏州作为拥有 2500 多年历史的文化旅游名城、中国经济发展重要城市，在创建国家全域旅游示范区进程中，积极推进区域旅游资源全面整合，加速与相关产业，尤其是文化产业的高度融合，推动苏州经济发展顺利实现转型升级。“具有独特魅力的国际文化旅游胜地”的城市战略定位凸显出文化在苏州旅游业经济中不可替代的作用和地位。2016 年 2 月，苏州名列原国家旅游局公布的首批全国全域旅游示范区创建单位，开始了全域旅游的探索。截至 2020 年 11 月 18 日，苏州已成功创建国家全域旅游示范区 1 个，省级全域旅游示范区 6 个，苏州 10 个板块已有 6 家成功创建，其总数和占比均在全省位列首位。进一步贯彻落实好市委市政府《关于实施全域旅游发展战略打造国家文化旅游胜地的若干意见》和《全域旅游发展三年行动计划（2018~2020 年）》，完美收官“十三五”，奋力迈进“十四五”，继续推进苏州文化和旅游深度融合、一体发展，让文化在旅游产业中大放异彩，让苏州成为名副其实的世界级文化旅游重镇，是当前亟待解决的重大课题。

一、全域旅游背景下文旅深度融合发展的重大意义

在全域旅游时代，对文化的欣赏、参与和体验越来越成为旅游者的更高层次的精神需求。旅游产业对区域文化资源的挖掘和利用也越来越重要，文化产业和旅游产业边界也越来越模糊，越来越重叠，进而融合出高附加值的文化旅游产业新业态。

（一）文旅深度融合促进产业提质升级

1. 丰富旅游内涵，提升旅游品质

文旅融合，将极大地促进各地深入挖掘历史的和现实的文化资源和元素，注入旅游产业中，内化为旅游之魂，提升旅游品质，实现诗和远方的完美结合，满足人民群众对美好生活的向往和追求。用文化点亮旅游，促进旅游产业与文化产业融合发展，让“文化提升旅游品质，旅游扩大文化消费”，是未来旅游产业不断升级、高质量发展的生命线。今后一定时期内，文化旅游一定是旅游产业的最基本业态，文化的价值将决定旅游产业的价值，文化的发展走向也将决定旅游产业发展的总体走向。

2. 衍生全新业态，产生汇聚效应

文化不仅具有意识形态的社会价值，同时也是产业，和旅游产业一样，具有经济性价值，是人们只有通过付费才能得到的精神产品。文旅融合，也是文化产业和旅游产业的融合。文旅融合进程中，文化产业能够推动旅游产业高质量发展，促进旅游产业不断升级，赋予旅游产业更强大生命力；反过来，旅游产业也能够为文化产业发展提供强有力的支撑，带动文化产业不断创新发展。两者完美融合，一定会发生化学反应，产生业态汇聚效应，不断衍生出新的业态。

（二）文旅深度融合提高国家文化软实力和中华文化影响力

1. 塑造大国公民，突出文化自信

文旅深度融合，让旅游不再是走马观花，让旅途不再是疲倦和抱怨，更多的是让旅游者在旅游过程中不断地去感知、体验、认知目的地的文化内涵，增强旅游者对中华民族文化的认同和自豪，由此潜移默化地提升全民族的文化气质和文化自信，进一步培育出中华民族的群体凝聚力。

2. 讲好中国故事，促进文化认同

在国家义无反顾地坚持深化改革开放、推进全球化的今天，"一带一路"的实践，让中国正在为构建人类命运共同体提供经验和方案。做好"一带一路"、推进全球化、构建人类命运共同体，其核心还是世界各地人民是否能够文化认同、民心相通。文化认同、民心相通的前提必须讲好中国故事、传播好中国文化，让世界各地了解中国历史文化，理解中国今天发展诉求，通过国家软实力解决全球化的一系列问题。文旅融合是讲好中国故事、传播好中国文化的最佳途径和基本渠道。

（三）全域旅游背景下苏州文旅深度融合发展的重要意义

1. 增强城市软实力

文化是软实力，但增强文化软实力却是硬任务。必须充分认识到，文化自信是一座城市发展中更基本、更深沉、更持久的力量。苏州是一座具有2500多年悠久历史的文化名城，拥有深厚独特的文化资源。在全域旅游背景下，苏州不断深化文旅融合，有助于更加注重统筹、协调、优质发展，努力以更高水平的文化供给满足人民的文化需求，丰富旅游产业发展的价值维度、精神指向和人文内涵，最终增强城市文化软实力。

2. 促进经济内循环

2020年5月14日，中共中央政治局常委会首次提出了“两个循环”概念。在5月23日两会期间，习近平总书记强调要“逐步形成以国内大循环为主体、国内国际双循环相互促进的新发展格局”。其中“内循环”是在认清客观现实的前提下，保证生产供给与就业稳定的一种经济杠杆，意味着文旅产业要不断扩大内需，以主要服务国内市场为导向，以国内消费侧的需求推动文化供给侧的改革。苏州大力发展文旅融合产业，不仅能有效应对全球新冠疫情对经济的冲击，实现稳就业、保民生、促消费、稳增长，而且能提升人民群众的参与感和幸福感。

二、苏州文化旅游融合发展现状

（一）极具旅游经济价值的文化资源挖掘

2500多年的不间断性区域开发和城市发展，为苏州积淀了丰富多彩的文化内涵，形成了影响力极强的吴文化体系，成为中华文化中七大区域文化的发源地，也是全国历史文化遗存保护相对完好、传承创新相对突出的少数几个地区之一。现有的336处市级以上文物保护单位、308处市级控保建筑以及海量的非物质文化遗产中的大部分都是具有文化和旅游双重价值的资源，为今后全域化建设国际文化旅游胜地奠定了良好的资源基础。

1. 古城、古镇、古村落等聚居文化资源彰显苏州历史文化名城的原始风貌

聚居文化资源很多，但只有那些保存完好或部分保存下来的古城、古镇、古村落等原真性聚居文化资源才具有旅游价值。苏州古城及其周边诸多古镇、古村所体现出来的文化资源形态具有或潜在具有旅游经济价值，特别具备全域化、高品质化旅游开发的条件。

一是古城风貌。2500多年的苏州古城基本保持着春秋时期伍子胥建城时的水陆并行双棋盘格局和吴地传统建筑风貌。城中国家级文物保护单位、控保建筑比比皆是，成片的街坊保持了原真性历史风貌，特别是闻名中外的古典园林一直在苏州旅游国际化发展中唱主角。据统计，清末时苏州城内外有园林 170 多处，现保存完好的园林仍有 60 多处，拙政园、留园、网师园、环秀山庄等 8 处古典园林被联合国教科文组织列入“世界文化遗产名录”，苏州古城成为中国名副其实的“园林之城”。同时，古城自 20 世纪末被划分成 54 个街区，平江历史文化街区、阊门历史文化街区、拙政园历史文化街区、怡园历史文化街区、桃花坞历史文化街区以及紧邻古城的山塘历史文化街区等众多历史文化街区的保护和开发几乎将古城具有文化和旅游双重价值的区域连成一片，非常有利于全域化旅游开发和申请进入世界遗产。

二是古镇、古村风貌。苏州古城外围聚集了木渎、同里、角直、周庄、东山陆巷、西山明月湾等上百个著名古镇、古村落，非常典型地反映出江南乡村的独特历史风貌，更具有“小桥流水人家”的典型江南聚居特征，是打造旅游品牌的最好文化资源。

2. 以大运河苏州段为代表的古水系彰显苏州深厚的水乡文化底蕴

苏州自古河网密布，水系交通非常发达，最具代表性的就是著名的京杭大运河苏州段。京杭大运河已经在 2014 年 6 月成功列入“世界文化遗产名录”，苏州有四河道七遗产点段入列其中，具体河道包括城区故道（山塘河、上塘河、胥江、环古城的护城河）和现京杭运河苏州至吴江段等河道，遗产点包括山塘历史文化街区、虎丘云岩寺塔、平江历史文化街区、全晋会馆 4 个运河相关遗产和盘门、宝带桥、吴江古纤道 3 个运河水工遗存。苏州因此成为运河沿线 35 个地级市中唯一以古城概念进行申遗的城市。以大运河苏州段为代表的古水系历史上对中国南北文化和经济的沟通与交流发挥了重要的交通枢纽作用，充分彰显苏州深厚的水乡文化底蕴。

3. 古桥、舟楫等水上交通资源彰显苏州的江南水乡特质

“舟楫当车，以水为道”是历史上苏州水系交通文化的典型反映，600 多年前的马可·波罗就已经让世界知道了苏州是一个“东方威尼斯”。如今苏州水系交通已经不再像历史画卷里描绘的那样繁荣，但历史上水系交通所积淀的文化资源非常丰厚，具有旅游价值，主要体现在两个方面：

一是古桥。水多必然桥多，唐朝白居易“绿浪东西南北水，红栏三百九十桥”的经典诗句印证了苏州桥多的历史。苏州历史上留下的最完整的可考性地图——宋代《平江图碑》上刻有359座桥梁；至民国时城内仍有桥308座，加上城外700余座，总共达1000多座；时至今日，苏州市区共有古桥约185座，其中石板桥104座、石拱桥80座、木桥1座，经修复改建保持原结构的桥梁约125座。这些保存完好的古桥文化内涵非常丰富，点布的桥边小品以及配置的桥碑、楹柱、咏联等都取得了较好的文化艺术效果，具有极高的旅游价值。

二是舟楫。密布的河道影响了苏州人的出行方式，历史上逐步形成了各式各样的舟楫。据清代顾禄《桐桥倚棹录》记载，当时山塘河上的舟楫就分为荡湖船、灯船、游船、快船、小艇等多种形制，并且形成精美独特的船宴文化。这种舟楫文化具有很高的旅游价值，在今天苏州的旅游产品中也有体现，例如山塘景区和虎丘景区的山塘河游船、环古城河游船、光福的太湖船菜船点、周庄闹元宵灯船巡游等。

4. 伍子胥、范仲淹、唐伯虎等名人文化资源彰显江南一地的英才辈出

苏州自古以来文化昌盛，人文荟萃，唐至清近1300年间的科举取士中文状元45名，进士千名，居全国之冠。至于封疆大吏、征战良将、地方官员、社会名流以及有贡献于社稷的苏州人或有功于苏州而为后人推崇的外地人更是数不胜数。建于2012年的苏州名人馆将447位历史名人、状元宰相和两院院士陈列其中，其间代表性历史名人有：吴地始祖泰伯、仲雍，春秋时期吴王阖闾、夫差，三国时吴王孙权，“六朝四大家”中的陆探微、张僧繇，南朝时编著现存最早楷书字典的顾野王，唐朝“草圣”张旭、“塑圣”杨惠之，北宋名相范仲淹，南宋诗人范成大，明朝大学士王鏊，“明四家”沈周、文徵明、唐寅、仇英以及通俗文学代表冯梦龙、香山帮匠人鼻祖蒯祥，清代史学家顾炎武，虞山诗派领袖钱谦益以及苏州“贵潘”一族代表大学士潘世恩及其孙潘祖荫，民国时期国学大师章太炎，退隐苏州的同盟会元老李根源，近代曲学大师吴梅，南社创办人柳亚子、陈去病，以及被称为苏州文化界三老的程小青、范烟桥和周瘦鹃等。

众多的历史名人留下了大量的故居和墓祠。据统计，目前苏州古城区具有一定文物价值的古宅超过200处，其中名人故居占了很大比重。除故居外，古城内外的历史名人墓祠100多处，如景德路的王鏊祠、廖家巷的唐寅祠、横塘王家村的唐寅墓、胥口渔帆村的蒯祥墓、石湖吴山的申时行墓，等等。

5. 刺绣、宋锦、苏扇等工艺文化资源彰显苏州传统手工的精湛绝伦

有着"世界手工艺之都"之称的苏州一直是全国工艺制作的重地，刺绣、缂丝、宋锦、玉雕、核雕、制扇、漆器、明式家具等巧夺天工，形成了独具特色的"苏作工艺"。故宫博物院藏有180多万件（套）藏品，其中很大一部分与苏州有关系，如陈设类的"苏作"家具、玉器、钟表、漆器等，服饰类的"苏绣""缂丝"，铺垫地毯类的宋式"重锦""缂毛"，宫廷渲染气氛类的"苏式"彩灯、门神、彩胜等。苏州传统工艺门类齐全，形成了许多重量级的非物质文化遗产，其中一部分非物质文化遗产已经通过传承人制作和开发推向旅游市场，成为游客来苏的"必购品"，更成为省际、国际友好往来、民间文化交流的"必需品"。

6. 评弹、昆曲、吴歌等演艺文化资源彰显吴地生活的风雅

物华丰茂的苏州，千百年来沉淀绽放出来的演艺文化同样精彩多样，戏剧、曲艺、舞蹈、音乐、民歌等门类齐全、灵动雅韵，列入市级以上非物质文化遗产项目众多，尤其是昆曲、评弹、滑稽戏等已经成为大部分旅游者来苏必选的欣赏项目。网师园的夜间游园演艺就是有机地融入了昆曲、评弹、古琴等传统演艺项目，时至今日仍不失为苏州发挥非物质遗产的演艺文化价值、做成复合型优秀旅游产品的经典案例。

7. 道观、佛寺、教堂等宗教文化资源彰显苏州民间信仰的丰富多彩

苏州的道观、佛寺、教堂等宗教文化资源丰富多样，通过挖掘和整合，大部分具有旅游经济价值。

8. 轧神仙、划龙舟等民俗文化资源彰显吴地区域文化的活态形式

民俗文化具有区域文化的独特性和不可替代性，往往成为旅游资源开发的核心要素。苏州历史发展所积淀出来的民俗文化地方特色浓郁，具有旅游欣赏和极强的体验、参与价值，如元宵灯会、端午节划龙舟、江南水乡妇女服饰、轧神仙和各类庙会、水乡婚俗、寒山寺听钟声、阿婆茶等项目都已列入非物质文化遗产保护名录。列入非遗保护的民俗文化一旦活化再现，将吴地人民生活习俗中精彩的一面呈现给旅游者，并让旅游者亲身参与和体验，定会给旅游者带来感官上的冲击，充分满足旅游者最高境界的旅游期盼。

9. 松鼠鳜鱼、阳澄湖大闸蟹等美食文化旅游资源彰显苏州美食的深厚底蕴

美食是旅游业发展最不可或缺的关键性要素，中国八大菜系所在地同时也是非常重要的旅游目的地，旅游者异地旅游除欣赏美景外，更是对博大精深的美食文化情有独钟。四季分明、物产丰富的苏州形成了自己的独特菜系——苏帮菜，创造出江南风格的小吃——苏州小吃，生产出清香淡雅的中国名茶——太湖洞庭碧螺春茶。旅游者寻味苏州美食兴致盎然，苏州美食早已是中国饮食文化中的瑰宝，历来文人墨客对苏帮菜赞颂从不吝惜笔墨，已故中国作协副主席陆文夫不仅以苏州美食文化为背景撰写了中篇小说《美食家》，而且高度评价苏帮菜，“它和绘画、雕塑、工艺、文学，甚至和音乐都有关联”。苏帮菜的色、香、味、质、形、器、声均有独到之处，特色鲜明，口味恰似吴侬软语，委婉糯甜，余味绵延，耐人寻味，充分体现苏州本土原料的自然之味。苏州美食文化讲究美感，注重艺术性，如代表菜松鼠鳜鱼完全做出了松鼠形状，栩栩如生；苏帮菜中的花式冷盘造型别致、色彩艳丽，常结合苏州景点的图案，造出亭台楼阁，花鸟鱼虫，给人以艺术享受。

10. 名山、湖泊、岛屿等山湖文化旅游资源彰显苏州自然景观的人文气质

从理论上来说，名山、湖泊、岛屿属于自然景观旅游资源，但苏州的山湖、岛屿资源并不像中国西南、东北、西北等地存在许多完全的自然景观旅游资源，苏州的山湖、岛屿早已注入人文气息，属于自然人文复合性文化旅游资源，因此也应纳入文化旅游资源的范畴。在苏州城市发展的历史长河中，金鸡湖、阳澄湖、尚湖、石湖、太湖以及太湖诸岛屿等众多湖泊岛屿已经完全融入人们的日常生活，历代文人墨客、达官贵人在节庆或闲暇期间喜欢游历苏州湖泊岛屿，并留下无数与此相关的名诗佳句；穹窿山、灵岩山、天平山、太湖石公山等苏州西部诸山早就不再是单纯的青山美景，而是因孙武、范仲淹、夫差西施、海灯法师等历史名人的故事吸引旅游者前往探究。

上述所列的十大类历史文化资源不代表苏州文化的全部，但却是整合文化资源、推动文化旅游融合发展的核心要素和内涵。在全域旅游发展时代里，苏州历史文化资源遍布城乡各地，吴地文化的特色明显，立体性强，尤其是完整保护下来的苏州古城以及众多的古镇、古村落整体呈现出吴地文化的立体形态，是“国际文化旅游胜地”建设的最佳切入点和路径。

（二）苏州文化旅游融合发展现状分析

1. 苏州文化资源注入旅游产业中的发展成效

丰厚的文化底蕴和吴文化发源地的中心位置让今天的苏州仍然焕发着光芒，各项发展指标排在全国前列，文化产业和旅游产业发展指标都优于同类城市。在文化资源中注入旅游产业、形成品质型旅游产品方面取得了较好的成绩。

一是以古典园林为代表的典型性文化旅游融合产品早已成为国际级高端旅游产品。无论是节假日还是平时，苏州几大代表性园林一直是游人如织，尤其是国际游客来苏的主要旅游地，其中网师园夜游注入了演艺文化的元素。

二是以苏州博物馆为领衔的博物馆旅游正如火如荼地兴起，越来越多的旅游者是在通过苏州的博物馆探究苏州历史文化脉络、了解苏州人文风物。

三是以苏州国际旅游节为中心的节庆旅游正在成长壮大。从“寒山寺新年听钟声”到“苏州乐园狂欢夜”，再到苏州国际旅游节的系列活动，苏州节庆旅游不断成长壮大，逐步形成一个小全域的文化旅游融合项目。

四是以昆曲、评弹为主的演艺文化不断注入旅游景区景点、茶楼酒吧，凸显苏州演艺文化的艺术特色。

五是以非物质遗产工艺品制作为核心的旅游工艺品凸显“苏作工艺”特色，逐渐局部避免了全国旅游工艺品创意同质化的现象。

六是以阳澄湖华谊影视城为代表的一批主题体验公园正在兴起，将促进苏州文化旅游产业新业态不断发展。

2. 苏州文旅融合产品列举

经调研梳理，从食、住、行、游、购、娱六个方面整合出目前苏州主要文旅融合产品如下（见表 1）：

表1　苏州文旅融合产品列举

类别	苏州文旅融合产品
食	苏式美食：苏州小宴；吴中风情运河宴；石湖水鲜宴；太湖船菜宴；碧螺春宴；震泽乡情主题宴席；太湖溇港宴；吴江宾馆四季宴；江南运河宴；阳澄湖全蟹宴；苏州好行凝芳屋美食专线……
住	特色酒店：山塘人家；平江华府精品酒店；太湖万里酒店；孙武书院罗浮山庄；东山驿馆精品酒店；苏州环秀晓筑养生度假村；花山隐居精品酒店…… 特色民宿：苏州右见留白民宿；燕子坞；巢园精品民宿；半山艺精品民宿；此处有别院；花坊栎民宿；菡蓑外；云卷云舒度假民宿；聆风山居；仁德山庄园林民宿；金庭冶园如初民宿；东山璞隐别院民宿；同里花间堂丽泽女学；太湖乡耕民宿；树山“一宿一品”乡村旅游民宿
行	巴士游：苏州好行；苏州旅游专线；新区有轨电车游 水上游：姑苏水上游；太旅集团水上观光游、绕岛观光游、连岛观光游三大太湖水上兜风项目；甪直古镇水上游；同里古镇水上游 步行游：平江路；山塘街；金鸡湖环湖步道 旅游大道及服务区：昆韵大道；阳澄湖旅游服务区
游	夜经济：姑苏八点半；周庄夜经济；虞歌畅晚夜经济；拙政园“拙政问雅”夜游项目 微旅行：“行走运河读古城”文化苏州线路；“漫步街巷话平江”文化苏州线路；“打开门扉看同里”文化苏州线路；巷未来姑苏文化之旅；金鸡湖微旅行线路 研学旅行：园博园研学基地、苏州园林研学（虎丘碑拓、虎丘盆景、狮子林石艺、留园古建、留园花窗、沧浪亭诗词）；昆曲研学；周庄酒文化探秘之旅；周庄绿乐园昆虫总动员；园博非遗亲子太湖；红色太湖传承历史；丝绸之乡醉美桃园；沟通水泽滋养江南；常熟研学堂 文旅小镇和产业园：旺山文旅风情小镇；永联江南田园风情小镇；震泽丝绸风情小镇；周庄水乡风情小镇；太湖体育运动休闲小镇；吴江旗袍小镇；镇湖刺绣小镇；伊利工业产业园；隆力奇、波司登工业旅游示范点 文化专题博物馆：御窑金砖博物馆、非遗馆、吴中博物馆、昆曲博物馆；评弹博物馆；状元博物馆；民俗博物馆；碑刻博物馆；丝绸博物馆；戏曲博物馆；考古博物馆
购	本土特产：苏绣；苏雕；苏扇；苏灯；苏州丝绸；碧螺春；苏式红木小件…… 文创产品：窑变手工杯＋紫砂壶套装文创产品；蚕丝文创制品；“游礼吴江”旅游商品集群；甪直端端帆布包；穹窿本草绘；穹窿飞鸟集；香雪海梅桩石壶系列文创，太湖元素文创；非遗系列文创；“昆山有礼”旅游商品品牌 创意市集：吴中文化创意集市；姑苏二十四集；本色文化创意集市；“非常生活”太湖园博非遗集市；吴江水秀天地文创市集，同里假日集市，同里鸡头米君集市；常熟李桥生鲜集市（文旅菜市场）

续表

类别	苏州文旅融合产品
娱	文化演艺：网师园夜花园；拙政园“私人定制”；沉浸式园林实景话剧《遇见姑苏·木渎往事》；苏州情调实景演出《寻梦山塘》；园林版昆曲《浮生六记》；江南原生态文化水乡实景演出《四季周庄》；大型实景剧《让子弹飞》《芦荡烽火》 节事活动：太湖文化旅游节；木渎旅游节；太湖开捕节；太湖梅花节；吴中洞庭山碧螺春茶叶节；渔洋山音乐节；枇杷杨梅采摘节；苏州窑上桂花节；太湖奇幻花灯节；东太湖旅游文化节；昆山国际文化旅游节；昆曲海峡两岸（昆山）中秋灯会；沙家浜红色旅游节 赛事活动：金鸡湖马拉松；金鸡湖龙舟赛；金鸡湖帆船赛；“环太湖”国际竞走和行走赛；“环太湖”四季嘉年华越野赛；吴江东太湖国际皮划艇大赛；环太湖国际公路自行车赛 主题游乐：华谊兄弟电影影城；苏州乐园森林水世界

3. 苏州文化旅游融合发展存在的不足

尽管近年来苏州市政府也制定出台了一些鼓励文化产业和旅游产业融合发展的政策，采取了一些推进文化和旅游融合发展的措施，取得了一些成效。但实际上，具有庞大体系的吴文化资源远远没有和旅游业产生化学反应，也没有衍生出新的融合型产业。吴文化资源要么是和旅游资源叠加后自然生成文化旅游产品；要么是碎片化植入旅游产业，成为旅游产品中的点缀性元素。目前存在的主要问题有：

一是文化资源转化为旅游产品力度不够。虽然苏州在传统文化保护上做得非常不错，尤其是通过20世纪90年代的“古城居中，一体两翼”的城市发展格局定位，有效保护了古城文化风貌，但延绵2500多年的吴地传统文化仍会在现代工业化、城市化的进程中受到严重侵蚀。海量的、具有极高文化旅游经济价值的物质和非物质文化遗产、历史遗迹因恪守保护定律而沉睡古城街巷、乡村坊间，有的因长期无人问津呈现出破败甚至消亡现象。因现代人们的生活需要，苏州古城的灵魂——水文化已经褪色，粉墙黛瓦式传统建筑遭到破坏，古城“东方威尼斯”的历史风貌不在。今天的苏州虽然拥有海量的重量级文化资源，但能够成为国际级旅游产品的仍然只是古典园林，其他历史文化资源的旅游开发仍处在低级阶段。重量级旅游产品单一是苏州全域化建设国际文化旅游胜地的最大障碍。

二是文化旅游融合型新产品开发力度不够。苏州长期工业经济形成的思维定势，造成文化旅游产业经济发展相对滞后。旅游产品开发长期限于古典园林、古城历史文化街区以及古镇、古村观光旅游，在旅游发展业态创新、文化旅游融合型新产品开发等方面相对滞后，导致苏州虽有全域旅游发展资源却未形成全域旅游发展模式。如演艺旅游小打小闹，既没有像桂林那样由电影《刘三姐》延伸编排出来的大型旅游演艺节目《印象·刘三姐》，也没有像杭州那样深挖历史文化编排具有旅游号召力的《宋城千古情》。再如，宗教文化旅游格局较小，虽然有早已蜚声海内外的寒山寺，但是没有像无锡那样人为缔造出一个“灵山大佛”国家5A级景区。无重量级、创新型文化旅游产品是当前苏州文化旅游融合发展的最大现状。

三是文化旅游融合发展的环境不容乐观。同其他地区一样，工业化、城市化不仅造成大量具有可持续发展价值的文化资源逐渐消失，而且给文化旅游业带来许多环境问题。苏州古城本可以全域形成国际级文化旅游产品，但不容乐观的环境问题制约了古城成为世界级文化旅游名城。如根据英国巴斯大学对苏州古城旅游的国际调查，古城拥挤的交通环境严重破坏旅游者驻足欣赏、体验苏州文化的心情，破败不堪的建筑、拥挤杂处的务工群体、污浊不洁的卫生状况很难让旅游者住下来享受精致的“苏式生活”。

四是文化旅游融合发展的国际形象提炼不够。自2013年苏州入境旅游人数呈现下降趋势，其原因很多，但苏州旅游的国际化标准形象提炼和建设也是重要原因之一。多语种标识、国际航空交通设施可达性、国际化的餐饮住宿设施等均未达到国际化旅游城市标准，如地铁报站的英文路名和地面上的英文路名翻译完全不一致。同时国际化软环境建设不到位，多语种、信息化旅游服务能力偏弱，国际性会议及节庆活动数量较少，旅游企业国际化经营理念尚未树立。

五是精通文化旅游业融合发展的人才匮乏。苏州文化旅游人才总体规模跟不上旅游业井喷式发展，高、中端及一线旅游人才全面匮乏。在全面建成小康社会阶段，在建设国际文化旅游胜地、推进经济转型升级时期，非常需要在地化的旅游高等教育提供人才资源支撑。苏州虽然有20多所专科以上的高等院校，但几乎都是以制造业为主，目前还没有一所文化旅游类高等院校为苏州快速发展的文化旅游业提供强有力的人才支撑和智力支持。

三、国内外文化和旅游融合发展经验分享

苏州作为文化资源相当厚重的国家传统历史文化名城，三十多年的改革开放取得了巨大成就。在全面决胜建设小康社会的今天，苏州经济社会发展面临着新发展路径的选择。值得欣喜的是：市委市政府决定把“建设具有独特魅力的国际文化旅游胜地”与“先进制造业基地”“科技创新高地”并列为“十三五”城市发展的总体战略，《苏州旅游业发展“十三五”规划》、市委市政府《关于实施全域旅游发展战略打造国际文化旅游胜地的若干意见》都十分明确地指向苏州文化和旅游要融合发展，缔造出高附加值的文化旅游新业态来。文化旅游是旅游产业中的最高层次的旅游，是文化资源厚重地区推动经济发展转型升级、走可持续发展道路的支点性产业经济。如何用全域旅游思维推进文化旅游融合发展、建设国际文化旅游胜地，还必须借鉴吸收国内外成功的经验。

（一）国外文化和旅游融合发展经验

1. 瑞士文旅融合发展经验

作为国际文化旅游融合发展标杆的瑞士在旅游目的地打造方面的地缘优势、历史发展、先进的规划和设计理念以及卓越的运营管理实践经验值得分享。瑞士位于欧洲中部，国土面积41285平方千米，人口仅为800万，旅游业发达为全球公认，是仅次于机械制造和化工医药的第三大创汇行业。瑞士既有美丽的阿尔卑斯山和众多湖泊，也有历史文化底蕴非常深厚的城市、小镇和乡村，与苏州的地形地貌和文化资源颇为相似。在瑞士，处处是风景，到处可休闲，旅游不局限在景点名胜，更体现在文化和旅游完美融合，各种体验式旅游、参与式旅游层出不穷，立体化的交通、便利的在地化旅游服务，尽显瑞士有机整合资源、融合文化旅游产业发展的好模式。

2. 威尼斯文旅融合发展经验

马可·波罗的故乡——意大利威尼斯的文化积淀和苏州更加类似，两者文化的灵魂都是水，只是威尼斯建城1000多年来以来一直保持水城原始风貌，

古城至今仍是以舟相通，是世界上唯一禁止汽车通行的城市。威尼斯长期坚持水陆交通环境的治理和文化遗产的活化性保护，凭借古城的水环境、众多的历史遗迹和特殊的交通工具——“贡多拉”打造出了文化旅游融合发展的新天地，如城市的“慢生活”、吸引世界眼球和旅游欲望的威尼斯电影节以及其他各类节庆活动，为城市带来丰厚的经济回报。

3. 巴黎文旅融合发展经验

法国巴黎是世界级历史文化旅游名城，确切地说更类似中国的首都北京，历史文化非常厚重。卢浮宫、奥赛博物馆、凯旋门、巴黎歌剧院、巴黎圣母院、先贤祠、埃菲尔铁塔、塞纳河畔游船，将整个巴黎历史文化经典景区区域地串联起来，再配以塞纳河畔的酒吧、香榭丽舍大街的咖啡和花店，全面营造出一个国际化的“浪漫之都”文化旅游氛围。

（二）国内文化和旅游融合发展经验

1. 杭州对南宋文化资源的挖掘

“上有天堂，下有苏杭”，苏州在历史上曾经和杭州比肩誉为天堂般的城市，但近十几年来杭州持之以恒地挖掘具有旅游经济价值的历史文化资源，倾心打造“休闲之都”，推进文化旅游融合发展。首先，治理西湖景区，提炼“西湖十景”南宋文化内涵，并进一步渗透到整个杭州城市旅游中，逐步锻造出城市“慢生活”的休闲文化，西湖景区也成为全国第一个无门票的开放性休闲游览景区；其次，深挖南宋文化中的演艺元素，打造出《宋城千古情》《印象·西湖》大型旅游演艺项目以及很多小型文化旅游演艺，点亮了杭州夜生活，成为旅游者体验杭州夜生活的重要选择；最后，深挖南宋文化饮食元素，建造杭帮菜博物馆，宣传杭帮菜南宋时代形成过程，为杭帮菜注入了南宋菜肴文化的特有内涵，赋予了杭帮菜“轻淡适中，选料精细，因令时鲜，多元趋新”的文化特质，使今天的杭帮菜成为吸引游客、留住游客、让游客回味无穷的城市名片。

2. 海南对黎苗文化资源的挖掘

十八大以来，海南省加快国际旅游岛建设，从精品旅游到全域旅游，从省市到县乡村，加大旅游人才的培养力度，努力营造良好的旅游环境，在全国率先推出了旅游警察等一系列举措，2018 全年海南岛旅游接待游客近 8000 万，成绩骄人。在推进文旅融合发展的过程中，海南抓住当地黎苗少数民族文化资源，进行深度挖掘开发，打造出了一批文旅精品。例如，海南仁恒美丽之冠文化旅游发展有限公司作为海南发展文化旅游产业的重要平台，致力于区域文化旅游产业的综合开发，目前重点开发海南保亭甘工鸟文化旅游度假区项目，是以海南保亭黎族文化精神象征的甘工鸟为文化主线，延展文化内涵，打造雨林文化休闲、婚庆文化体验、养生度假等功能为一体的浪漫雨林文化旅游度假区项目。其中典型案例有琼海的槟榔谷和野人谷，主打黎苗文化特色，目前运营已渐入佳境。

3. 国内其他地区文化旅游融合发展的经典案例

除上述杭州、海南比较全域化推进文化旅游融合发展外，国内还有许多地方发展经验值得借鉴。如山西平遥古城的全域化保护性开发后，不仅保持了古城建筑风貌，而且还通过举办各种民俗活动和文化演艺，活化再现了历史上的平遥城政治活动、居民市井生活以及市场繁荣的景象，使游客身临其境般地感触到晋中历史文化的精髓。

四、全域化推进苏州文化旅游融合发展的建议

文旅融合是一个系统化的工程，围绕系统工程的理念，在文旅融合之路上逐步实现五大方面的融合，即机构的融合、场所的融合、业态的融合、产品的融合、管理的融合。文旅融合发展要“以文促旅”即文化特色塑魂，文化品牌赋能，文化展演活游，艺术工艺创品，以及 IP 价值整合。“以旅彰文”即“八化”：文化产品化、文化业态化、文化主题化、文化品牌化、文化体验化、文化游乐化、文化互动化、文化情境化。

苏州深厚而丰富的文化资源理所应当在建设“国际文化旅游胜地”、创建国家全域旅游示范区中唱主角，建议从激活历史文化资源、创新发展文化旅游新产业、重构文化旅游国际新形象、建立保障文旅融合发展新机制等方面做出政策性、实践性探索，致力于让“东方威尼斯”“小桥流水人家”的城市风貌以及“人间天堂”的舒适精致生活名片誉满全球。

（一）科学规划，注重激活历史，构建国际特色文化旅游新载体

1. 以古城为核心，活化历史文化载体，再现传统历史聚居风貌

（1）突出古城核心，再现古城传统历史风貌。建设“国际文化旅游胜地”的核心就是古城。在前期实施古城治理“六大工程”基础上，再花大力气严格按照《苏州旅游业发展“十三五”规划》要求，抓好古城风貌建设。一要增强古城聚居风貌的历史性文化欣赏价值，聘请历史文化旅游专家参与详规制定，合理规划传统历史街区、古典园林保护区、历史遗迹保护区、传统建筑控制区，注重可游性历史文化资源挖掘和利用。二要突出古城文化遗产、历史文物的旅游价值，重点改造那些未来可以体现苏州文化特色、具有国际美誉度的片区，如拙政园文化旅游片区、平江路历史文化旅游街区、观前街传统商业旅游片区、桃花坞历史文化街区、怡园历史文化街区，以环秀山庄、王鏊故居为中心的环秀山庄片区、阊门历史文化街区、巡抚衙门为中心的书院巷片区、盘门旅游景区、十全街片区、望星桥片区（以东吴大学旧址为中心）、沧浪亭片区等。延伸到古城护城河外，重点恢复西园寺—留园片区、葑门西街片区、山塘街历史文化街区、虎丘片区、枫桥旅游片区5大片区。三要狠抓“六大治理工程”，提升古城聚居风貌的历史感和文化的吸引力。严格按照规划，以点带面，系统恢复古城历史风貌，依法处理违背规划、破坏古城风貌的个人和单位，力争用2~3年时间基本完成古城整体历史风貌恢复工作。四要以全面恢复古城历史风貌为契机，适时创建国家5A级历史文化旅游景区，并以创建活动为抓手，推动古城历史文化深度保护和文旅深度融合发展。

（2）依托古镇古村，再现经典江南乡村风貌。俯拾皆是的古镇、古村是苏州推进江南水乡的乡村文化旅游主要载体，是旅游者了解旧时江南农村商业文化、耕读文化的重要窗口。合理开发利用古镇、古村的文化资源，是推进江南乡村文化旅游的必由之路。一要强化古镇、古村发展规划，严处古镇、古村无序开发状态；二要还原古镇、古村历史风貌，提升古镇、古村环境质量，再现江南水乡风采；三是出台乡村古建活化使用政策，合理开发和利用古镇、古村的控保建筑。

2. 以大运河苏州段为核心，活化古老水系，再现“东方威尼斯”场景

“君到姑苏见，人家尽枕河”恰如其分地勾勒出苏州“水陆并行、河街相邻”的双棋盘城市格局。水是苏州的灵魂，水是苏州的文化命脉，发展文化旅游必须要有水文化的全面融入。当前，具有丰富文化内涵而且还能够进行旅游开发的古水系已经不多，仅有京杭大运河苏州段、古城护城河、上塘河、山塘河、胥江（简称“四河一江”）经过改造整治后方能成为优质的水文化旅游产品。具体做法是：

（1）加强“四河一江”文化资源挖掘，提升古水系的文化旅游内涵。一是挖掘京杭大运河苏州段历史文化资源。京杭大运河与古城水系互为一体，已列入世界文化遗产保护名录，京杭大运河苏州段驿馆、驿站、桥梁纤道、古寺名刹等历史遗存较多，但具有旅游开发价值并可乘船游览的河段是新区枫桥段至吴中区宝带桥段以及吴江区部分河段。二是挖掘护城河及城内水系历史文化资源。护城河与城内纵横水系相连，也与城外河道湖泊相接，与岸边名胜古迹、历史遗存有机地构成了富有“水乡枕河”特色品质的江南城市特有的文化环境。三是挖掘上塘河历史文化资源。上塘河西起寒山寺，东至阊门，其间贯穿了寒山寺、西园寺、留园、山塘街等历史名胜，覆盖了苏州寺庙宗教文化、私家园林文化、传统商业市井文化，非常具有旅游开发价值。四是挖掘山塘河历史文化资源。山塘河起自阊门，终于虎丘，两岸有五人墓、葛贤墓以及各式会馆、祠堂、牌坊、古桥等历史遗存和传统建筑，旅游开发价值极大。五是挖掘胥江历史文化资源。胥江从古城胥门西向与运河交汇后，流经木渎，达胥口后入太湖，沿岸历史遗存和故事传说较多，尤其是胥门至木渎古镇段具有旅游开发价值，两岸拥有唐寅墓、石湖、上方山等名胜。清代宫廷画家徐扬《盛世滋生图》已绘就了从木渎经胥江到苏州古城的历史繁华景象，沿江按图复原，再现姑苏繁华胜景，就是很好的文化旅游产品。

（2）强化“四河一江”整治和改造，提升水文化旅游品质。一是要加强城市水生态环境治理，统筹实施“四河一江”水系沟通、河道疏浚、活水补水、截污治污、生态修复等环境工程。二是要严格保护和修复河岸古桥、古迹等历史文化遗存，提升水文化旅游内涵。例如，完善岸边古迹游览点、乘船仿古码头和连接点，将唐寅墓等离“四河一江”较近的历史文化遗存设立景观化连接通道或移到河岸边等。三是要保持和恢复沿河建筑的传统风貌，控制旅游视线范围内的岸边建筑物外观和高度。四是要增加沿河两岸绿化景观带宽度、美丽度，有条件的河段两岸可建成沿河特色主题公园。

（3）借鉴国际经验，打造水文化漫游系统。借鉴意大利威尼斯经验，在前期完成古城护城河环城漫游步道的基础上，全面建设“四河一江”漫游通道：临河地面道路禁止机动车通行，快速交通通过地下或桥梁通道运行，河道和临河地面道路使用游船和慢行交通工具，打造真正意义上的“自在苏州”慢生活品牌。

3. 以非物质遗产为核心，活化苏州曲艺风物，再现吴地文化的历史繁华

素有“世界手工艺之都”的苏州拥有6项世界人类非物质文化遗产、33项国家级非物质文化遗产、114项省级非物质文化遗产、186项市级非物质文化遗产。在全域旅游模式下，非物质文化遗产是文化旅游融合发展的核心要素，必须花大力气活化那些还在沉睡的非物质文化遗产，让它们在旅游产业中大放光彩。

（1）推进非物质文化遗产传承体系建设。一是建立原发地保护区，明确非遗保护单位和传承人，形成非物质文化遗产的保护体系。二是建立传承人培养基地，在非物质文化遗产原发地和苏州文化旅游类院校中建立非物质文化遗产人才传承和培养基地，加强非物质文化遗产传承人才队伍建设。三是建立非遗博物馆群体，开展非物质文化遗产展示、体验等宣传教育和培训活动，还原非遗载体的文化功能，促进非物质文化遗产传承发展与旅游业发展融合互动。

（2）推进非物质文化遗产市场化运作。一是借助中国苏州文化创意设计产业交易博览会平台，策划举办全球非遗工艺品博览会。二是通过举办旅游商品创意设计大赛，推进非遗手工艺产品化、市场化、创新化。三是选择西园寺至留园的留园路一带，建设国际手工艺品集散中心，推进苏州非物质文化遗产走向世界。四是建立非物质文化遗产基金，资助非物质文化遗产传承人、民间艺人开办非物质文化遗产技艺工作室、工艺坊，开发具有苏州传统文化特色的旅游工艺品。五是依托古城、古镇、度假区、旅游街区、古典园林、古宅院等重点旅游区域以及相关专业大型演出平台，多样化演艺昆曲、评弹、吴歌等苏州表演性非遗项目。

（二）合理布局，注重项目引领，创新发展文化旅游新产业

1. 推进古城功能转型，优化产业布局

（1）加速功能切换，推进古城瘦身发展。严格按照苏州文化旅游产业规划，加强“古城首位度”建设，用3~5年的时间，将古城建成“形态上呈现小桥流水、粉墙黛瓦的传统聚居风貌，业态上呈现文旅融合、全域发展的新型产业聚集地”。具体做到：除有历史文化底蕴、可开展研学旅行的文化教育单位以及部分与古城人口规划相适应的义务教育单位外，其他所有规模型党政机关、大中型事业单位以及与文化旅游关联不大的产业商业搬出古城，以释放古城文化旅游发展空间，缓解古城交通压力，促进古城“瘦身强骨”，形成国际级特色文化旅游目的地。

（2）优化业态布局，促进文旅深度融合。一是布局发展博物馆群体。用政策撬动社会资本介入，以名人故居、文保建筑等为主要载体，以海量的非物质文化遗产为主体内容，扶持建设一批特色鲜明、互动性强的宜游型博物馆，使古城成为名副其实的博物馆城，如巡抚署衙旧址可以建成古代官府衙门博物馆并辅以衙门文化活动，织造府旧址可以建成苏州织造博物馆并辅以古代丝织劳作互动，钮家巷潘宅可建成名副其实的状元博物馆并辅以科举考试互动。二是布局文化创意产业。充分挖掘利用古城景区边缘或景区之间的传统建筑、迁出单位置换出来的空间，布局展示性强、体验性强、参与性强的文化创意产业，并且注重文化创意产业的同业聚集发展效应。三是布局发展具有吴文化特色的精品主题酒店或民宿客栈，选址应临近景区或处在古城商业圈内。四是布局传统商业。制定古城传统商业圈商业功能切换政策和措施，促进为本地居民日常服务的现代型商业向古城外商业区扩散，推进布局苏州传统美食产业、夜间各类风情酒吧娱乐产业、主题酒店和民宿客栈以及与古城其他文化创意产业关联的演艺性产业。

2. 以游客互动体验为切入点，建设一批文旅融合新项目

（1）特色小镇建设工程。鼓励拥有深厚历史文化底蕴、独特水乡民俗、文化遗产丰厚，而且能够充分凸显吴地文化风情、江南水乡特色的地区，建设一批文化旅游特色小镇。例如，以镇湖苏绣、舟山核雕、盛泽丝绸等具有江南文化典型特色工艺为支点，建设一批独具魅力的文化旅游小镇、特色文化旅游村，增强文化旅游的体验环节，凸显"苏式生活"的魅力。

（2）文化遗产精品游工程。充分开发苏州"世界手工艺之都"、重量级文化遗产的旅游经济价值，以古典园林为重点，以历史人物故事为线索，建立一系列文化遗产精品旅游项目，如经典园林游、佛教寺院精品游、明四家踪迹探访游等。摒弃走马观花式的静态遗产观光游，通过数字化历史生活场景再现或实景演出活动，加强文化遗产和游客的近距离互动，增强游客的现场感。例如，通过实景或数字化技术还原历史上园林主人生活场景，将古典园林静态观光游转化为动态体验游，一定会让游客深刻理解古典园林的内涵。

（3）"一街一镇一村一精品"游工程。通过古城以及众多的古镇、古村的历史风貌再现或恢复式改造，提升古城街区、古镇、古村的文化遗产、民风习俗活化水平，促进形成差异化、特色化文化旅游发展之路，避免苏州区域内古街区、古镇、古村一个面孔。挖掘历史遗存和地域手工艺传统资源，发展符合各自古街区、古镇、古村落的旅游工艺产品、传统乡村土特产、特色精品文化主题酒店，形成"一街一镇一村一精品"游，避免旅游产品同质化、旅游商品劣质化、民宿酒店庸俗化。

（4）文化旅游产业主题园建设工程。一是环古城内外建设一批以研发生产工艺品为主的文化旅游产业体验园。可利用置换出来的党政机关、大型事业单位以及老旧企业的房屋空间，差异化布局和建设可游性文化创意产业园。如，搬迁留园路西头的八一小学，将西园寺以东至广济路的留园路一带建成以工艺品研发、生产、交易为主的文化创意产业园，和西园寺、留园、山塘街主要景点构成文化旅游产业带。二是以苏州秀丽的自然山水资源、深厚的历史文化资源、典型的水乡平原为依托，建设一批像苏州乐园、华谊影城电影文化体验园、亨通苏州太湖梦幻乐园、太仓恒大童世界等大型文化旅游主

题公园。到 2020 年，建成 10 个文化体验功能较强、游乐资源丰富、市场认可度较高的文化旅游产业主题园。

（5）文化旅游创意产品开发工程。一是充分挖掘苏州工艺类非遗的市场价值，打造一批能够代表苏州文化形象的旅游工艺品——“苏州礼物”，重点提升苏绣、缂丝、宋锦、苏扇、核雕、桃花坞木刻年画等一批非常具有苏州文化特点的传统工艺品，赋予产品的现代时尚元素和新的经济价值。二是通过激励政策和绩效杠杆，鼓励苏州园林单位、文保单位结合自身文化特质，开发文化内涵丰富、市场附加值高的文创产品。三是出台扶持激励性政策，吸引世界各地优秀的文化创意人才聚集古城区或文化旅游产业园内建设个人工作室，开展文化创意产品研发和生产工作，增强文化创意工作室的观赏性、体验性和互动性，提升文化创意产品的市场价值。四是定期举办文化创意产品大赛，评选若干系列旅游经济价值较高的工艺品，通过奖励或购买服务的方式扶持发展。

（6）演艺娱乐文化提升工程。一是以昆曲、评弹等苏州传统戏剧、曲艺文化为基础，以吴地历史发展为脉络，深挖吴地歌舞演艺文化内涵，结合现代科学技术，编排出 5 个左右极具吴地文化内涵、极具娱乐欣赏价值的大型演出剧目，用“最甜美的吴地声音”和“最精彩的舞台艺术”展示出苏州文化的精彩之处，让不懂吴地方言的旅游者能够耐心驻足欣赏、流连忘返。二是出台政策扶持鼓励苏州昆曲院、苏州评弹团、苏州歌舞剧院等文化单位面向旅游市场，深入古典园林、博物馆、古宅院、茶楼酒肆，创新演出形式，编排与古典园林、古宅院、市井里巷等历史文化遗迹底蕴一致的各类演出剧目，开展吴地戏曲文化、歌舞文化以及其他艺术文化的传播工作。三是鼓励古城、金鸡湖等主要旅游区域内的景点、酒店、酒吧吸引世界各地艺术团体、演艺单位开展夜间演艺、秀场走秀、主场娱乐等。

3. 以节事会展为平台，提升文旅融合发展的高附加值

办好传统的国际旅游节，鼓励社会力量举办各种文化旅游展会节庆活动，重点开发会奖旅游（会议、会展、奖励等旅游）、体育赛事旅游、商务考察旅游等高附加值业态，重点打造园林会奖旅游区、湖畔会奖旅游区、古城古镇会奖旅游区和商务考察旅游区。一是借鉴新加坡、德国等国家先进专业经验，整体谋划苏州会奖旅游提升战略规划，完善会议展览业发展的相关政策。二是用好核心景区、酒店、历史文化建筑以及苏州博艺中心、苏州工业园区体育公园等设施，加强与餐饮、购物、交通、住宿、娱乐等相关业态整合串联，大力引进定制商务考察、小型精品会议、国际性专业会议论坛、国际体育赛事，开展500强企业会议活动旅游、企业经理层和优秀员工奖励旅游、行业性展览会奖旅游。三是加强与国际、国内专门的PCO/PEO会奖旅游机构的合作，吸引其到苏州设立分支经营点。四是建立和实施会议大使制度，构建统一的苏式会奖旅游电商平台，加强与国际（新加坡、纽约等）、国内（上海、杭州等）的合作联动。

（三）形象再造，注重标准制定，构建文化旅游营销宣传新模式

1. 优化城市视觉形象系统

城市视觉形象系统包含很多方面，一般主要抓住两个主要方面：

（1）视觉图像创设。视觉图像是视觉传达系统中最为直观的寓意表示，使人能够在第一时间感官到视觉对象的形象，想象视觉对象呈现的姿态，城市的视觉形象一定要刻意地塑造才行。苏州具有2500多年的历史，城市的文化旅游名片和特征较多，但最为典型的就是“人家枕河”“园林之城”“丝绸之府”“世界手工艺之都”“东方威尼斯”等，如何用贴切的图像诠释出苏州城市的寓意非常重要。

（2）主题口号提炼。标识性主题口号非常简练，一般不能超过10字，太长了没有人会记得。苏州曾经有“天堂苏州、东方水城”的口号，也有称为“东方水都”“东方威尼斯”，这在一定历史时期起到非常重要的宣传推广作用。但是，实际上国际游客来到苏州，并没有产生“东方水城”或“东方威尼斯”感觉，主要是由于苏州的水文化没有得到开发而且也没有在旅游业中占据重要的位置。目前，又提出了“人间天堂、自在苏州”的主题口号，基本切合了当前的全域旅游发展模式。

2. 强化市场推广和营销

（1）两个市场差别化宣传。一是国际营销以历史文化遗产推广宣传为主轴。以古城、古镇、古典园林、昆曲以及大量的国家级文保建筑和非物质文化遗产等中国传统文化为基调，突出古今交融、艺术、生活之城等特色，突出历史文化名城的“人家枕河”特色，形成立体化国际宣传体系，市场方向重在欧美市场。二是国内营销以全域化休闲度假体验为主轴。继续加大“古城文化深度游”“新城浪漫时尚游”“太湖生态休闲游”三大品牌宣传力度，培育“游水城苏州，品苏式生活”新品牌。

（2）改革旅游营销和宣传方式。一是做好境外本地（苏州）网站优化和维护，加大网站的国际化专业推广。二是做好旅行商、媒体考察团的引导和游客输出地专场推介活动。三是培训和提升苏州本地旅行商的接待服务，指导苏州旅行社与境外旅行商共同制订新的苏州产品和线路。四是组织国内外专业媒体来苏考察并撰写新闻和专题，全面实现境内外地区的媒体宣传覆盖。五是在社交媒体、搜索引擎及其他专业推荐网站上实施精准推广，提升苏州国际知名度。六是政府引领，通过市场方式加强与影视、文艺界合作，创造一批类似电视剧《都挺好》的以苏州历史文化为背景的电影、电视剧和文学作品，强化文化软实力的国内和国际影响力。七是发挥苏州籍影视、体育明星的民众影响力，提升苏州文化的国际吸引力。

3. 强化导览系统的国际标准化建设

（1）组织专家编制苏州城乡旅游导览的国际化版本，而且语言翻译要符合国际化标准。（2）在公共交通枢纽处、道路显要位置建设“城市客厅”，建立苏州国际旅游导览电子系统和传统媒介系统，增强城市国际化旅游导览功能，注重景区与景区之间的导览标志衔接。（3）开发手机 App 多语言导览系统，让国内外游客只要进入苏州区域就能很便捷地使用手机导览交通、景区、博物馆、酒店、商业、休闲娱乐等旅游场所。（4）适应国际自助游的需要，充分使用 VR、AR 技术再现历史文化景区的历史背景，推进景区数字导览系统建设。

（四）统筹协调，注重保障落实，形成文化旅游融合发展新机制

1. 打破区域资源的条块分割，统筹苏州文化旅游融合发展

（1）加强组织统筹，打破条块分割。成立由市政府主要领导任组长的文化旅游融合发展领导小组，成员为新产业发展涉及的各主要委办局，主要负责全市文化旅游融合发展的组织领导、顶层设计和推进执行等工作。

（2）加强组织协调，推进工作落实。建立文化旅游融合发展例会制度，对领导小组所有决策事项进行清单制执行和协调，形成文化旅游融合发展的长效机制。

（3）注重科学决策，摒弃短视工程。建立文化旅游融合发展专家智库，为发展文化旅游产业、编制产业规划、重点项目论证、重大问题决策提供咨询和指导，让苏州的文化资源的全域化旅游开发与文化遗产保护、生态环境保护相一致。

2. 优化苏州旅游交通体系，促进“苏州好行”名副其实

（1）提升“苏州好行”运行效率。结合全域旅游发展需求，全面梳理可纳入“好行线路”的景区（点）、新业态项目，重新策划旅游线路，扩大“好行线路”的覆盖范围，策划点对点线路，促进“苏州好行”高效顺畅运行。

（2）制定实施旅游线路通畅工程。建设以地铁、公共汽车、出租汽车、水上巴士、公共自行车、人力车为互补的城市旅游公共交通体系，形成各旅游集散中心与各景区景点之间便捷、畅通的区域旅游公共交通网络。按照“一体化、便利化、快捷化、无障碍化”标准，树立交通“旅游化、景观化、休闲化”的理念，围绕重点景区、休闲度假基地、特色旅游基地、特色旅游村，形成以交通干道、旅游专用通道、景观廊道、慢行绿道串联的，覆盖全域的旅游交通路网体系，实现景区与交通干道、景区与景区、景区与城镇、乡村旅游点与交通干道间的无缝对接。

（3）进一步改善推进古城交通环境。一是在古城环境六大治理工程基础上再加大整治力度，扩大古城文化历史街区、重要旅游区域的禁机动车辆范围。二是严厉整治违停机动车辆，并提高机动车古城停放费用。三是适时建设古城主干道地下机动车通行隧道，缓解古城地面交通压力，并将地下机动车通行隧道和古城大型地下停车场连接。四是在古城护城河外围选择合适地块建设大型地下立体型机动车库，并与古城公共交通系统和护城河水上交通游览系统紧密连接，构架古城内外交通接泊系统。五是改革古城公共交通汽车款式，定制适合古城窄路通勤、便于沿街沿河观光、和古城建筑风貌一致的中小型环保公共汽车，其运行路线主要在古城内，并与城外交通接驳点紧密连接。

（4）建立健全水上交通旅游系统。充分利用苏州丰富的河流水系资源，挖掘古老水系的文化资源以及江南水乡的“人家枕河”风貌，通过河道整治、游线设计、码头建设、游乐项目引进等，开发水上交通游览线路，同时配套开发湿地游船、河道游览、水上运动等水上娱乐活动，推动苏州水上观光游览项目的开发与运行。

3. 发展苏州旅游教育事业，构建立体化的文化旅游人才保障体系

（1）升级姑苏文化旅游人才计划。一是设立专门人才创新创业专项孵化、奖励资金，吸引全球文化创意人才、旅游人才落户苏州开展文化旅游类创意创新和创业工作。二是推行“人才绿卡”政策，支持文创单位、文化旅游教育单位引进领军性文化创意人才、旅游人才，从事研发、管理和教学工作。三是对获得国家旅游局“万名旅游英才计划项目”的高校、职业院校给予经费配套和奖励。四是结合乡村旅游创客示范基地建设，鼓励大学生、专业技术人员、文艺界人士到乡村从事创作创业工作。

（2）完善文化旅游人才培育体系。一是围绕苏州旅游业发展目标需要，参照旅游业较为发达的国家关于文化旅游人才培养层次梯度标准，明确苏州院校文化创意、旅游专业本科、高职、中职的合理比例。二是筹建一所文化旅游高度融合、产教研高度统一的“苏州旅游学院”，为文化旅游产业可持续发展提供强有力的人才支撑和智力支持。三是实施“苏州旅游从业者素质提升工程”，分层次对苏州旅游从业者全员开展一轮培训，整体提升从业者素质。

苏州历来是中外游客向往的旅游目的地。长期以来，苏州坚持品质化发展，走出了一条“双面绣”的旅游发展之路。展望未来，苏州旅游将再次踏上转型发展的新征程，开启全域旅游的新探索。拥有丰厚文化资源、历史文化旅游基础非常良好的苏州在新的城市发展政策推动下，一定能够创造出一片全域化文化旅游融合发展的新天地。

由于人手和时间因素，课题组的研究还有待进一步深化，下一步将着重针对苏州文旅深度融合发展评价指标体系进行研究，通过建立文旅融合发展数据统计和绩效评估办法，完善文化旅游市场综合监管机制，为科学决策提供依据和参考。实现最终苏州文旅资源的充分对接、文旅平台的充分互动、文旅要素的充分融合，大幅度提升苏州文化旅游深度融合，最终形成苏州文旅事业发展的新优势。

参考文献

［1］关于开展国家全域旅游示范区创建工作的通知（旅发〔2015〕182 号）［Z］. 2015.

［2］市政府关于印发关于加快推进文化和旅游深度融合的实施意见的通知（苏府〔2017〕138 号）［Z］. 2017.

［3］苏州市人民政府办公室关于印发苏州市旅游业发展“十三五”规划的通知（苏府办〔2017〕18 号）［Z］. 2017.

［4］苏州市委市政府. 全域旅游发展三年行动计划（2018—2020 年）［Z］. 2018.

［5］章怡芳. 文化旅游开发中的资源整合策略［J］. 思想战线，2003（6）.

［6］张海燕，王忠云. 旅游产业与文化产业融合发展研究［J］. 资源开发与市场，2010（4）.

［7］鲍洪杰，王生鹏. 文化产业与旅游产业的耦合分析［J］. 工业技术经济，2010（8）.

［8］徐仁立. 旅游产业与文化产业融合发展的思考［J］. 宏观经济管理，2012（1）.

［9］张海燕，王忠云. 旅游产业与文化产业融合运作模式研究［J］. 山东社会科学，2013（1）.

［10］厉新建，张凌云，崔莉. 全域旅游：建设世界一流旅游目的地的理念创新——以北京为例［J］. 人文地理，2013（3）.

［11］陈行. 基于空间生产三元一体框架的建水古城文化景观探析［J］.

园林，2017（5）.

［12］程善兰 . 文旅融合视角下苏州历史文化旅游街区的保护与路径探讨［J］. 商业经济研究，2017（12）.

［13］张肃，黄蕊 . 文化旅游产业融合对文化消费的影响［J］. 商业研究，2018（2）.

［14］把多勋 . 改革开放 40 年：中国文化旅游融合发展的价值与趋势［J］. 甘肃社会科学，2018（5）.

［15］王燕 . 文旅融合视角下历史文化名城的保护与可持续发展——以云南建水古城为例［J］. 人文天下，2018（21）.

［16］冯健 ."文旅融合" 该从何处着手［J］. 人民论坛，2018（32）.

［17］陈璇 . 大运河苏州段文化带的基本内涵及建设举措研究［J］. 苏州教育学院学报，2019（5）.

［18］李萌 . 推进文旅融合需要深化认识厘清问题［N］. 中国旅游报，2020-01-15（3）.

［19］许鑫 . 专题：文旅融合的 "上海探索"［J］. 图书馆论坛，2020（10）.

［20］徐翠蓉，赵玉宗 . 文旅融合：建构旅游者国家认同的新路径［J］. 旅游学刊，2020（11）.

［21］陈家闯，孔维龙 . 国内外文化旅游产业融合发展的成功经验及启示［J］. 产业创新研究，2020（22）.

［22］文旅产业如何融入 "内循环"［N］. 江苏商报，2020-09-04（3-4）.

［23］金根 . 深化文旅融合　增强城市软实力［N］. 苏州日报，2020-10-21（A8）.

学术论文

文旅融合视域下无锡旅游目的地产品创新研究

赵　刘

无锡商业职业技术学院

［摘　要］随着旅游需求的升级、旅游产品的老化、旅游业竞争的加剧，旅游产品迫切需要通过创新设计和丰富内涵来不断延长产品生命周期。从文旅融合理论的角度，结合无锡旅游产业发展现状，提出景观衍生开发型、无形文化体验型、主题创意驱动型、社会资源转化型、节事活动激发型、品牌商品打造型六种具体的旅游产品创新模式，并设计相应的产品创新路径，以打造体验型、互动型、文化型、创意型的地方旅游产品体系。

［关键词］旅游产品；创新模式；文旅融合；无锡

［作者简介］赵刘（1980—），男，安徽凤阳人，教授，博士，研究方向为旅游体验现象学、旅游策划。

［基金项目］江苏省社会科学“江苏滨湖旅游地社会—生态系统的恢复力测度与调控机制研究”（19GLD017）；江苏高校哲学社会科学研究项目“江苏文化创意与旅游产业融合发展的动力机制与耦合评价”（2019SJA2288）；江苏省教育科学“十三五”规划课题“职业教育双师型教师素能培养的形成机理与创新机制”（C–c/2020/03/16）；江苏高校“青蓝工程”资助项目。

旅游产品一般由景观、设施和服务构成，具有综合性、无形性、生产与消费同时性等特点。从旅游目的地的角度来看，旅游产品是目的地提供给旅游者的消费总和，对于当地旅游产业发展具有十分重要的意义。特别是随着目前旅游者需求的变化升级、一些旅游产品的老化、周边旅游地的竞争加剧，旅游产品的创新具有更加重要的现实意义。无锡市具有得天独厚的文化旅游资源和区位优势，然而当前不少产品已经进入生命周期的成熟期甚至衰退期，如何通过资源整合以及利用文化、创意和科技手段来创新旅游产品，使之持续地满足旅游者的需求，已成为新时代背景下需要深思的课题。

一、研究述评

（一）旅游产品开发设计研究综述

在旅游产品开发设计的相关理论研究方面，魏小安和魏诗华[1]在旅游规划中运用了通用商业分析法，认为内容规划、功能规划、空间规划和时间规划是旅游情境规划的四个重要方面，而体验经济需要贯穿其中。李经龙[2]认为，旅游规划需要重视横向和纵向两个维度，即丰富旅游体验的类型，并提升旅游体验的层次。庄志民[3]从资源、市场、产品的角度，进行了体验型产品的设计。陈娟[4]研究得出了体验型旅游产品的六类要素，包括产品主题、场景、情节、角色、控制和表演等。高小华[5]构建了旅游产品设计的宏观模式和微观模式，宏观 RMP 模式注重体验性设计，而微观设计模式涵盖主题、布景、情节、角色和表演等要素。在地方旅游产品开发设计的应用研究方面，李琴[6]对剑门蜀道旅游产品进行了具体研究，分析了资源现状以及旅游发展的优劣势与机遇环境，进而提出了以体验型为主题的该地旅游产品深度开发的思路、步骤和内容。刘欣[7]认为科技旅游产品设计开发需要从感官营销、感受营销、思考营销、行动营销和关联营销五个方面进行。马潇[8]提出了广州市体验型旅游产品开发的具体举措，认为可以将电影创作的基本方法引入开发设计中。王镜[9]基于对遗产生态系统和遗产旅游者旅游体验的研究，运用 HELP 模式对西安遗产旅游进行了景观和旅游产品开发。付业勤[10]认为旅游体验研究十分重要，他以游客漂流活动的动机分析为基础，提出了虹口漂流旅游产品相关的开发策略。王帆和赵振斌[11]具体分析了古村落旅游景观的展示内容和展示方式及其对旅游体验的影响，为当地管理部门开发决策提供了较好的参考。

在无锡旅游产品开发研究方面，陈红[12]分析了无锡休闲旅游资源的优势及其在开发中存在的一系列问题，对无锡休闲旅游产品的开发措施提出了合理化建议。彭妍[13]提出了推动无锡影视基地影视旅游产品实现转型的对策。何灿群等[14]认为深入挖掘无锡地域文化特征元素、打造个性化产品是无锡发展旅游文化创意产业的关键。鲁瑾[15]提出无锡开发夜间旅游产品必须系统考虑六大利益主体的角色、定位和目标。吴媛媛等[16]提出了基于非物质文化遗产视角的无锡市休闲旅游产品开发的相关主张。丁兰华[17]认为无锡的旅游文化创意产品开发要从历史文化街区改造、运河旅游产品开发、文化博览园的开发三个方面来进行。刘晴[18]以拈花湾为样本，探索了当下文化旅游产品的分类、开发原则、开发步骤及发展方向。

（二）文献评价与研究价值

从综述可以看出，目前相关研究比较强调以旅游者体验为中心，比较重视旅游产品的开发。就具体实践而言，不少地方探索了旅游产品的创新设计问题。这些研究对政府和旅游企业的实践起到了一定的借鉴作用，但是总体来说方案还是不够细致，缺少创意。

从无锡旅游产品开发研究来看，不少学者已关注到无锡亟须进行旅游产品的更新，但是所提建议和举措往往比较雷同，大多从特色化、体验化等宏观方向阐述，操作性不强。目前无锡旅游产品开发遇到的主要问题有以下几点。一是旅游产品同质化比较严重，无锡旅游的地方特色没有得到凸显。很多文化资源的创意开发模式单一，文化、创意与旅游产品的融合度不高。二是不少旅游产品进入生命周期后期，发展乏力，缺乏持续吸引力，使得旅游者的体验不够深刻，互动性不够丰富。三是旅游产品与商业、工业、农业、交通、文化、体育等相关产业的融合不够深入。本文将从文旅融合视角出发，结合无锡旅游产业发展实际，系统探讨文旅融合背景下旅游目的地进行产品创新的理论模式，针对无锡现有旅游产品的更新发展提出系列对策，旨在推动地方旅游产业进一步发展。

二、无锡旅游产品创新战略的理论借鉴

从发展方向来看，无锡应以打造省内领先、全国一流、世界知名的旅游目的地城市为目标，全力构建体验型、互动型、文化型、创意型的旅游产品体系，其主要理论借鉴则是旅游产品生命周期理论和文旅融合理论。

（一）旅游产品生命周期理论

旅游产品生命周期来源于有形产品的生命周期概念，指的是旅游产品从生产出来投入市场到被淘汰退出市场所历经的阶段，一般包括投入期、成长期、成熟期和衰退期。旅游产品生命周期理论反映了在市场需求和市场竞争等综合因素的作用下，旅游产品在市场中一般遵循从无到有、由弱至强、盛极而衰的发展规律，如旅游景区、旅游商品、酒店产品等莫不如此。基于此，应关注产品生命周期规律，科学研判产品发展所处的阶段并提出有效对策，通过丰富产品内涵或创造新的产品来不断延长旅游产品的生命周期，从而在激烈的市场竞争中获得优势。

（二）文旅融合理论

旅游产品创新与文旅融合理论结合具有一定的普适性与必要性。“文旅融合”概念由于契合了文化与旅游的根本关联性——文化是旅游发展的灵魂而旅游是文化发展的依托，在学术界、文旅业界乃至社会大众中都获得了广泛的认可和高度的关注。这一方面有赖于党和政府对文旅融合的重视与大力支持，另一方面是因为它符合我国当前的经济发展背景，顺应旅游发展模式的时代特征。党的十七届六中全会首次将“推动文化产业与旅游等产业融合发展”上升为国家战略性议题，党的十九大报告更框定了“培育新型文化业态”融合目标，这意味着文旅融合已成为我国经济与文化领域亟待研究的重大课题。因此，通过文旅融合实现旅游产品创新是无锡旅游业升级发展的必然选择。

三、无锡旅游产品创新模式研究

结合文旅融合发展的要求以及无锡旅游产业的发展现状，本研究提出以

下六种旅游产品创新模式，并设计相应的产品创新路径。

（一）景观衍生开发型

针对目前旅游产品较为成熟的景区，需要研究如何进一步围绕既有主题进行产品的衍生开发，以持续增强景区旅游产品吸引力，提高旅游者重游意愿。

1. 佛教文化主题旅游产品

无锡市灵山景区位于太湖之滨，由小灵山、祥符禅寺、灵山大佛、天下第一掌、百子戏弥勒、佛教文化博览馆、万佛殿、九龙灌浴、梵宫等景点组成，也是世界佛教论坛永久会址。灵山景区集湖光山色、园林广场、佛教文化、历史知识于一体，是目前我国最完整的佛教文化主题园区。当前灵山景区旅游产品处于成长期或成熟期，应提前酝酿新型产品并着手规划设计。对于后期产品的创新，建议重点从以下两个方面着手。一是继续强化佛教文化景观设计，提升灵山景区视觉新鲜度。可以设计国内外佛教寺庙特色景观博览馆或廊道，汇集各种形制的寺庙、塔刹、经幢、典型佛祖造像等，给游客带来极大的冲击感。二是继续主打佛教文化、禅意文化，特别是紧密围绕禅学在缓解当代城市人精神压力方面的优势，开发设计系列禅修旅游产品，强化旅游者在灵山景区的佛教文化体验。如开发“一日禅修”产品，邀请游客在景区参与寺僧生活和寺务，包括寺庙打扫、念经、吃斋、礼佛、参禅等，打造禅修产品的升级版。

2. 太湖山水主题旅游产品

鼋头渚为太湖西北岸无锡境内的一个半岛，三面环水，由宝界山、鹿顶山、南犊山及其附近的中犊山和三山岛等组成，形状好似浮鼋翘首，是观太湖风光的绝佳之地。无锡太湖鼋头渚风景区有充山隐秀、鹿顶迎晖、鼋渚春涛、横云山庄、广福寺、太湖仙岛、江南兰苑、中日樱花友谊林等众多景点，各具风貌，目前主打樱花节、中秋烟花大会等节事活动。总体来看，当前鼋头渚景区产品基本步入成熟期，樱花节活动策划成为近年来景区发展的亮点。但是，如何突破现有旅游产品限制，推出有一定创新性的产品，对于鼋头渚景区的升级发展具有非常重要的意义。对于后期产品的创新，建议从以下三个方面着手。一是在部分空间内创建文化体验馆，充分挖掘太湖相关的历史文化，以太湖历史上的知名故事传说为蓝本，融入科技和艺术元素，打造一台5D电影，通过环境模拟实现风、雨、电、烟、雪花、泡泡等环境效果，为游客提供一场视听盛宴。二是将鼋头渚、无锡影视基地、蠡园、长广溪湿地公园、蠡湖中央公园等相关景区作为单体“珍珠”进行串联开发，设计整体的太湖山水游船产品，引入美食、表演等游船体验项目。三是深度开发三山岛岛上娱乐产品和水上活动互动产品，增强游客旅游过程中的参与体验感。

（二）无形文化体验型

无形文化资源也被称为“低能见度”资源。无锡具有悠久的历史文化，但是许多都失去了原真性的人文景观与自然景观，对于旅游开发十分不利，难以为游客提供较强的体验感。这就需要结合旅游者体验特点，通过科技和创意手段，将无形的文化资源有形化，设计更多更有效的互动参与性旅游产品。

1. 古运河景区文化旅游产品

无锡古运河景区是位于城市中心区域的滨水开敞型景区，毗邻南禅寺、中山路等多个景点和核心商业街区，资源丰富，特色鲜明。无锡是唯一一个京杭大运河穿城而过的城市，无锡古运河千百年来与百姓生活紧密相连，拥有“运河绝版地、江南水弄堂”的美誉。目前无锡古运河景区主要由环城古运河和清名桥古运河两部分组成，游客可以通过步行和船游两种方式游览。虽然旅游者目前可以欣赏到复建的丝绸博物馆、古窑址、桥梁、民居等，但是景观主体还是城市里的高楼大厦。千年来，税卡、米市交易、曲艺表演等古运河区域曾经存在的特色性文化现象都已湮没，游客并不能欣赏到这些无形文化景观。从旅游产品创新角度，应以景观叙事理论为指导进行景观再设计，实现无形文化的“景观有形化”，建议以“穿越到运河米市”为叙事主题设计旅游产品。从资源谱系来看，该主题与无锡的运河文化、工商业文化、民居文化景区等主要文化资源比较契合；从市场分析来看，游客前来古运河游玩主要是想体验江南运河人家的生活场景并了解运河商业发展的历史文化，以米市为主题可以满足游客的中心需求；从叙事性来看，该主题通俗易懂，符合大众旅游者的文化想象，容易设计相关的情节。可以根据“穿越到运河米市”的主题，以现代人穿越时空来到民国时期的无锡运河为开端，设计游客乘船经历关卡、卖米、交税、学史、听曲、观景、体验水弄堂等故事情节，将相应的旅游景观合理串联。“叙事语法为顺叙，按照开端、发展、高潮、结局的流程，主要设计‘税卡通关—米市交易—天关证史—地轴赏曲—梁溪百业—水弄人家’六大关键环节，游程由北仓门码头开始，经税卡—北塘米市—黄埠墩—永定桥—西水墩—南禅寺—水弄堂，至南长街码头结束”[19]。

2. 城区名人文化展馆旅游产品

无锡城区重要的名人文化展馆包括东林书院、崇安寺、小娄巷、钱钟书故居、秦邦宪故居、薛福成故居和茂新面粉厂、振新纱厂、惠元面粉厂等，建议对厚重的文化资源进行专门化旅游产品开发。大力保护、活化名人故居并弘扬以历史建筑为载体的民族工商业文化，修复侯桐少宰第、紫阳书院等老宅名居，以历史文化街区和风貌片区为基础，通过主题与品牌提升，扩展老城区核心景观基质，推动文化观光旅游产品从局部分散景点开发向全要素休闲旅游整体环境营造转变，打造与工商文化、运河文化、书香文化、名人文化、红色文化等历史文化资源相呼应的文化旅游精品。开发“无锡名人之旅”旅游线路，以手绘地图的方式引导散客旅游者探秘名人场馆；创办“无锡名人”讲堂，弘扬东林书院精神等优秀传统文化。

（三）主题创意驱动型

无锡现有的主题公园包括三国城、水浒城、融创文旅城等。特别是对于三国城、水浒城等较老的影视主题景区来说，面对横店影视城、车墩影视城等景区的外在竞争压力和现有产品进入成熟、衰退期的内在压力，亟须进行产品创新。

针对三国城、水浒城、唐城等景区，融入科技创意和文化主题以实现产品创新是今后旅游发展的主要思路，建议从以下三个方面着手策划。一是深入挖掘三国水浒文化，运用现代科技手段，在部分景区空间内开发互动体验式产品。比如，以“赤壁之战”为故事主线，运用科技元素，设计以三国文化为主题的强互动体验式产品，游客可以佩戴5D眼镜乘坐游览车，扮演士兵角色参与赤壁之战，随着游览车上下翻滚或前进后退来亲身体验战场的烽火硝烟。二是打造虚拟旅游演艺产品。比如，以“火烧博望坡”为主题打造激光电影，通过投影、喷泉、音乐、全彩激光、3D影像等多种技术手段和艺术表现形式，再现“火攻”等流光溢彩的壮美景观。三是设计角色扮演类的游戏场馆。游客可以根据个人爱好，佩戴刘备、诸葛亮、曹操等角色的游戏眼镜，手持道具，在设定的虚拟游戏情境中对战敌手，进行通关式游戏，提升体验感。

（四）社会资源转化型

无锡拥有许多工业、农业、商业旅游资源，但是目前这些产业与旅游业之间的融合发展仍处于初级阶段。应以“旅游+”为主题，大力开展将社会资源创意转化为旅游资源的工作。

1. 乡村特色旅游产品

阳山镇位于无锡市惠山区西部，南临太湖、北靠运河，以水蜜桃闻名遐迩。目前，通过走“一产带三产促二产”的发展之路，阳山已由一个单纯的农业乡镇转变为亦农亦景、民富安康的特色蜜桃小镇。阳山拥有亿年火山、万亩桃园、千年古刹、百年书院，资源十分丰富，发展潜力巨大。对于后期产品的创新，建议从以下三个方面着手。一是创新设计乡村民俗旅游产品。结合无锡乡村传统建筑景观遗产文化，提炼有特色的地方乡村元素，应用到景观小品设计之中，如水井、马头墙、灶台、犁等，将之艺术化地设计融入旅游景观中，形成移步换景之效。将特色景观设计安排在阳山生态休闲旅游度假区的主要节点或核心游览区（如山南头艺术文化村、各民宿酒店院落等），凸显乡村旅游的景观特色。二是打造大面积的植被花卉景观。如设计各种主题花海，用规则式和自然式相结合的方式进行种植，同时运用花坛、花带、花镜、片植的方式造景，使花海更加壮观。三是打造康养生态绿色旅游产品，开发精品民宿、特色村落、观光农园、采摘果园、度假庄园等乡村旅游形式，针对城市人群的乡村意象，注重家庭互动式旅游产品设计和田园种植采摘等休闲产品设计。摆脱单一的农业观光，以互动体验为核心，打造休闲农业、乡村旅游、乡村养老等精品化新业态，形成集民俗文化展示、互动娱乐、风情表演于一体的现代乡村旅游主题园区。

2. 城区商业旅游产品

加强商业与旅游、文化的深度融合，积极在商业业态内植入无锡文化符号，提升商业的文化内涵，积极引导游客进入商业空间消费，提升商贸业产值。大力发展旅游商业、文化商业，拓展体验式消费。深入挖掘城市人文资源，营造特色商业文化氛围，提升特色体验式消费的文化内涵，扩大城区特色商业对外影响力。鼓励以情景式、社交化为特征的新型跨界商业综合体发展，在重点商业聚集区、大型商业综合体内，大力引入影剧院、儿童娱乐、艺术展示、民宿客栈、医疗、健身等文化、娱乐、服务业态和设施，丰富文化体验消费供给。充分展现非遗等文化遗产，推进非遗文化展示传承基地建设，为市民游客打造涵盖生活艺术、传统工艺、科技创新、文艺表演等项目的全面立体的生活体验平台。

3. 研学旅游产品

针对学生群体，充分挖掘现有博物馆、音乐厅、高校等社会旅游资源，设计研学旅游精品线路。如在无锡博物院举办国画、书法、瓷器、泥人等专项展览，与旅行社合作开发专门旅游线路，邀请旅游者进入展馆深入研学。在国画研学中，使游客通过听国画讲解、描摹涂鸦来体会中华文化的博大精深，涵养家国情怀；在书法研学中，吸引众多国内外书法家和书法爱好者参与，使其在笔墨会友中抒发爱国情怀。

（五）节事活动激发型

在现有节事活动基础上，系统设计节事活动产品，增强游客参与体验感。

1. 花卉节事活动

目前无锡较为知名的花卉节事活动包括鼋头渚樱花节、阳山桃花节、惠山菊会等。后期活动策划的重点包括以下几点：一是进一步扩大花卉规模，采用艺术设计的方式，将花卉造型设计得更具观赏性；二是进一步挖掘花卉的文化主题，将花卉背后的传说故事、名人文化等进行展示，增加节事活动中的游客互动环节，以提高活动的趣味性和游客在赏花时的体验感；三是统筹设计四季花卉节事活动，做到四季有主题、时时有花赏，使无锡花卉节事活动高潮迭起，形成不间断的赏花话题，营造良好的游玩氛围。

2. 体育节事活动

以无锡马拉松活动为例，无锡马拉松设有全程马拉松、半程马拉松、迷你马拉松项目。2019 年，无锡马拉松被授予"世界田径银标赛事""中国田径金牌赛事"称号。今后无锡应进一步打响马拉松活动品牌，并且形成以全程和半程马拉松为主、以迷你马拉松为特色的体育节事活动体系。特别是结合桃花节、樱花节等规模性节事活动特色以及太湖山水美景优势，突出无锡马拉松的优美环境因素，提升游客参与马拉松活动的积极性。同时，鼓励各景区结合自身地理特点，开发水上皮划艇、赛龙舟、攀岩等特色体育节事活动。

3. 音乐节事活动

目前无锡尚缺乏标杆性的音乐节事活动。建议后期重点打造无锡品牌音乐活动，如乡村音乐节、爵士音乐会、摇滚音乐节等，充分利用环蠡湖公园广场、九龙湾乡村家园、国家与省级生态休闲旅游度假区等的空间优势，引入美食、娱乐、游戏环节，邀请知名音乐人参与，提高无锡音乐活动影响力。

（六）品牌商品打造型

在现有的紫砂壶、泥人、珍珠、酱排骨等旅游商品基础上，进一步打造品牌商品，支持旅游商品企业生产和艺术设计创新，并积极融入文化创意和地方文脉，打造精品化的旅游商品体系。

1. 旅游创意设计商品

深度运用文化创意进行商品设计，不断彰显优秀传统文化魅力，提升商品设计和营销的文化内涵与吸引力。开发设计展现无锡旅游形象的标志性旅游商品，形成具有地方特色的工艺纪念品体系。梳理无锡非遗资源，设立非遗集中展示区，保护节庆典礼、传统服饰、烹调技艺等非物质文化资源，提高非遗衍生品的创意开发水平。通过文化创意带动无锡特色旅游商品设计水平提升，精心设计旅游商品的包装，合理布局一批以锡绣、泥人、珍珠、茶叶、酱排骨等地方特色商品为主要内容的专卖店、展示中心或专题博物馆，优化购物环境，助推区域商业升级。

2.“老字号”旅游产品

进一步挖掘优秀传统文化、非遗文化和“老字号”品牌的精髓，搞好“老字号”新生工程。梳理无锡“老字号”资源，重点加强对丝、茶、江南音乐艺术与民俗等非物质文化遗产的保护，提高非遗衍生品的开发和创意水平。注重将非物质文化遗产保护与商业、旅游开发相结合，提升商业综合体空间的文化内涵，开发独特的相关文化产品。将传统餐饮与现代文化相融合，在餐饮中融入吴地文化，让菜品和点心有特色、有故事，让游客在饮食中体会吴地民俗和历史文化的韵味。继承和发扬地方餐饮特色，结合养生、食疗等新概念创新传统餐饮产品，提升服务质量和餐饮环境质量。丰富传统“老字号”产品的体验方式，做好太湖船点、三凤桥食品工坊、泥人陶艺工作室等项目。

参考文献

[1] 魏小安，魏诗华.旅游情景规划与项目体验设计[J].旅游学刊，2004（4）：38-44.

[2] 李经龙.旅游体验：旅游规划的新视角[J].地理与地理信息科学，2005（6）：91-95.

[3] 庄志民.关于体验型旅游产品设计的发散性思考[J].江西科技师范学院学报，2005（2）：12-15.

[4] 陈娟.体验型旅游产品的开发设计研究[D].大连海事大学，2006.

[5] 高小华.旅游产品体验性设计研究[D].扬州大学，2008.

[6] 李琴.剑门蜀道（广元段）风景名胜区旅游资源的SWOT分析[J].怀化学院学报，2008（11）：115-117.

[7] 刘欣.基于体验营销理论的科技旅游产品开发研究[D].南京师范大学，2007.

[8] 马潇.城市体验型旅游产品开发研究：以广州市为例[D].华南师范大学，2007.

[9] 王镜.基于遗产生态和旅游体验的西安遗产旅游开发模式研究[D].

陕西师范大学，2008.

［10］付业勤 . 基于游客体验的虹口漂流旅游产品开发研究［D］. 西南交通大学，2008.

［11］王帆，赵振斌 . 基于游客体验的古村落旅游景观展示研究：以陕西党家村为例［J］. 北京第二外国语学院学报，2009（11）：71-78.

［12］陈红 . 无锡休闲度假旅游产品开发的思考［J］. 科技视界，2017（6）：214-215.

［13］彭妍 . 无锡影视基地影视旅游产品转型研究［D］. 西南大学，2013.

［14］何灿群，李娇，唐晓敏，等 . 基于文化特征的无锡个性化旅游产品设计研究［J］. 包装工程，2016（10）：118-121.

［15］鲁瑾 . 利益相关者理论框架下的无锡夜间旅游产品开发［J］. 延安职业技术学院学报，2012（5）：11-12+20.

［16］吴媛媛，胡其伟，蒋丽芹 . 论无锡市非物质文化遗产的休闲旅游产品开发［J］. 安徽农业科学，2011（36）：22479-22481.

［17］丁兰华 . 文化产业视野下的无锡旅游文化创意产品开发研究［J］. 现代商业，2014（34）：69-70.

［18］刘晴 . 基于体验经济的文化旅游产品组合开发研究：以无锡灵山小镇·拈花湾为例［J］. 湖北文理学院学报，2017（11）：17-22.

［19］赵刘 . 场所叙事性旅游景观设计的理论与实践：以无锡运河旅游景观为例［J］. 无锡商业职业技术学院学报，2020（5）：34-41.

（原文刊于《无锡商业职业技术学院学报》2021 年第 4 期）

无锡市旅游业与信息化耦合协调度研究

曹培培　韩小燕

无锡商业职业技术学院

［摘　要］本文通过构建旅游业与信息化耦合协调评价指标体系，运用熵权法、综合评价函数、耦合协调度等方法，对无锡市2015—2019年的旅游业与信息化的耦合协调水平进行定量分析。结果显示：无锡市5年间旅游业与信息化综合发展水平均不断提升；信息化水平总体滞后于旅游业发展；旅游业与信息化耦合协调度逐年提高，协调状态不断优化。

［关键词］无锡市；旅游业；信息化；耦合协调度

［作者简介］曹培培（1980—），女，安徽凤阳人，副教授，硕士研究生，研究方向：城市旅游。

［基金项目］无锡市科协软科学研究课题：无锡市旅游业与信息化耦合协调度研究（KX-21-C161）；无锡商业职业技术学院优秀教学团队项目：旅游管理专业信息化教学团队（2018XTD04）。

日新月异的信息技术让全球信息化进入全面渗透、跨界融合、加速创新、引领发展的新阶段，深刻改变着人们的生产生活方式，也同样影响着旅游业的发展创新。旅游业属于信息密集型产业，信息化发展对旅游目的地营销、旅游企业交易过程、旅游者消费升级等方面具有深刻影响。同时，旅游业综合性强、关联度高、拉动作用突出，又能从技术应用、产业发展、环境塑造等方面带动信息化建设。旅游业与信息化互相影响，彼此融合，具有较强的耦合关系。旅游信息化是国家信息化发展战略的重要组成部分，也是旅游业持续健康发展的重要动力。文旅部先后印发《“十三五”全国旅游信息化规划》《“十四五”文化和旅游科技创新规划》等相关政策文件，目的就是提升旅游业与信息化的耦合协调水平。

无锡正在加快建设国家全域旅游示范区，努力将旅游业培育成现代服务业的先导性产业和国民经济的战略性支柱产业。作为我国重点建设的首批智慧城市、唯一入选 IEEE 智慧城市试点计划的中国城市，无锡具有发展智慧旅游产业的良好条件。旅游业与信息技术的优质耦合发展，使无锡旅游业在“十三五”期间呈现提质增效、持续向好的发展态势。无锡市“十四五”新征程已经全面开启，在此背景下，加强无锡市旅游业与信息化耦合协调关系的研究具有重要的现实意义。

一、研究方法

（一）综合评价函数

（1）构建原始数据矩阵 $X=(x_{\mathrm{ij}})_{\mathrm{m\times n}}$

（2）将原始数据进行无量纲处理

$$u_{ij}=\frac{x_{ij}-\min\limits_{1\le j\le n}x_{ij}}{\max\limits_{1\le j\le n}x_{ij}-\min\limits_{1\le j\le n}x_{ij}}\quad x_{ij}\text{ 为正向指标}\tag{1}$$

$$u_{ij}=\frac{\max\limits_{1\le j\le n}x_{ij}-x_{ij}}{\max\limits_{1\le j\le n}x_{ij}-\min\limits_{1\le j\le n}x_{ij}}\quad x_{ij}\text{ 为负向指标}\tag{2}$$

（3）利用熵值赋权法确定权重[2]

计算信息熵 e_j，并确定指标权重 w_j

$$e_j=-k\sum_{i=1}^{m}p_{ij}\,lnp_{ij}\tag{3}$$

其中 $\mathrm{k}=\frac{1}{lnm}$，为避免 lnp_{ij} 无意义，规定 $p_{ij}=\frac{1+y_{ij}}{\sum_{i=1}^{m}(1+y_{ij})}$

$$w_j=\frac{1-e_j}{\sum_{j=1}^{n}(1-e_j)}$$

（4）计算综合评价函数

$$U_{\mathrm{i=1,2}}=\sum_{\mathrm{j=1}}^{\mathrm{n}}w_{\mathrm{j}}\,\mu_{\mathrm{ij}}，\ \sum_{\mathrm{j=1}}^{\mathrm{n}}w_{\mathrm{j}}=1\tag{4}$$

U_1 为旅游业综合评价函数，U_2 为信息化综合评价函数。

（二）耦合协调度

1. 耦合度

在相关研究基础上[1][3]，得出旅游业与信息化的耦合度模型，公式为：

$$C=2\{\frac{U_1\times U_2}{[(U_1+U_2)(U_1+U_2)]}\}^{1/2} \tag{5}$$

C 为耦合度，反映了旅游业与信息化的耦合程度，$C\in[0,1]$，C 越大，表示两者的耦合状态越佳。

2. 耦合协调度

如果旅游业与信息化的发展水平均很低，也有可能会出现耦合度很高的现象，为避免此情况，引入耦合协调度模型，即

$$D=(C\times T)^{1/2}，其中，T=aU_1+bU_2 \tag{6}$$

D 为耦合协调度，$D\in[0,1]$，D 越大，表示两者的耦合协调水平越高。根据旅游业与信息化的相对重要程度，将系数 a 和 b 分别确定为 0.4 和 0.6[5]。

二、评价指标体系构建

本文依据国家统计局、旅游局及工信部等权威部门对旅游业及信息化的统计指标，借鉴已有研究成果，构建出旅游业—信息化耦合协调评价指标体系（见表 1），其中 16 个评价指标均为正向指标。

表 1　旅游业与信息化耦合协调发展评价指标体系

项目层	指标层	权重
旅游业	入境旅游者人数（万人次）	0.1267
	旅游外汇收入（万美元）	0.1282
	国内旅游接待人数（万人次）	0.1151
	国内旅游收入（亿元）	0.1170
	旅游总人数与当地年末总人口比值（%）	0.1149
	旅行社数（个）	0.1163
	接待游客 10 万人以上的景区（个）	0.1911
	星级饭店数（个）	0.0908

续表

项目层	指标层	权重
信息化	邮政业务总量（亿元）	0.1109
	电信业务总量（亿元）	0.1461
	固定电话用户（户）	0.1249
	移动电话用户（户）	0.1610
	互联网宽带接入用户数（户）	0.0974
	从事研发活动人员（人）	0.1156
	普通高等教育在校学生（人）	0.1304
	人均拥有公共图书馆藏量（册）	0.1138

三、旅游业与信息化协调发展的实证研究

（一）案例地概况

无锡市是江苏省地级市、长三角中心城市之一、中国民族工业和乡镇工业的摇篮、苏南模式的发祥地。2020 年无锡市国民经济和社会发展统计公报显示，户籍人口城镇化率 78.74%，位居江苏省前列，城市化水平较高。全年实现地区生产总值 12370.48 亿元，按可比价格计算，比 2019 年增长 3.7%，比全国平均增速高出 1.4 个百分点。无锡是国家历史文化名城、风景旅游城市，在 2020 中国旅游城市排行榜中位列 23 名。无锡的城市功能越来越完善，为城市旅游发展奠定了坚实的基础。2019 年共接待国内游客 10236.93 万人次，旅游总收入达 2062.90 亿元。2020 年受新冠疫情影响，国内旅游人数恢复到 2019 年的 58.7%；旅游总收入恢复到 2019 年的 51.3%。无锡市信息化水平较高，在信息化工程建设、信息化产业和新一代信息化技术发展、信息资源开发利用，信息安全保障等方面均取得了较快发展。2021 年新型智慧城市建设发展峰会在无锡召开，智慧城市发展水平评估指标体系与 2020 年智慧城市十大样板工程，无锡位列第一梯队。

（二）评价指标及数据来源

本文采用构建的旅游业与信息化耦合协调发展评价指标体系（见表1），对无锡市进行实证研究。本文预期研究时段为“十三五”期间（2016—2020年），由于2020年的统计数据目前在无锡市统计局网站还没有完全正式公布，故将研究时间前移一年，以尽可能达到预期研究效果。数据主要来自《无锡市统计年鉴》（2016—2020）、《江苏省统计年鉴》（2016—2020）、《无锡市国民经济和社会发展统计公报》（2015—2019）。

（三）结果分析

将统计数据带入上述函数，可以计算出无锡市2015—2019年的旅游业综合得分 U_1、信息化综合得分 U_2 及两者的耦合协调度 D（见表2），其中各年指标权重通过熵权法获得。

表2　无锡市2015—2019年的旅游业与信息化耦合协调度

年份	U_1	U_2	C	D	排序
2015	0.0908	0.1815	0.9429	0.3700	5
2016	0.2222	0.2537	0.9978	0.4905	4
2017	0.3925	0.2910	0.9889	0.5726	3
2018	0.6420	0.4373	0.9818	0.7140	2
2019	0.9092	0.8751	0.9998	0.9427	1

1. 旅游业与信息化的综合发展水平

第一，旅游业与信息化综合发展水平均总体优化。由表2可以看出，无锡市的旅游业与信息化综合发展水平呈逐年增长趋势。2019年旅游业发展水平比2015年增长了10倍，信息化发展水平增长了4.8倍。5年内，无锡市旅游业综合发展水平增长速度逐年加快，增长最快的是2018—2019年，增幅达到0.2672；信息化综合发展水平除2016—2017年增幅略低之外，其他年份增幅也是递增的，增幅最快的依然是2018—2019年，达到0.4379。

第二，信息化发展水平总体滞后于旅游业发展水平。比较无锡市5年的旅游业与信息化综合发展水平可知，除2015年和2016年为信息化领先外，其余 3 年均为旅游业领先型。无锡市的 5 年旅游业综合发展水平平均高出信息化 10.7%。其中，2018 年两者差距最大，旅游业综合发展水平领先信息化 0.2048。这主要依赖于无锡在“十三五”期间全力构建大旅游发展新格局，整合资源要素、提高城市形象、加强基础配套，牢固树立旅游业作为现代服务业的先导性产业和国民经济的战略性支柱产业。

2. 旅游业与信息化耦合协调度水平

无锡市 2015—2019 年旅游业与信息化耦合协调度均值为 0.6179，呈逐年上升态势。2019 年耦合协调度水平最高，为 0.9427，是 2015 年的 2.5 倍。2018—2019 年耦合协调度的增幅最大，为 0.2287，2016—2017 年的增幅仅为 0.0822，为历年最低。

通过对耦合协调度的取值范围 0~1 进行等级划分，获取各个评价单元（年份）的耦合协调状态，可以划分为 5 个协调等级。由表 3 可以看出，无锡市 2015—2019 年各年旅游业与信息化耦合协调状态不同，2015 年为轻度失调，2016—2017 年为勉强协调，2018 年为中度协调，2019 年为优质协调。5 年间，无锡市旅游业与信息化耦合协调性逐渐增强，协调状态不断优化。

表 3　无锡市旅游业与信息化耦合协调等级划分（2015—2019 年）

取值	0~0.2	0.2~0.4	0.4~0.6	0.6~0.8	0.8~1
协调状态	严重失调	轻度失调	勉强协调	中度协调	优质协调
D 值	0.3700	0.4905	0.5726	0.7140	0.9427
年份	2015	2016	2017	2018	2019

四、结语

（一）结论

本文科学构建指标体系，通过熵权法、综合评价函数、耦合协调度等方法，对无锡市 2015—2019 年的旅游业与信息化的耦合协调水平进行了定量测评，研究结果如下。（1）各指标权重得分差异较小，相对比较均衡，表明无锡市旅游业与信息化的耦合协调水平是由各评价指标综合决定，并非由某一因素单方面主导。（2）5 年间，旅游业与信息化的综合发展水平均逐年提升，并且各自的增长幅度也总体呈递增的态势，无锡市的信息化发展水平总体滞后于旅游业发展水平。（3）无锡市 2015—2019 年旅游业与信息化耦合协调度逐年提高，协调状态不断优化。2019 年耦合协调度水平最高，已达到优质协调等级。

（二）讨论

无锡市旅游业与信息化的耦合协调度逐年提高，但改善程度并不是逐年递增的，并且 5 年间信息化的综合发展水平总体滞后于旅游业发展，需要有关部门持续关注，强化顶层设计，加大信息化基础设施及其发展环境建设，总体提升城市的信息化水平。充分发挥旅游业的关联带动作用，从资金、技术和人才等方面带动信息化建设，形成旅游产业与信息产业的良性互动发展机制。

本文在研究中还存在一定不足，如选取指标时，为了尽可能使指标数据获取更权威及一致，旅游人才等对旅游产业发展具有重要作用的指标未纳入评价体系中，在以后的相关研究中可以根据实际情况进一步完善指标体系。“十四五”期间，由于无锡的旅游业深受新冠疫情的影响，随着国内外形势的变化，旅游业与信息化的耦合协调水平必然会有较大变化，需要在接下来的研究中持续关注。

参考文献

［1］曹培培 . 长三角城市群旅游业与信息化耦合协调度研究［J］. 上海经济，2017（6）：5-15.

［2］曹培培 . 基于熵权—TOPSIS 法的城市旅游与城市发展协调性评价研究：以江苏省 13 市为例［J］. 现代城市研究，2017（7）：125.

［3］生延超，钟志平 . 旅游产业与区域经济的耦合协调度研究：以湖南省为例［J］. 旅游学刊，2009，24（8）：23-29.

（原文刊于《中国商论》2021 年第 24 期）

新零售视角下我国旅游新业态融合发展研究

张德平

无锡商业职业技术学院

[摘　要] 新零售背景下，基于线上线下的融合，打造了一种场景全覆盖的旅游感知，超越常见的旅游业态，带来消费新特点、新体验。随着融合的多业态扩展和强调内涵的升华，旅游新业态功能不断得到加强，内容也不断丰富。新零售作为融合外驱力，赋能旅游新业态在需求拉动、产业延伸和技术创新上实现“人”“货”“场”的高效匹配。融合目的高度统一于消费体验的价值判断，融合的对策关键在于摸清市场，提升主题要素，建立起利益连接机制，并且能够找准“融点”，构建核心吸引；通过技术赋能，实现融合新业态功能最大化。

[关键词] 新零售；旅游；新业态；融合；外驱力

[作者简介] 张德平（1979—），男，汉族，江苏扬州人，硕士，讲师。研究方向：旅游经济，乡村旅游。

[基金项目] 江苏省高校哲学社会科学研究项目“江苏文化创意与旅游产业融合发展的动力机制与耦合评价”（2019SJA2288）；江苏省高校“青蓝工程”资助项目。

一、旅游新业态融合发展的相关研究

（一）旅游新业态的概念界定

对旅游新业态的概念界定多来自客观描述，旅游规模、旅游范围、旅游内容构成业态认识的基本框架。从旅游规模界定，当前我国已进入大众旅游时代，数据显示，2019 年我国国内旅游人数达到 60.06 亿人次，实现旅游总收入6.63万亿元，同比增长11%，旅游业对GDP的综合贡献达到GDP总量的11%，行业规模、企业数量、经营品种、业务能力等都获得了极大的提升，进一步丰富了旅游业态。随着国家对全域旅游、乡村旅游等旅游业态的持续深入推广，未来我国国内旅游将成为日常生活的刚性需求。从旅游范围界定，旅游产业链延伸为旅游者提供产品和服务时形成了更广泛的分工合作关系，必然带来业态的细分，包含更多间接配套行业都会衍生出相关联的旅游服务新业态。从旅游内容界定，度假旅游、生态旅游、健康旅游在点、线、面上的多方位布局，更加丰富了旅游内容，从而也更加丰富了旅游业态。

（二）旅游新业态融合的多维视角

旅游业与其他产业相比，其边界弹性的特质更为明显，面对市场竞争压力和消费新需求，旅游业态业必然向多样化发展，从旅游业态生命周期分析，呈现多维的相互影响关系，如图1所示。

旅游业是围绕旅游各个服务环节组成的供给集合，必不可少的基本消费是“食、住、行”，弹性消费是“游、购、娱”，这些要素之间渗透、融合已成为旅游业发展的必然趋势。在旅游行业内力和外驱力的共同作用下，有的要素出现了内涵和外延上的衍生变化，不同要素之间也出现了互动，实现了重新组合，从而衍生出旅游新业态，这一时期属于旅游新业态的导入期。各要素根据某一主题或某类人群的需求组合，超越常见的旅游业态，带来新特点、新体验。新六要素“商、养、学、闲、情、奇”更加拓展了“游”的内涵，促使要素间融合、交叉的关系越来越紧密；同时也促使旅游与相关产业跨界合作的范围越来越广泛。由衍生重组进一步形成业态间的交叉融合，表明业态在其旅游业内部或属性相近的产业间的渗透越来越强，随着旅游业与第三产业其他业态的融合不断拓展，不同组合形成的新业态越来越丰富化，此时的业态变化进入成长期。由交叉融合到跨界渗透是一次质的飞跃，表明业态创新并不限于旅游业自身的范畴，而扩展到更大范围的融合，甚至辐射到第一、第二产业中，引发产业融合，带来更丰富多样的新业态，此时业态变化进入成熟阶段。在这个阶段，无论是交叉融合，还是跨界渗透，二者已没有严格的区分，交叉融合往往伴随着跨界渗透，而在跨界渗透中又往往表现出交叉融合，这导致“旅游+”的跨界合作迅猛发展，促使旅游市场发生极其深刻的变革。尤其是面对网络化、信息化影响，在“互联网+旅游”叠加效应引领下，跨界产业链已经形成，形成大产业链体系下的旅游新业态融合。

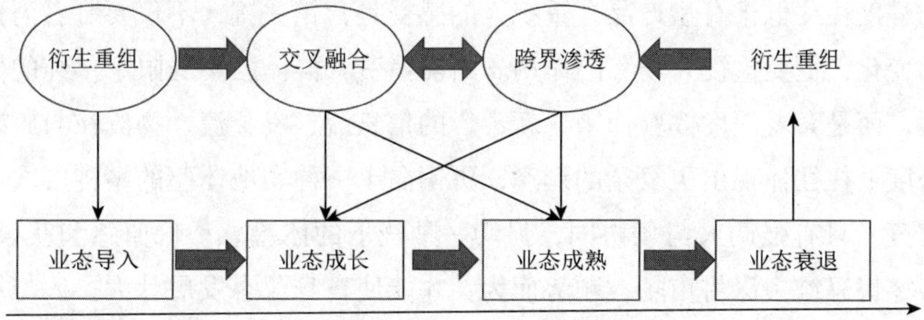

图1　旅游业态生命周期循环

（三）新零售背景下的重新认知：基于线上线下的融合

新零售视角下的旅游是以用户需求为中心，运用互联网、物联网、大数据和人工智能等技术做到数据打通，确保旅游供存销全环节数字化，降低运营成本提升效率，最终实现旅游服务品质化、多元化、智能化以及旅游场景体验化发展的新业态。人、场、货三大基本元素的创新互为促进、相互推动，最终，各个元素之间将形成协同效应，以“人—场”协同，“人—货”协同以及“货—场”协同的形式实现平台赋能。新零售赋能旅游业创造价值的关键，正是源于各元素间的协同效应所带来的业态融合的持续改善与创新，如图2所示。

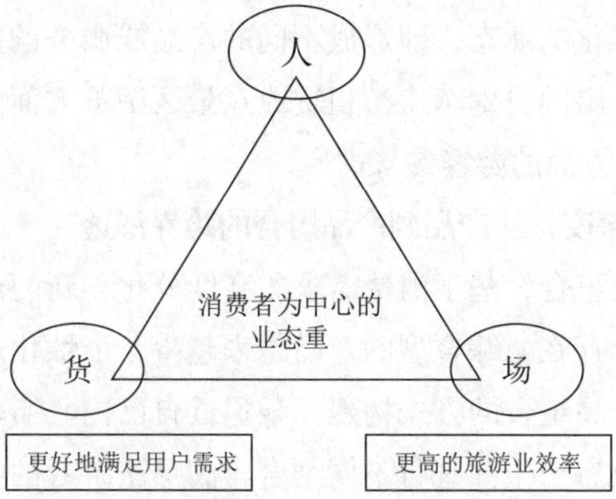

图2　人、场、货协同效应与业态融合

新零售的本质就是通过产品升级，释放消费者购买需求。在消费升级大趋势下，每个消费者都会基于年龄、性格、地域、经济条件等不同因素的偏好做出个性化选择。作为无形和体验型产品，旅游产品在被消费者预定时的感知程度往往低于有型产品，重视人的感受是营销关键，不仅要盯着消费需求的变化，更要重视“场”的作用。当前消费者群体已不局限于单纯的休闲度假，而是奔着深度体验而来，新零售的信息流、资金流、物流在与旅游的耦合度上往往体现出更复杂的形态，更偏向于一种实地体验的精神层次上的感官度。只有强调人与场协同，强调一种线下的体验感、价值感和获得感，以新零售思维去深耕市场，顺势而为，才能使自身业态发展壮大。人与货协同及货与场协同讲求的是不同业态的匹配效率，实现系统中产品分类明确，发挥门店作为线下消费主要场景的优势，进而促使旅游业态不断推新和优化升级。

二、新零售视角下旅游新业态融合的表现形态

（一）融合的广度：线上线下融合的多业态扩展

新零售模式要求的不仅是线下门店运营上的革新，建立高效的后台管理系统，而是将互联网资源与门店体验优势相结合，实现服务网络线上＋线下全覆盖，新零售在旅游业场景的应用必然导致传统旅游业转型和原有业态改变。从线下看，更多的门店开始关注人、货、场的匹配效率，同一旅游业种下尽可能扩展多样化的业态，即形成不同的产品或服务的提供形式。如旅游交通运输方面衍生出的自驾车旅游租赁或在景区游览方面的文化博览基地旅游以及在旅游购物方面的游客参与式等。

（二）融合的深度：从产品到产品组合的跨界渗透

从产品到产品组合，基于消费需求的高度分化，新的产品形态将更多地以产品组合的形式存在。综合型的产品越来越少，个性化产品的模块越来越多，消费者通过产品组合的方式构建无限逼近自己内心需求的产品。产品组合将促使更多新业态产生并进行不同结合，满足旅游者的特定需求，不同业态结合将跨越行业内部界线，向更广产业范围延伸，形成跨界渗透。跨界渗

透又丰富了产品组合和促进现有产品进行深层次的开发与提升，如把提升文化内涵贯穿到食、住、行、游、购、娱等各环节的做法，越来越受到重视。

（三）融合的内涵：功能、内容、服务统一于体验

针对新零售消费升级的要求，旅游业提供给消费者的消费内容，必须符合当前的消费趋势，越是功能和服务同质化程度高的商品，越需要内容来突出差异，而在哪个环节所出现的内容问题，都会降低消费者对整个旅游过程的价值判断。功能与内容的结合决定了业态的表现形式，不同业态赋予不同的功能和内容。新零售强调体验的价值，旅游新业态业要突出体验的功能和内容。线上服务要使消费决策有更多的选择，线下服务要增强前置服务密度，更加提升用户体验感和信任度。融合的内涵，最终是使功能、内容、服务统一于体验。

三、旅游新业态融合的动力机制：新零售的外驱力

（一）基于市场需求的拉动力

业态融合的目的是从消费需求出发，更好增加消费者的黏性，基于消费观念的转变和消费心理的成熟，旅游需求更加注重体验性、参与性、生态性、娱乐性，追求独特和新颖。消费者要求更好的服务与体验，也更注重购物环境的和谐、方便、自由和休闲。因此，仅依靠资源优势进行传统的观光旅游已不能满足需求变化，旅游供给需要转向精品化、高端化，以便更好增加消费者黏性。为了适应和满足旅游消费的变化，要求旅游市场出现相应的旅游新业态，满足旅游体验和参与的旅游业态成了旅游企业寻求的开发重点。

（二）基于产业延伸的驱动力

从产业发展的时空维度分析，旅游需求的动态性和旅游供给的区域特色导致旅游产业边界的不确定性，旅游业跨界融合是其产业性质使然，这种融合可分为旅游业与其他服务业的融合及旅游业与非服务业的融合。前者属于第三产业的内部融合，是出现兼具多个行业特征的新型服务业业态的过程，与原有的旅游业形成了既替代又互补的关系。后者属于服务业的产业外融合，即与第一产业、第二产业的融合发展，出现兼具农业和旅游业或工业和旅游

业的新型业态。在新零售背景下，旅游业借助信息化、智能化和资源整合，进一步促进旅游产业系统完善与重构。无论是行业内部各要素的关联融合，还是与其他产业的渗透融合，都催生出了许多新型的旅游业态，使得行业间渗透力更深、要素组合度更高和产品兼容性更广，不仅满足了旅游者的多样化需求，也提高了企业的服务能力。在此过程中，产业关联与融合为旅游新业态产生提供了客观基础，而旅游新业态出现也会增强旅游业与其他产业的融合度。

（三）基于技术创新的推动力

新兴技术助力智慧旅游发展，使得旅游信息化程度逐渐提升，智慧旅游规模也在不断扩大，为景区建设、旅游服务提供了更有力的支撑，智慧旅游也更加加强线上线下的融合，促进多元服务业态发挥效能。从我国旅游行业在线渗透率走势也可以看出（见图3），网上信息技术和智能技术已广泛应用于传统旅游业中，在线渗透率呈逐年增长态势。随着OTA平台的产品越来越丰富，未来旅游行业渗透率仍有进一步提升空间，旅游业态将极大丰富，技术进步、创新和变革将成为旅游新业态产生的有力保障。

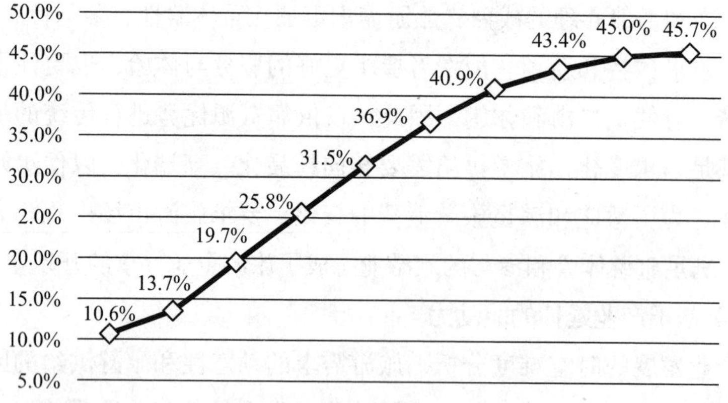

图3　我国旅游行业在线渗透率走势及未来预测

数据来源：公开资料整理。

四、新零售视角下旅游新业态融合发展的对策

（一）摸清市场，提升主题要素

首先，要提升主题要素，打造主题化的“观光”，基于主题引领开展业态融合，根据不同需求进行针对性产品提升，从最初的观光向与休闲、度假、健康三者并存的阶段发展，改善旅游产品及业态的布局，形成全域空间景观化的格局。其次，要促使产业间融入旅游要素，让游客在享受美景的同时，催生需求动机，创新泛产业产品，以业态培育为特色，打造可观、可游、可品、可住、可行、可体验的多元化主题消费，形成观赏场景和业态互动相结合的主题化消费体系。

（二）找准“融点”，构建核心吸引

减少产业间融合的盲目性，确定和掌握产业的“融点”更重要。找准旅游业内部各要素的“融点”，需要从旅游业入手，基于经济发展水平、资源、技术、市场的要素考量，展开产业关联性分析，应侧重分析旅游业的组成要素、资源配置、市场需求与其他产业、行业的联系点，进而找到二者融合的入口路径。当然，发展旅游业是根本，旅游作为主体产业需要特色鲜明、基础良好，在区域内具备一定竞争优势，只有这样才能形成核心吸引，推动与其他业态融合。而其他业态也要挖掘独特市场热点，打造特色主体项目，通过整合资源、丰富种类和提升服务水平，增强业态融合活力和影响力。

（三）建立利益连接机制，培养联动发展模式

建立利益连接机制的目的是激活业态融合的动力，旅游作为主体产业若想健康发展，核心在于建立利益连接机制以及联动发展模式，以旅游业为龙头完善价值链，通过发挥旅游业的乘数效应，形成业态融合互利共赢格局。联动发展模式应建立广义上的产业价值链，就旅游构成要素而言，食、住、行、游、购、娱等活动的消费可以分别延伸到餐饮、宾馆、民宿、运输等行业，而不同行业的业态融合也会对旅游业发展产生促进作用。要想维持可持续的融合性发展，需要通过利益连接机制的架构，解决融合深层次动力问题。

（四）技术赋能，实现融合新业态功能最大化

通过数字化赋能，引进新零售线上线下融合成功的经验和路径，以提升管理效率作为业态融合的重要目标，线上线下的融合并非业态的简单相加，而应是品牌定位，服务精准、富有创意的功能增强，它需要业务体系、管理体系的相互磨合、协同增效来创新商业模式与价值，从人、货、场实现全面数字化升级，重构消费者一站式体验，帮助解决数字化程度低导致的融合新业态管理效率低下难题，构建资源共用融合模式，最终促进新业态功能最大化，实现旅游业与其他产业优势互补、协同共赢的发展。

参考文献

［1］朱雁春，杨巧媛．生态视角下现代服务业新业态生成机理及发展路径探讨［J］．商业经济研究，2018（13）．

［2］李进军，陈云川．现代旅游农业产业融合发展业态及问题分析［J］．商业经济研究，2017（15）．

［3］舒波，等．旅游业对关联产业的影响效果测度——以河北省为例［J］．燕山大学学报，2017（4）．

［4］孔颖．零售业态多样化的组合效益与权衡优化［J］．商业经济研究，2018（21）．

［5］贺颖洁，钱莉莉．旅游业态创新与业态结构优化研究［J］．经济研究导刊，2010（5）．

（原文刊于《商业经济研究》2021年第16期）